Cavalier King Charles Spaniel & Cocker Spaniel

Ernährung, Erziehung, Charakter, Training und vieles mehr über den Spaniel

Roland Berger

Mein Hund fürs Leben Ratgeber-Serie

Inhalt

Einführendes

Hier kommt ein echter „Blaublütiger" daher. Der **Cavalier King Charles Spaniel** hat aber nichts mit dem aktuellen König von England zu tun, er stammt vielmehr direkt von Hunden des frühen britischen Hochadels ab.

Die Anmut und der treue „Dackelblick" dieses kleinen Wuschels auf vier Pfoten begeistern auch heute noch. Die sehr einfache Handhabung machen ihn zu einem perfekten Begleiter für alle Personenkreise.

Ebenso einfach in der Haltung ist der **English Cocker Spaniel**. Wie sein kleiner Verwandter stammt auch er aus Großbritannien. Der Cocker Spaniel ist etwas größer, aber durchaus genauso wuschelig und nicht weniger niedlich.

Sie interessieren sich für einen solchen hochadeligen Kameraden oder seinen Artgenossen? Erfahren Sie mehr über diesen kleinen und niedlichen Cavalier und seinem großen Bruder. Sie werden ganz sicher nicht mehr von den beiden loskommen.

Der Cavalier King Charles Spaniel

Dieser kleine Kerl ist schon etwas ganz Besonderes. So hat zum Beispiel dieser Hund als einzige Rasse die Erlaubnis, im englischen Parlament zu verweilen. Dieses Gesetz ist König Karl II. zu verdanken, der ab dem Jahr 1660 wieder als Monarch in England und Schottland regieren durfte.

Es besteht eine sehr enge Verwandtschaft zu dem King Charles Spaniel, der seinen Rassenamen den beiden englischen Königen King Charles I. und King Charles II. verdankt. Nur allzu oft werden beide Rassen verwechselt.

HERKUNFT UND GESCHICHTE

Wie die Rasse des Cavalier King Charles Spaniels letztlich zustande kam, ist bis heute nicht eindeutig erwiesen. Es wird angenommen, dass sie ursprünglich auf spanische Jagdhunde im 9. Jahrhundert zurückgeht.

Der britische Hochadel war jedoch so begeistert von diesem kleinen Hund, dass er auf vielen Gemälden abgebildet wurde. Er war der Spielkamerad der königlichen Kinder und ein hervorragender Bettwärmer für die Damen. Selbst in mittelalterlichen Schriften fand der Cavalier eine Erwähnung. Die erste Rassebezeichnung dieses kleinen Begleithundes war „King Charles Spaniel".

Er hatte jedoch keine wirklichen Aufgaben zu erfüllen, sondern diente einzig und allein der Bespaßung des Adels. Er sollte auffällig und niedlich sein. Deshalb wurden immer mehr Extreme in diese Rasse hineingezüchtet, bis von der eigentlichen Rasse nicht mehr viel übrig war. Das hatte zur Folge, dass Anfang des 20. Jahrhunderts der Rassename in „Toy-Spaniel" umgetauft werden sollte. Zum Glück hat der damalige König dieses Vorgehen verhindert.

Nun fanden sich einige Züchter zusammen, die den ursprünglichen King Charles Spaniel „zurückzüchten" wollten. Er sollte wieder das Aussehen bekommen, welches auf den alten Ölgemälden zu sehen war. Letztendlich ist es einem Glücksspiel zu verdanken, dass es diese alte Rasse heute wieder gibt, denn ein gut betuchter Amerikaner schrieb Anfang der 1920er Jahre einen Preis für die beste Rückzüchtung aus. Etwa zu diesem Zeitpunkt wurde der „Klub zur Förderung des Cavalier King Charles Spaniels“ gegründet, um dieser „neuen“ Rasse eine Grundlage zu geben.

Tatsächlich fand im Jahre 1945 eine Anerkennung der Rasse durch den Kennel Club statt. Der Cavalier King Charles Spaniel zeigt deutliche Unterschiede zum King Charles Spaniel, deshalb ist er auch als eigenständige Rasse zugelassen.

DER ROYALE KAVALIER

Als Abkömmling alter britischer Begleithunde des Hochadels ist der Cavalier King Charles Spaniel etwas ganz Besonderes. Allein sein Aussehen zeugt von einem sanften, ruhigen und liebevollen Hund. Diese Eigenschaften spiegeln sich auch in seinem Wesen wider, was ihn zu einem großartigen Begleiter auch für ältere Menschen macht.

RASSEPORTRÄT

Die äußere Erscheinung des Cavalier King Charles Spaniels ist einzigartig und unverkennbar. Der Spaniel ist ihm aber dennoch anzusehen.

Äußeres Erscheinungsbild

Der Cavalier King Charles Spaniel, der auch als Charlie oder Cavalier bezeichnet wird, zählt zu den kleinen Hunderassen. Er wird bis zu 33 cm groß und kann ein Gewicht von bis zu 8 kg erreichen.

Sein Haarkleid ist mittellang und zeigt eine leichte Wellung. Auch an den ebenso langen Schlappohren ist ein üppiges Fell vorhanden, welches sich auch an den Pfoten und der Rute wiederfindet.

Der Cavalier wird in vier Farben gezüchtet: Tiefschwarz mit lohfarbenen Abzeichen (Black an Tan), ohne weiße Abzeichen; Uni-rot (Ruby), ebenso ohne weiße Abzeichen; weiße Grundfarbe mit kastanienroten Abzeichen (Blenheim) und dreifarbig schwarz, weiß mit lohfarbenen Abzeichen (Tricolour).

Die großen und dunklen Augen sind von einer kurzen und schwarzen Schnauze gesäumt. Der Rassestandard gibt eine eher platte Nase vor, sie sollte nicht spitz zulaufen.

Charaktereigenschaften

Soweit der Cavalier King Charles Spaniel nicht von Erbkrankheiten betroffen ist, kann er durchschnittlich zehn Jahre alt werden. Diese

Lebenserwartung ist im Vergleich zu anderen kleinen Rassen nicht besonders hoch.

Das Besondere an ihm ist die absolute Friedfertigkeit dem Menschen gegenüber. Er zählt daher als äußerst liebevoller Hund, der den perfekten Begleiter für jede Art von Menschen darstellt. Nicht umsonst wird er auch als „Cavalier“ bezeichnet.

Aggressivität kennt diese Rasse nicht. Der Cavalier zeichnet sich durch seine außergewöhnliche Sanftheit und den äußerst liebevollen Umgang mit seiner Familie aus. Diese Eigenschaften erwartet er aber auch von „seinem“ Menschen.

Ebenso verträglich ist er mit anderen Lebewesen und fremden Menschen. Er freut sich über nahezu jeden Kontakt und ist dabei immer freundlich und fröhlich. Durch sein Wesen bietet er dem Menschen in der heutigen hektischen Zeit einen absoluten Ruhepol.

Da er aber trotz alldem immer noch ein Spaniel ist, möchte er viel Bewegung an der frischen Luft genießen dürfen. Auch einem spontanen Bad in einem See ist er nicht abgeneigt.

Wegen seines herausragenden Wesens ist er auch als der perfekte Familienhund anzusehen. Er liebt es, sich mit seiner Familie zu beschäftigen, zu spielen und gemeinsam zu lernen.

Als Wachhund ist der Cavalier dagegen überhaupt nicht zu gebrauchen. Er ist ein sehr ruhiger Geselle und ständiges Bellen oder Anschlagen, wenn Besuch kommt, liegt ihm fern.

Als Begleithund wiederum ist er mehr als tauglich. Sein sanftes Wesen und der liebevolle Charakter machen ihn zu einem perfekten Partner für nahezu jeden Menschen.

DIE HALTUNG

Die Haltung eines Cavalier King Charles Spaniel ist recht unkompliziert. Er kann sich in einer Großstadt wohlfühlen, ebenso aber auch auf dem Lande. Der Cavalier passt sich den gegebenen Umständen recht schnell an. Große Ansprüche stellt er nicht, nur eine ausreichende Bewegung sollte ihm geboten werden.

Ebenso einfach gestaltet sich der Pflegeaufwand. Das Fell sollte in regelmäßigen Abständen gebürstet werden, damit es nicht verknotet oder verfilzt. Die Schlappohren müssen ebenso regelmäßig kontrolliert werden, denn hier kann es aufgrund der Beschaffenheit schnell zu Entzündungen kommen.

DIE ERZIEHUNG

Die Erziehung und Ausbildung eines Cavalier King Charles Spaniels gestalten sich als recht einfach und problemlos. Deshalb ist er auch gut für Anfänger in der Hundehaltung geeignet. Dennoch braucht er seine Grenzen und Regeln und sein zukünftiger Mensch sollte einen konsequenten, aber liebevollen Umgang mit ihm pflegen.

WELCHE AUFGABEN HAT ODER HATTE DER KING CHARLES SPANIEL?

Ein spezielles Aufgabengebiet hat der Cavalier nicht. Er ist als reiner Begleithund einzustufen, der seinem Besitzer gefallen möchte. Deshalb kann er leicht trainiert werden und hat auch seinen Spaß dabei. Beschäftigungsmöglichkeiten wie Agility, Dog-Dancing oder Ähnliches liegen ihm sehr.

In der Vergangenheit diente diese Rasse ebenso nur der Beschäftigung und Bespaßung des Hochadels in Großbritannien. Er war Schoß- oder Schmusehund und wurde auch gerne als Bettwärmer eingesetzt, damit die Damen des Hauses nachts nicht frieren mussten.

Der English Cocker Spaniel

Wie fast alle Spaniel-Rassen zählt auch der Cocker Spaniel zu den Jagdhunden. Sein Name leitet von seinen ursprünglichen Aufgaben her. Er wurde überwiegend dazu eingesetzt, um Waldschnepfen (engl. woodcock) aufzustöbern, damit der Jäger sie erlegen konnte.

Der Cocker Spaniel ist wie der Cavalier auf sehr vielen alten Ölbildern zu sehen. Diese Beliebtheit setzt sich auch heute in der Welt der Prominenz fort. So besaß zum Beispiel Elton John einen Cocker Spaniel und auch im englischen Königshaus hat diese Rasse ihren Platz gefunden.

HERKUNFT & GESCHICHTE

Die genaue Herkunft und Entstehung des Cocker Spaniels sind ebenso ungeklärt wie die des Cavalier King Charles Spaniels. Die Vermutung liegt nahe, dass die Historie aber ähnlich wie die des Cavaliers ist. Während der Römerzeit sollen spanische Hunde nach Großbritannien verbracht worden sein. Diese wurden dort als „Canis Hispaniolus“ bezeichnet. Dieser lateinische Wortlaut bedeutet „Spanischer Hund“. Aus diesem Begriff formte sich dann der Rassename „Spaniel“. Schon zu der damaligen Zeit waren die Spaniels sehr beliebt, denn selbst bei Shakespeare fand diese Rasse Erwähnung.

Anfang des 19. Jahrhunderts wurde der Spaniel der Größe nach in unterschiedliche eigene Rassen eingestuft. Der Cocker Spaniel entwickelte sich während der folgenden Jahre zu dem Hund, wie ihn die Welt heute kennt. Im Jahre 1873 wurde die Rasse des English Cocker Spaniels vom Kennel Club anerkannt und 1904 bildete sich der erste internationale Zuchtverband.

In Deutschland wurde der Cocker Spaniel ebenfalls seit dem 19. Jahrhundert als Jagdhund eingesetzt. Seither erfreut er sich großer Beliebtheit und wird mehr und mehr auch als Familienhund gehalten.

RASSEPORTRÄT

Sehr charakteristisch für den Cocker Spaniel sind seine sehr langen Schlappohren. Seine Lebenserwartung von bis zu 15 Jahren ist schon beachtlich.

Äußeres Erscheinungsbild

Der Rüde kann bis zu 41 cm groß werden, die Hündin bis zu 39 cm. Der Cocker Spaniel zählt daher zu den mittelgroßen Hunden. Das Gewicht schwankt zwischen 12,5 kg und 14,5 kg.

Die Rückenlinie sollte leicht abfallen und der Brustkorb sollte gut sichtbar ausgebildet sein. Der Körperbau wirkt allgemein sehr kompakt. Die unverwechselbaren Schlappohren sind tief angesetzt und zeigen in Relation zum übrigen Körper eine übermäßige Länge und Größe. Auch die Augen sind recht groß und sollten über eine dunkle bis nussbraune Färbung verfügen. Die Nase ist farblich dem Fell angepasst.

Das Fell weist eine besondere Dichte auf, damit der Hund bei Wind und Wetter geschützt ist. Trotzdem ist es weich und sollte eng am Körper anliegen. Während es auf dem Kopf und dem Rücken recht kurz ist, sind Bauch, Brust, Ohren, Beine und Schwanz länger behaart. Die Farbschläge dürfen uni, aber auch zwei- oder dreifarbig sein, in folgenden Variationen: schwarz, rot, braun, leberfarben, braunschimmel, blauschimmel, orangeschimmel, schwarz-weiß, orange-weiß und goldfarben.

Charaktereigenschaften

Der Cocker Spaniel ist ein Jagdhund. Dementsprechend zeigt sich auch sein Charakter. Es ist nicht ausgeschlossen, dass er sich mal ins Unterholz „zurückzieht", sollte er eine interessante Fährte aufgenommen haben und nicht angeleint sein.

Er ist äußerst wachsam und immer in Bewegung. Sein Aussehen lässt es kaum vermuten, aber er ist sehr temperamentvoll und verfügt über eine große Ausdauer.

Dennoch ist der Cocker Spaniel ein sehr fröhlicher Geselle und hat weder mit Artgenossen noch mit fremden Personen ein Problem. Er wird furchtlos mit Ihnen durch dick und dünn gehen.

Allerdings hat der Cocker Spaniel die Angewohnheit, gerne und oft zu bellen. Daher sollten Sie und Ihre Nachbarn hier sehr geduldig sein.

Aufgaben damals und heute

Der Cocker Spaniel ist von jeher ein Jagdhund. In England wurde er überwiegend bei der Jagd auf Feder- und Niederwild eingesetzt. Sein

Rassename leitet sich von „woodcock“ ab, was übersetzt „Waldschnepfe“ bedeutet. Der Cocker war dafür zuständig, diesen Vogel aufzustöbern und aufzuscheuchen, damit der Jäger ihn erlegen konnte.

Auch heute wird der Cocker Spaniel gerne für die Jagd eingesetzt. Er deckt hier viele Aufgabengebiete, wie das Stöbern, das spurlaute Jagen, die Schweißarbeit und das Apportieren, ab.

Allerdings hat sich der Cocker Spaniel mittlerweile auch als Familienhund bewährt und wird als reiner Begleithund immer beliebter. Da er sich in der Regel gut und leicht erziehen lässt, ist er auch für Anfänger geeignet.

Anschaffung und Eingewöhnung

Die Entscheidung ist gefallen und Sie möchten sich einen kleinen Cavalier King Charles Spaniel bzw. einen Cocker Spaniel zulegen. Nun kann die Suche nach einem Züchter dieser Rassen beginnen. Doch das ist gar nicht so einfach, denn es gibt einige wichtige Dinge zu beachten. Vielleicht werden Sie auch nicht unbedingt in Wohnortnähe fündig und müssen einige Kilometer mit dem Auto zurücklegen.

Ist dann der große Tag des Umzugs gekommen, muss der kleine Welpe ein für ihn völlig neues Umfeld kennenlernen. Auch hier sollten Sie einige wichtige Aspekte beachten, damit Sie ihn nicht überfordern.

EINEN ZÜCHTER FINDEN

Die Entscheidung ist gefallen. Ein Cavalier King Charles Spaniel oder ein Cocker Spaniel soll es sein. Sie haben eine gute Wahl getroffen, denn beide Rassen sind hervorragende Familienhunde, mit denen Sie viel Spaß, aber auch Action erleben werden.

Nun geht es daran, den richtigen Züchter ausfindig zu machen. Passen Sie gut auf und fallen Sie nicht auf vermeintlich supergünstige Angebote in Kleinanzeigen oder im Internet herein. Ein gesunder und rein gezüchteter Welpe hat seinen Preis. Wird dieser deutlich unterboten, könnten Sie auf einen Betrüger hereinfallen, dem es nur ums Geld geht. Sie sollten ebenfalls hellhörig werden, wenn Ihnen der Besuch in der Zuchtanlage verweigert wird. Hier hat der „Züchter" sicher einiges zu verbergen, was Sie nicht sehen sollen. Auf das Angebot, Ihnen den Welpen an die Haustür zu liefern, sollten Sie niemals eingehen. Wenn Ihnen auffällt, dass der von Ihnen ausgesuchte Züchter mehrere unterschiedliche Rassen anbietet, sehen Sie davon ab, hier einen Welpen zu erwerben.

Meist stammen in solchen Fällen die Tiere aus Osteuropa. Es wird mit Hündinnen „gezüchtet", die mehrmals im Jahr Junge werfen müssen. Weder die Kleinen noch das Muttertier bekommen jemals einen Tierarzt zu sehen. Das bedeutet, dass wichtige Untersuchungen und Impfungen nicht stattfinden. Die Wahrscheinlichkeit, hier ein krankes Tier zu erwerben, ist groß. Kaufen Sie auch niemals einen Welpen aus Mitleid. Sie werden keine Freude an ihm haben, sondern eher mit hohen Tierarztkosten belastet werden. Zudem würden Sie die „Produktion" weiterer Welpen mit Ihrem Kauf fördern. Aber wie erkennen Sie nun, dass Sie einen seriösen Züchter ausgewählt haben?

Als Erstes achten Sie darauf, dass diese Zuchtstätte mit dem VDH-Siegel ausgestattet ist. Dies ist ein erstes sicheres Merkmal, dass die Zucht anerkannt und geprüft ist. Hier können Sie mit guten und gesunden Welpen rechnen.

Ein Hundezüchter muss eine Mitgliedschaft in einem Hundeverein, der wiederum dem VDH angeschlossen ist, nachweisen können. Was es mit dem VDH und weiterhin auch mit der FCI auf sich hat, erfahren Sie im nachfolgenden Kapitel.

Weiterhin sollte dieser Züchter natürlich ein grundlegendes Wissen über die von ihm gezüchteten Rasse verfügen. Er sollte ebenso abschätzen können, ob diese Rasse überhaupt zu Ihnen passt, und auch ehrlich mitteilen, falls es nicht so sein sollte.

Deshalb wird ein verantwortungsvoller Züchter auch viele Fragen an Sie stellen. Das macht er nicht, um seine Neugierde zu befriedigen, sondern weil er eben herausfinden möchte, ob dieser Hund bei Ihnen gut aufgehoben ist. Ihm geht es nicht nur um den Ertrag, den der Welpe bringt. Nein, dieser Züchter will, dass es dem Kleinen in Zukunft gut geht und er ein sorgenfreies und artgerechtes Leben führen wird.

Es wäre sinnvoll, wenn Sie mehrere Züchter aufsuchen, damit Sie sich ein Bild machen können. Kaufen Sie nicht den erstbesten Welpen, den Sie finden, sondern lassen Sie sich Zeit. Bedenken Sie, dass Sie diesen felligen Freund viele Jahre an Ihrer Seite haben werden. Nehmen Sie zu den Besuchen auch gerne Ihre Familie mit, denn auch sie muss den neuen Kameraden im Haus akzeptieren.

Bei Ihrem Erstbesuch sehen Sie sich genau um, damit Sie sich einen ersten Eindruck von der Zuchtstätte verschaffen können. Ist hier alles sauber und ordentlich? Dann ist das ein gutes Zeichen. Ebenso sollten die Zuchttiere und die Welpen in einem gepflegten Zustand sein. Finden Sie heraus, ob der Nachwuchs einen uneingeschränkten Zugang zur Mutter hat.

Wie verhalten sich die Kleinen Ihnen gegenüber? Sind sie neugierig und kommen schwanzwedelnd auf Sie zu oder verkriechen sie sich in der hinteren Ecke, weil sie Angst haben? Tritt die zweite Möglichkeit ein, sollten Sie besser einen anderen Züchter aufsuchen, denn hier wird sich wahrscheinlich nicht zeitintensiv um die Tiere gekümmert.

Nun sollten Sie erfragen, ob Sie die nötigen Unterlagen zu den Hunden einsehen dürfen. Werden Ihnen bereitwillig der Stammbaum, die Zuchtzulassung, vorhandene Gesundheitstests usw. gezeigt, können Sie beruhigt sein. Werden Sie allerdings mit Ausreden abgespeist, könnte der angebliche Züchter vielleicht gar nicht über diese Papiere verfügen und die Zucht wäre unter Umständen unzulässig.

Haben Sie „Ihren" Hund gefunden, vereinbaren Sie weitere Besuchstermine, damit Sie den Welpen und auch den Züchter kennenlernen können. Es ist wichtig, dass Sie Vertrauen zu ihm haben, damit Sie sich später bei aufkommenden Fragen an ihn wenden können.

Am Tag der Abholung Ihres neuen Freundes werden Sie vom Züchter eine Ahnentafel und das Wurfabnahmeprotokoll eines Tierarztes oder des Rassezuchtverbandes ausgehändigt bekommen. Schließen Sie immer einen schriftlichen Kaufvertrag ab.

Kaufvertrag – Rechte und Pflichten

Sollte es dennoch zu Streitigkeiten zwischen Ihnen und dem Verkäufer des Welpen kommen, ist ein schriftlicher Kaufvertrag von größter Wichtigkeit. Hier sind alle Vereinbarungen festgehalten.

Sollten Sie über keinen schriftlichen Kaufvertrag verfügen, haben Sie dennoch einen mündlichen Vertrag geschlossen und auch dieser hat Wirksamkeit. Wenn im schriftlichen Vertrag Lücken vorhanden sind, wird im Zweifelsfall auf das BGB (Bürgerliche Gesetzbuch) zurückgegriffen.

Der Züchter eines Hundes ist ein gewerblicher Verkäufer und ein solcher muss gegenüber einer Privatperson für Mängel haften, wenn diese auf ihn selbst oder seine Handlungen zurückzuführen sind. Diese Gewährleistungspflicht gilt zwei Jahre ab Kauf des Tieres.

Ein Tier wird in Deutschland leider immer noch als „Sache“ bezeichnet. Es wird also ebenso behandelt, als hätten Sie zum Beispiel einen Fernseher gekauft. Hier haben Sie auch eine meist zweijährige Garantie.

Sie könnten gegenüber dem Züchter Regressansprüche stellen, wenn sich zum Beispiel herausstellt, dass Ihr Welpe an einer Erbkrankheit leidet. Allerdings ist die Beweispflicht nicht immer klar definiert, denn es kommt darauf an, wann die Erkrankung des Tieres auftritt.

Innerhalb der ersten sechs Monate nach der Übernahme des Welpen wird gesetzmäßig angenommen, dass die Krankheit schon bei der Übernahme vorhanden war. In diesem Fall müsste der Verkäufer das Gegenteil beweisen, um der Haftung zu entgehen.

Erkrankt der Welpe zwischen dem 6. und 24. Lebensmonat, so ist der Käufer in der Beweispflicht, dass die Krankheit schon zum Zeitpunkt der Übernahme vorhanden war und/oder genetisch bedingt ist.

Nun fühlen Sie sich vielleicht auf der sicheren Seite, denn Sie haben vom Züchter ja ein Gesundheitszeugnis vom Tierarzt und das Wurfabnahmeprotokoll bekommen. Jedoch zeugen diese Dokumente nicht von der wirklichen Gesundheit des Hundes.

Die tierärztliche Untersuchung wird meist mit der letzten vom Züchter veranlassten Impfung durchgeführt. Hier werden aber weder Blutuntersuchungen noch Röntgenaufnahmen gemacht, um einen eventuellen Gendefekt oder Organstörungen aufzudecken. Der Tierarzt stellt also lediglich eine optische Gesundheit fest.

Ebenso verhält es sich mit dem Wurfabnahmeprotokoll. Auch dieses kann nicht beweisen, dass der Welpe zum Zeitpunkt der Übernahme genetisch gesund war. Ein Zuchtwart, der für die Ausstellung des Protokolls verantwortlich ist, wird wohl kaum über die nötigen veterinärmedizinischen Kenntnisse verfügen, um die absolute Gesundheit des Welpen festzustellen. Er kann lediglich bezeugen, dass die Elterntiere, die verschiedene Gentests durchlaufen haben, keine Erbkrankheiten in sich tragen und somit die Wahrscheinlichkeit sehr gering ist, eine genetisch bedingte Krankheit vererbt zu haben.

Enden nun solche Streitigkeiten vor einem Gericht, wird diesen Dokumenten nicht sehr viel Beweislast zugeordnet. Hier kommt meist ein zusätzlicher, vom Gericht bestellter Gutachter zum Einsatz, um Klarheit zu schaffen.

Stellen sich die Ansprüche des Käufers als gerechtfertigt heraus, so hätte dieser das Recht, den Kaufvertrag zu annullieren. Das würde aber gleichzeitig bedeuten, dass der Welpe an den Züchter zurückzugeben ist und dieser den Kaufpreis erstattet. Da das Tier bis zu diesem Zeitpunkt wahrscheinlich schon viele Wochen beim Käufer verbracht hat, wird das Zurückgeben sicherlich schwerfallen.

Eine weitere Möglichkeit wäre es, sich einen Teil des Kaufpreises zurückgeben zu lassen. Gleichzeitig könnte ein Schadensersatz geltend gemacht werden. Dieser beinhaltet in der Regel die entstandenen Tierarztkosten.

Hier kommt es aber wiederum darauf an, ob eine heilbare oder unheilbare Krankheit diagnostiziert wurde. Ist der Welpe zum Beispiel nach einer abgeschlossenen Behandlung völlig gesund und somit in vertragsgemäßem Zustand, in dem er bei der Übergabe hätte sein sollen, handelt es sich um eine heilbare Krankheit. Es ist somit kein dauerhafter Mangel gegeben und der Käufer erhält meist nur einen Schadensersatz (Tierarztkosten). Liegt eine Erkrankung vor, die den Hund für sein gesamtes weiteres Leben beeinträchtigt, ist sie unheilbar. Hier kann der Käufer eine Kaufpreisminderung plus eventuellen Schadensersatz geltend machen.

Dies alles setzt aber voraus, dass Sie bei Kenntniserlangung einer Erbkrankheit den Züchter darüber informieren und Ihre Forderungen diesem gegenüber geltend machen. Es sollte keine Behandlung eingeleitet werden, bevor nicht die Rechtslage geklärt ist. Es sei denn, es besteht ein dringender Behandlungsbedarf, um dem Welpen unnötige Leiden und Schmerzen zu ersparen. Hier ist die Gesundheit des Tieres vor die kaufrechtliche Angelegenheit zu stellen.

Sollten Sie tatsächlich von einem solchen Problem betroffen sein, ist es empfehlenswert, sich an einen Anwalt zu wenden, der sich in diesem Sachgebiet gut auskennt.

Der VDH und die FCI – was ist das?

Im **Verein für das deutsche Hundewesen (VDH)** werden die Welpen von anerkannten Züchtern eingetragen. Jeder Züchter muss einem Hundeverein angehören, der wiederum Mitglied des VDH ist. Der VDH gibt strenge

Richtlinien für die jeweilige Zucht vor und diese werden auch auf Einhaltung überprüft.

Eine Ahnentafel oder einen Stammbaum könnte theoretisch jeder Züchter selbst ausstellen. Jedoch würden sich die Angaben kaum prüfen lassen. Deshalb ist hier Vorsicht geboten, wenn es sich nicht um Papiere handelt, die vom VDH ausgestellt wurden.

Dem Verband für das deutsche Hundewesen liegt in erster Linie die Gesundheit der Zuchttiere und deren Nachkommen am Herzen, während es in anderen Ländern eher auf das äußere Erscheinungsbild ankommt. Deshalb kommt in diesem Verband auch die strengste Zuchtordnung weltweit zur Geltung.

Durch diese strengen Regeln werden zum Beispiel sogenannte „Modehundezuchten" verhindert. Hier würden nämlich die Gesundheit der Hunde und die Wesensfestigkeit in Mitleidenschaft gezogen werden. In der Folge wird auch die Abgabe von kranken und nicht wesensfesten Hunden im Tierheim minimiert.

Beim VDH handelt es sich also um eine Interessenvertretung für alle Halter eines Hundes. Sie steht Ihnen mit Rat und Tat zur Seite, wenn Sie Fragen bezüglich Ihres Vierbeiners haben. Hier erhalten Sie auch weiterführende Informationen zu möglichen Hundesportarten und dazugehörigen Prüfungen. Selbst Vertreter aus den Medien, Ministerien und sogar von Gerichten wenden sich an den Verband für das deutsche Hundewesen, wenn es um die Klärung von aufkommenden Fragen geht.

Diesen Verband gibt es schon seit über 100 Jahren in Deutschland, was eindeutig für seine Qualität und Bedeutung spricht. Mittlerweile sind hier mehr als 250 verschiedene Hunderassen gelistet, die vom jeweiligen Zuchtverein betreut werden. Wie schon erwähnt, muss ein solcher Zuchtverein eine Mitgliedschaft im VDH vorweisen können, um anerkannte Welpen eintragen zu lassen.

Damit diese Welpen auch eine internationale Anerkennung genießen können, wird die jeweilige Rasse in der **FCI (Fédération Cynologique Internationale)** geführt. Hier gelten weltweit die Rassestandards der ursprünglichen Länder und diese werden auch untereinander anerkannt. In der FCI sind zurzeit 89 Länder vertreten. Jedes Land stellt einen Verband (für Deutschland ist es der VDH).

Alle anerkannten Rassen sind mit der entsprechenden Standardnummer in verschiedene Gruppen eingeteilt:

- Gruppe 1: Hütehunde, Treibhunde, ohne Schweizer Sennenhunde
- Gruppe 2: Pinscher, Schnauzer – Molosser – Schweizer Sennenhunde
- Gruppe 3: Terrier
- Gruppe 4: Dachshunde
- Gruppe 5: Spitze, Hunde vom Urtyp
- Gruppe 6: Laufhunde, Schweißhunde und verwandte Rassen
- Gruppe 7: Vorstehhunde
- Gruppe 8: Apportierhunde – Stöberhunde – Wasserhunde
- Gruppe 9: Gesellschafts- und Begleithunde
- Gruppe 10: Windhunde

Der Cavalier King Charles Spaniel hat die Standardnummer 136. Sie finden ihn in der Gruppe 9, Gesellschafts- und Begleithunde. Diese Rasse wurde 1955 von der FCI anerkannt. Als Ursprungsland gilt Großbritannien. Der Rassestandard ist zuletzt im Jahre 2009 aktualisiert worden. Es ist für den Cavalier King Charles Spaniel keine Arbeitsprüfung erforderlich.

Ihr Cocker Spaniel ist mit der Standardnummer 5 in der Gruppe 8 gelistet. Sie finden ihn in der Sektion 2, Stöberhunde. Der English Cocker Spaniel wurde 1963 endgültig anerkannt. Der offizielle Rassestandard hat seit 2012 Gültigkeit. Auch für den Cocker Spaniel ist Großbritannien das Ursprungsland. Die Rassennomenklatur der FCI fordert eine Arbeitsprüfung.

WAS BRAUCHT DER SPANIEL?

Bevor Ihr neuer Freund bei Ihnen einziehen kann, sollten Sie noch einige Dinge erledigen. Zum Beispiel ist es sinnvoll, schon einen passenden Namen ausgesucht zu haben. Da Sie den Kleinen schon oft bei seinem Züchter besucht haben, kennen Sie ihn schon recht gut und konnten möglicherweise schon einen schönen Namen finden. Sollte dies der Fall sein, sprechen Sie ihn auch immer mit seinem Namen an, damit er sich an den Klang gewöhnen kann.

Haben Sie schon einen vertrauenswürdigen Tierarzt ausfindig gemacht? Wenn nicht, machen Sie sich jetzt auf die Suche. Tritt ein Notfall ein, haben Sie schon eine Anlaufstelle und verlieren keine unnötige Zeit. Teilen Sie dem neuen „Hausarzt“ Ihres Welpen alle schon vorhanden Daten Ihres Welpen mit und vereinbaren Sie gegebenenfalls einen Termin für die Erstuntersuchung.

Sie sollten sich auch alsbald um eine Haftpflichtversicherung für Ihren Hund kümmern. Beschädigt er fremdes Eigentum, so haften Sie dafür und müssen es ersetzen. Dies könnte unter Umständen recht teuer werden. Ist Ihr Vierbeiner dagegen versichert, übernimmt die Versicherungsgesellschaft den entstandenen Schaden.

Während der Suche nach einer Haftpflichtversicherung könnten Sie auch die Fühler nach einer Krankenversicherung für Ihren Welpen ausstrecken. Machen Sie sich Gedanken, ob eine solche Versicherung sinnvoll ist. Dies kommt auf den Tarif an, den Sie gewählt haben. Hier ist festgelegt, welche Kosten übernommen werden.

Sollten Sie mit dem Gedanken spielen, mit Ihrem neuen Begleiter eine Hundeschule besuchen zu wollen, so schauen Sie sich jetzt schon danach um. Sobald Ihr Welpe bei Ihnen ist, können Sie mit ihm dort hingehen. Hier lernt er viele nützliche Dinge und bekommt zudem einen sozialen Kontakt zu seinen Artgenossen.

Damit auch der Staat seine Freude an Ihrem Hund hat, müssen Sie ihn bei Ihrer Gemeinde anmelden. Sie werden eine Hundesteuer entrichten müssen und Sie bekommen eine Hundemarke ausgehändigt. Diese gehört an das Halsband Ihres Vierbeiners, sobald Sie sich auf öffentlichen Wegen befinden.

Wie sehen eigentlich Ihre Wohnung und Ihr Garten aus? Sind diese Örtlichkeiten für einen Welpen geeignet? Seien Sie sich im Klaren darüber, dass Ihr kleiner Freund seine neue Umgebung mit größter Neugierde erkunden wird. Es sollte sich also nichts Gefährliches in seiner Reichweite befinden. Machen Sie am besten mit Ihrer Familie einen Rundgang. Viele Augen sehen mehr als nur zwei. Räumen Sie alles weg, was potenziell gefährlich für den Welpen werden könnte. Denken Sie auch an Ihre Zimmerpflanzen und die Gewächse im Garten. Vieles ist giftig für Hunde.

Im Garten können Sie übrigens eine „Toilette“ für den Welpen einrichten. Diese erleichtert ihm die Möglichkeit, seine Geschäfte zu verrichten. Trennen Sie diesen Bereich optisch von Ihrem restlichen Garten ab. Ein kleiner Zaun und etwas Sand oder Sägespäne bewirken schon kleine Wunder.

Nun dürfen Sie endlich einkaufen gehen. Ihr kleiner Freund wird einiges benötigen, wenn er zu Ihnen nach Hause kommt. So braucht er zum Beispiel zwei Näpfe für seine Mahlzeiten. Einer ist für das Futter gedacht, der andere für das Wasser. Achten Sie auf die richtige Größe, die zu Ihrem Spaniel passt.

Dann braucht der Kleine einen Ruheplatz. Vielleicht suchen Sie ein schönes Körbchen mit einem weichen Kissen aus. Denken Sie auch über die Anschaffung einer speziellen Hundebox nach. Diese könnte beim „Stubenreinwerden" sehr hilfreich sein.

Für die täglichen Ausflüge wird ein Halsband oder ein Geschirr benötigt. Besorgen Sie auch eine passende Hundeleine. Während der dunklen Jahreszeit ist ein LED-Halsband sinnvoll. So werden Sie von anderen Passanten und Verkehrsteilnehmern besser gesehen.

Für die tägliche Pflege benötigen Sie eine gute Hundebürste. Ein Flohkamm sollte vorhanden sein und ebenso eine Krallenschere, falls Sie die Maniküre selbst übernehmen wollen. Organisieren Sie für alle Fälle auch ein spezielles Hundeshampoo. Es wird sich sicher nicht vermeiden lassen, dass einmal ein Bad fällig wird. Im Sommer werden Sie wahrscheinlich eine Zeckenzange brauchen. Für alle Fälle können Sie eine kleine Hausapotheke für Ihren Vierbeiner einrichten, damit Sie alles griffbereit haben, wenn es benötigt wird.

Über ein Spielzeug wird sich Ihr Welpe sicher auch freuen. Achten Sie hier auf eine gute Qualität und darauf, dass es zur Größe Ihres Hundes passt.

Im Auto sollten Sie an die Sicherheit Ihres Vierbeiners denken. Besorgen Sie entweder eine Transportbox oder ein spezielles Geschirr zum Anschnallen. Vielleicht ist eine Decke sinnvoll, um die Polster Ihres Fahrzeuges zu schonen.

Besorgen Sie für die anfängliche Ernährung erst einmal das Futter, welches der Kleine bei seinem Züchter bekommen hat. Sie müssen ihm dann nicht sofort mit einer Ernährungsumstellung das Leben schwer machen. Überlegen Sie sich aber jetzt schon, wie Sie ihn danach weiter füttern möchten. Über die verschiedenen Möglichkeiten erfahren Sie später mehr.

UMZUG IN EIN NEUES LEBEN

Das wird ein aufregender Tag. Sie und Ihre Familie holen den Welpen vom Züchter ab. Auch für den Kleinen wird es sehr aufregend werden. Er hat Sie zwar schon kennengelernt, aber dennoch führen Sie ihn jetzt von seiner Mama und den Wurfgeschwistern weg.

Damit ihm die Trennung für den ersten Moment etwas leichter fällt, haben Sie dem Züchter schon vor einiger Zeit eine Decke überlassen. Auf dieser hat die kleine Hundefamilie mehrere Nächte verbracht und somit ihren Geruch hinterlassen. Diese Decke haben Sie jetzt in Ihrem Auto deponiert, damit Ihr Welpe den Duft aufnehmen kann. So fühlt er sich etwas sicherer, denn er kann seine Mutter noch riechen.

Dauert die Fahrt nach Hause etwas länger, nehmen Sie Futter- und Wassernapf mit. Für das kleine Malheur haben Sie eine Küchenrolle an Bord. Vielleicht organisieren Sie auch eine wasserundurchlässige Unterlage. Vergessen Sie auch nicht das Halsband/Geschirr und die Leine.

Nun haben Sie und Ihr Welpe die Reise abgeschlossen und sind zu Hause angekommen. Der erste Gang geht auf die von Ihnen eingerichtete „Hundetoilette", denn Ihr Vierbeiner wird sich bestimmt erleichtern müssen.

Jetzt geht es auf die große Entdeckungsreise. Ihr Garten wird ausgiebig begutachtet, danach das Haus. Hier zeigen Sie Ihrem neuen Mitbewohner seinen Schlaf- und Fressplatz. Geben Sie dem Kleinen genügend Zeit, alles kennenzulernen.

Auch Sie selbst sollten jetzt viel Zeit für den Welpen haben. Es ist nicht sinnvoll, ihn am nächsten Tag gleich allein zu lassen, weil Sie zur Arbeit müssen. Es sollte auf jeden Fall während der ersten Zeit immer jemand zu Hause sein, um sich um das Tier kümmern zu können.

So entstehen auch schon die ersten Routinen im täglichen Leben. Eine erste Bindung wird aufgebaut und das Vertrauen zueinander wächst.

Freunde und Bekannte können Sie später einladen, um den Familienzuwachs vorzustellen. Es würde bei dem Welpen zu einer Reizüberflutung kommen, wenn alles Neue auf einmal auf ihn einprasselt.

Möglicherweise kommen einige schlafarme Nächte auf Sie zu. Ihr Welpe muss auch nachts raus zum Pipimachen. Mindestens alle zwei Stunden sollten Sie mit ihm vor die Tür gehen. Damit Sie aber auch mitbekommen, wenn es Zeit dafür ist, lassen Sie Ihren Vierbeiner am besten neben Ihrem Bett ruhen, vielleicht in der schon erwähnten Hundebox. Er wird es vermeiden, dort sein Geschäft zu verrichten, denn er hat von seiner Mutter gelernt, den Schlafplatz sauber zu halten. Die Nähe zu Ihnen nimmt ihm außerdem die Angst, allein zu sein. Er leidet unter der Trennung von seiner Hundefamilie schon genug und Sie können ihm so Geborgenheit und Sicherheit vermitteln.

Erziehung und Ausbildung

Endlich ist Ihr neuer Freund bei Ihnen eingezogen. Mit seinem treuen Dackelblick hat er bereits alle Familienmitglieder um den Finger, oder besser gesagt um die Pfote, gewickelt. Nun stellt sich aber trotzdem die Frage, wann mit der Erziehung des kleinen Hundebabys begonnen werden sollte. Wahrscheinlich haben Sie in den ersten Tagen „fünf gerade sein lassen", aber das ist nicht Sinn und Zweck der Übung. Der Welpe wird es sich merken und solche kleinen „Fehlerziehungen" sind schwer wieder abzugewöhnen. Erfahren Sie nun, wie Sie Ihrem neuen Familienmitglied Ihre Regeln und Gehorsam beibringen.

ERSTE TIPPS

Eine sogenannte Eingewöhnungsphase im neuen Zuhause braucht Ihr neuer Begleiter nicht. Die Erziehung eines Welpen beginnt in dem Moment, in dem er dauerhaft in Ihr Leben tritt. Warten Sie also nicht, bis Sie glauben, nun könnte es losgehen ... nein! Es kann sofort losgehen, denn je jünger der Hund ist, desto aufnahmefähiger ist er und er kann entsprechend viel besser und effizienter lernen.

Allerdings nicht alles auf einmal. Neue Kommandos können Sie Ihrem Welpen nur nacheinander und mit viel Geduld beibringen. Schließlich muss er erst einmal lernen, Sie zu verstehen. Entsprechendes Verhalten Ihnen gegenüber oder in seiner Umwelt lehren Sie ihm parallel. Dies passiert meist schon automatisch.

Auf dem Lehrplan steht vor allem, dass der Welpe auf seinen Namen hört. Dazu sprechen Sie diesen immer wieder aus, wenn Sie etwas von dem Kleinen möchten. Dann muss er natürlich stubenrein werden und die wichtigsten Kommandos lernen. Zu guter Letzt sollte er auch später gerne eine gewisse Zeit allein im Haus bleiben können, ohne die Einrichtung in Schutt und Asche zu legen.

Wenn diese Dinge abgearbeitet sind, können Sie ihn vielleicht für einige Tricks und Kunststücke begeistern. Ihr Hund möchte beschäftigt werden und nicht nur stumpfe Runden um den Block drehen, um das Geschäft erledigen zu können.

Verbringen Sie so viel Zeit wie möglich mit ihm. So gewinnen Sie sein Vertrauen und sorgen zudem für eine enge Bindung.

DER NAME ALS RUFZEICHEN

Damit Ihr Welpe auf Sie hört, sollte er natürlich wissen, wie er heißt. Sprechen Sie den Hundenamen aus, möchten Sie von ihm beachtet werden. Dies muss ihm aber beigebracht werden.

Wann immer sich Ihnen die Möglichkeit bietet, sprechen Sie den Hund mit seinem Namen an. Das kann zum Beispiel bei der Fütterung geschehen oder wenn Sie mit ihm nach draußen möchten.

Für ein gezieltes Training suchen Sie sich eine ruhige Umgebung mit wenig bis gar keinen Außenreizen. Finden Sie nun einen Moment, in dem Ihr Welpe Sie gerade nicht beachtet. Sprechen Sie ihn mit seinem Namen an und beobachten Sie seine Reaktion. Schenkt er Ihnen seine Beachtung, indem er Sie anschaut oder sogar zu Ihnen kommt, belohnen Sie ihn ausgiebig.

Wiederholen Sie das Training einige Male und später auch zu verschiedenen Tageszeiten und in unterschiedlichen Situationen. Es wird nicht lange dauern, bis Ihr kleiner Freund sich an seinen Namen gewöhnt hat.

KOMMANDO, FERTIG, LOS!

Wichtige Kommandos sollte Ihr Welpe so schnell wie möglich lernen. Jedoch denken Sie auch hier daran, dass Sie ihn nicht überfordern. Fangen Sie mit einem Kommando an und wenn dieses im Gedächtnis Ihres Vierbeiners verfestigt ist, nehmen Sie sich das nächste Kommando vor.

Ihr Hund sollte am Ende seiner Ausbildung die Befehle „Sitz", „Platz", „Aus", „Nein", „Bleib" und „Komm/Hier" beherrschen. Das „Sitz" signalisiert Ihrem Hund, dass er sich hinsetzen soll. Möchten Sie, dass er sich hinlegt, befehlen Sie ihm „Platz". Das Kommando „Aus" geben Sie ihm, wenn er einen Gegenstand, zum Beispiel ein Spielzeug oder ein unerwünscht aufgenommenes „Nahrungsmittel", herausgeben soll. Ein „Nein" soll eine ausführende Aktivität beenden. Zum Abrufen verwenden Sie den Befehl „Komm" oder „Hier". Denken Sie vor Beginn des Trainings darüber nach, welchen Begriff Sie Ihrem Vierbeiner beibringen möchten.

Wichtig während der gesamten Ausbildung sind Belohnungen, wenn Ihr Hund nach Ihren Wünschen agiert. Dies geht sicher am besten mit besonders schmackhaften Leckerlis. Wann immer Ihr Vierbeiner ein Kommando von Ihnen befolgt oder ein angemessenes und erwünschtes Verhalten gezeigt hat, geben Sie ihm eine Nascherei. So ist es für ihn immer lohnend, auf Sie zu hören. Dies nennt sich „positive Verstärkung". Wie Sie diese anwenden können, erfahren Sie in einem späteren Kapitel.

STUBENREIN, SO LEICHT KANN'S SEIN

Mit acht Wochen, wenn der Welpe bei Ihnen einzieht, wird er sicherlich noch nicht stubenrein sein. Dies müssen Sie mit ihm üben.

In diesem jungen Alter ist der Hund noch nicht in der Lage, seine Blase zu kontrollieren. Er kann allerhöchstens für zwei Stunden einhalten. Das bedeutet für Sie, dass Sie spätestens, aber besser in noch kürzeren Abständen, alle zwei Stunden mit dem Welpen vor die Tür gehen sollten, damit er sich erleichtern kann. Mit diesem Training beginnen Sie schon am Tag des Einzugs bei Ihnen, damit möglichst vermieden wird, dass Ihr Vierbeiner in die Bedrängnis kommt, sich eine Ecke in der Wohnung suchen zu müssen.

Bleiben Sie immer geduldig, denn es wird sicherlich vorkommen, dass eine Pfütze oder ein Häufchen auf dem Fliesenboden landet. Schimpfen Sie in dieser Situation aber nicht mit dem Kleinen, denn er hat es nicht mit Absicht getan.

Mit der Zeit werden Sie auch die Signale erkennen, die Ihr Hund aussendet, wenn die Blase drückt. Dies könnte ein zielloses „Im-Kreis-Laufen" sein oder ein unruhiges Schnüffeln in den Ecken der Wohnung. Bemerken Sie solche Anzeichen, gehen Sie sofort mit dem Welpen ins Freie und belohnen ihn ausgiebig, wenn er sich gelöst hat.

Für die Nacht bietet sich vielleicht eine Hundebox an. Das Hundebaby hat von seiner Mutter gelernt, seinen Schlafplatz sauber zu halten. Deshalb wird er sich bemerkbar machen, wenn er nach draußen möchte. Stellen Sie die Box in der Nähe Ihres Bettes auf, damit Sie Ihren Liebling nicht überhören.

Lassen Sie gewisse Routinen entstehen, damit Ihr Welpe selbst abschätzen kann, wann es nach draußen geht. So sollten Sie morgens gleich nach dem Aufstehen die Hundetoilette aufsuchen und ebenso nach den Mahlzeiten. Auch nach der Spielstunde ist ein Toilettengang angebracht.

Es wird sicher einige Zeit dauern, bis Sie Ihren Vierbeiner stubenrein bekommen haben. Auch werden Sie einige Nächte mit wenig Schlaf erleben, aber dieser Aufwand wird sich lohnen. Sie haben sich einen treuen Freund ins Haus geholt, der Ihnen Ihre Arbeit mit seiner Liebe danken wird.

DEN SPANIEL AN DIE LEINE GEWÖHNEN

Bevor Sie den ersten Spaziergang mit Ihrem Welpen an der Leine machen, sollten Sie ihn erst einmal an diese fremden „Anziehsachen" gewöhnen. Ein Geschirr eignet sich besser als ein Halsband, denn so schnüren Sie ihm nicht die Luft ab, wenn er sich anfangs zu sehr „ins Zeug legt".

Wahrscheinlich haben Sie dem Kleinen schon einmal das Geschirr angelegt, als Sie ihn vom Züchter abgeholt haben. Dann führen Sie die Übungen in der Wohnung nach dem Einzug gleich fort, damit er es gar nicht erst wieder vergisst. Macht ihm das Tragen des Geschirrs nichts mehr aus, legen Sie ihm die Hundeleine an. Nehmen Sie hierfür eine nicht zu lange und stabile Leine. Verzichten Sie vorerst auf den Gebrauch einer sogenannten

„Einzugsleine“. Damit diese zum Wirken kommen kann, muss der Hund daran ziehen und das soll er ja eigentlich nicht.

Gehen Sie ein paar Schritte durch die Wohnung und beobachten Sie, wie sich Ihr Vierbeiner verhält. Haben Sie den Eindruck, Sie könnten sich mit ihm nach draußen wagen, dann packen Sie ein paar Leckerlis ein und los ...

Versuchen Sie, Ihren Welpen mit Hilfe der Leckerlis an Ihrer Seite zu halten. So lernt er, entspannt mit etwas durchhängender Leine neben Ihnen zu gehen. Belohnen Sie ihn auch immer wieder zwischendurch. Während des Spaziergangs legen Sie Pausen ein, damit sich der Kleine kurz erholen kann. In den ersten Wochen sollten Sie ohnehin keine zu ausgiebigen Touren planen, dafür fehlt dem Baby noch die Kraft.

Stürmt Ihr Vierbeiner los und die Leine wird straff, so bleiben Sie einfach stehen. Belohnen Sie ihn, wenn er dann zu Ihnen zurückkehrt. Läuft Ihr Liebling dann ruhig neben Ihnen mit durchhängender Leine, belohnen Sie ihn abermals. Kommen Sie in Situationen, die Ihr Welpe noch nicht kennt, lassen Sie ihn „Sitz“ machen und fordern seine Aufmerksamkeit ein. Dies könnte zum Beispiel dann sinnvoll werden, wenn fremde Hunde oder Fahrradfahrer vorbeikommen. So lernt Ihr Liebling, dass Sie ihn beschützen und dass er deshalb ganz entspannt bleiben kann.

Bleiben Sie auch bei diesem Training sehr geduldig. Es ist Ihrem Welpen nicht in die Wiege gelegt worden, anständig bei Ihnen an der Leine zu gehen. Arbeiten Sie mit Belohnungen, jedoch niemals mit Bestrafungen. Dann können Sie bald behaupten: „Läuft wie am Schnürchen.“

POSITIVE VERSTÄRKUNG

Während der Erziehung und Ausbildung Ihres Hundes sollten Sie sich mit der positiven Verstärkung vertraut machen. Dabei handelt es sich um eine belohnungsbasierte Methode des Trainings. Hier wird nicht mit Strafen gearbeitet, sondern immer das richtige Agieren des Hundes belohnt – im Idealfall schon bevor ein nicht erwünschtes Verhalten gezeigt wird.

Mit Bestrafungen würden Sie niemals zum eigentlichen Ziel gelangen, sondern Ihren Vierbeiner einschüchtern und ihn mit der Zeit zu einem ängstlichen, ja, vielleicht sogar aggressiven Hund machen.

Dies haben viele Studien erwiesen. Bestrafungen von körperlicher oder seelischer Art können schwerwiegende Folgen nach sich ziehen. So leiden diese Hunde eher unter Stress und Angst. Das Wohlbefinden des Tieres wird derart beeinträchtigt, dass es zu einer Störung in der Hund-Mensch-Beziehung kommen kann. Der Vierbeiner verliert sein bisheriges Vertrauen zu „seinem" Menschen und eine gefestigte Beziehung wird zerstört. In der Folge kann es zu Aggressionen gegenüber den Besitzern des Hundes, aber auch gegenüber dessen Familienmitgliedern oder gar Artgenossen und fremden Menschen kommen.

Eine Bestrafung für ein unangemessenes Verhalten sorgt zwar in dem Moment dafür, dass der Hund seine Tätigkeit unterbricht, sie bringt ihm aber nicht gleichzeitig bei, wie er sich richtig zu verhalten hat. Zudem sind Bestrafungen schon deshalb nicht sinnvoll, weil sie das Lernverhalten negativ beeinträchtigen. Der Hund lernt nicht mehr, weil er eingeschüchtert ist und Angst verspürt.

Wenden Sie sich dagegen der positiven Verstärkung zu, so geben Sie Ihrem Vierbeiner etwas für ihn Angenehmes, wenn er sich wünschenswert verhält. Die Wahrscheinlichkeit, dass er dieses gute Verhalten in Zukunft öfter zeigt, wird damit erheblich gesteigert. Ihr Hund merkt sich die Belohnung, die er mit seinem Agieren verbinden kann.

Um nun diese Art der Erziehung zu verstehen, müssen Sie sich deren Bedeutung näherbringen. Hier bedeutet „positiv", dass Sie Ihrem Hund etwas geben, und „negativ", dass Sie ihm etwas wegnehmen oder vorenthalten. Das Wort „Verstärkung" signalisiert hier, dass ein gerade gezeigtes Verhalten, für welches die Belohnung (das Positive) kam, später auch wiederholt wird.

Setzt er sich zum Beispiel vor Ihnen hin und schaut Sie dabei an, geben Sie ihm ein Leckerli. Was merkt sich der Hund? „Wenn ich mich hinsetze, bekomme ich ein Naschi." Das möchte er natürlich häufiger haben und er wird sich daher in Zukunft von allein vor Ihnen absetzen.

Während der gesamten Erziehung können Sie die positive Verstärkung anwenden. Üben Sie zum Beispiel gerade ein Kommando, so belohnen Sie Ihren Hund, sobald er diesem folgt. Die Belohnung muss allerdings sofort erfolgen, damit er sie mit seinem Handeln verknüpfen kann. Gelingt die Übung nicht, so bekommt er auch kein Leckerli (negativ) und die Übung wird wiederholt.

Die negative Verstärkung kommt zum Einsatz, wenn Sie Ihrem Hund zum Beispiel „Sitz" oder „Platz" beibringen. Damit er sich hinsetzt, üben Sie vielleicht einen leichten Druck auf sein Hinterteil aus. Dieser Druck ist für den Vierbeiner unangenehm (negativ) und er möchte ihm entweichen, indem er sich setzt. In diesem Moment nehmen Sie den ausgeübten Druck weg. Sie nehmen dem Hund das Negative. Selbstverständlich bekommt er für das Ausführen Ihres Kommandos ein Leckerli. Das Positive (Belohnung) bleibt im Gedächtnis eher erhalten als das Negative (Wegnehmen des Drucks).

Sie werden schnell merken, dass Sie mit dieser belohnungsbasierten Erziehung große Lernerfolge erzielen. Ihr Vierbeiner weiß sehr schnell, dass er immer eine tolle Belohnung zu erwarten hat, wenn Sie mit ihm üben und trainieren. Deshalb wird seine Motivation groß sein, immer etwas Neues zu lernen.

Diese Art der Erziehung sorgt aber nicht nur für einen großen Trainingserfolg, sondern festigt auch die Hund-Mensch-Beziehung zwischen Ihnen beiden. Es kann ein gutes Vertrauensverhältnis aufgebaut werden, denn Ihr Vierbeiner wird sich absolut auf Sie verlassen können.

IST EINE HUNDESCHULE EMPFEHLENSWERT?

Eine gute Hundeschule ist immer empfehlenswert. Auch wenn Sie selbst schon über sehr viel Erfahrung im Thema Hundeerziehung und -haltung nachweisen können, so lernen Sie sicher immer wieder etwas Neues dazu.

In einer Hundeschule werden Ihnen und Ihrem Vierbeiner alle wichtigen Kommandos vermittelt. Sie lernen, wie Sie Ihren Liebling am effizientesten erziehen und dabei gute Lernfortschritte erzielen. Aber nicht nur das, sondern auch, wie Sie sich in bestimmten Situationen verhalten und Ihrem Hund vertrauensvoll gegenübertreten können. Dies sind wichtige Aspekte für eine gute Sozialisierung des Hundes.

Aber eine Hundeschule kann noch mehr. Sie werden lernen, Ihren Vierbeiner zu verstehen, damit eine reibungslose und unmissverständliche Kommunikation zwischen Ihnen beiden stattfinden kann. Die Beziehung und das Vertrauen ineinander werden zudem gefördert und gestärkt.

Sie als Hundebesitzer können darüber hinaus Kontakte knüpfen und sich mit Gleichgesinnten austauschen. Erfahrungen werden geteilt und weitergegeben und so kann das eine oder andere Problem mit dem Hund manchmal schon im Keim erstickt werden.

Zu guter Letzt ermöglichen Sie Ihrer Fellnase aber auch wichtige soziale Kontakte. Hier kommt er mit gleichaltrigen Artgenossen zusammen und kann mit ihnen spielen und seine Grenzen austesten. Auch solche Aktivitäten sind für eine gute Sozialisierung sinnvoll, denn so lernt Ihr Hund das korrekte Verhalten anderen Hunden gegenüber.

Manchmal allerdings ist der Besuch einer Hundeschule ein „Muss". Im Bundesland Niedersachsen zum Beispiel müssen Hundehalter einen „Hundeführerschein" absolvieren. Hier werden dem zukünftigen Hundebesitzer der richtige Umgang, die Erziehung und die Haltung eines Hundes nähergebracht. Im zweiten Teil dieser Ausbildung muss ein praktischer Test abgelegt werden, der nach der Anschaffung des eigenen Hundes durchgeführt wird. Hundeschulen bieten entsprechende Vorbereitungskurse an, um den Hundeführerschein bestehen zu können.

Ebenso wird in einigen deutschen Bundesländern für bestimmte Hunderassen ein „Wesenstest" verlangt, damit keine Maulkorbpflicht besteht. Viele Hundeschulen bieten auch dafür Kurse an, in denen mit dem Hund für den Wesenstest trainiert werden kann.

Hin und wieder haben Hundehalter auch Probleme in der Hundeerziehung. Vielleicht ist der Vierbeiner sehr ängstlich oder zeigt ein aggressives Verhalten, welches korrigiert werden soll. Erfahrene Trainer in den Hundeschulen können bei solchen Verhaltensauffälligkeiten helfen und das Problem erkennen. Gemeinsam mit Ihrem Hund durchlaufen Sie dann ein entsprechendes Training, um ein normales Verhalten wiederherzustellen.

Es macht also immer Sinn, eine Hundeschule zu besuchen, und sei es nur, um dem Vierbeiner einen regelmäßigen Kontakt zu Artgenossen zu ermöglichen.

WARUM IST EINE ERZIEHUNG SO WICHTIG?

Die richtige Erziehung eines Hundes ist von äußerster Wichtigkeit, wenn Sie nicht einen ungehorsamen Rüpel an Ihrer Seite wünschen. Nur so kann ein harmonisches Zusammenleben überhaupt erst möglich werden.

Ihr Hund muss bestimmte Kommandos lernen und beherrschen und ebenso verschiedene Grundregeln kennenlernen. Ebenso ist es wichtig, dass einige Verhaltensweisen trainiert werden. So sollte er lernen, sich im Straßenverkehr oder im Umgang mit fremden Menschen oder Artgenossen richtig zu verhalten.

Genießt Ihr Vierbeiner nun keine anständige Erziehung, weiß er mit solchen Situationen nicht umzugehen und könnte möglicherweise unkontrolliert oder aggressiv reagieren, weil er einfach nichts gelernt hat. Dies kann nicht nur eine Gefahr für seine Umwelt darstellen, sondern auch für ihn selbst. Hinter jeder Kleinigkeit könnte sich für den Hund etwas Gefährliches verbergen, was angegriffen, angeknurrt oder angebellt wird. Entspannte Spaziergänge sind mit einem solchen angriffslustigen Hund kaum möglich.

Im Gegenteil: Wie kann ein Ausflug mit dem Hund Spaß machen, wenn Sie jederzeit Angst haben müssen, dass er vorbeigehende Passanten anspringt oder gar Fahrradfahrern oder Joggern hinterherjagen möchte? Innerlich sind Sie mehr als unsicher und diese Unsicherheit überträgt sich auf Ihren Hund. Auch er wird dann ängstlich und unsicher, weil er sich auf Sie als sein Rudelführer nicht verlassen kann.

Wird nicht spätestens jetzt etwas unternommen, kann sich die Angst des Hundes in Aggression wandeln. Nicht selten landet er dann früher oder später im Tierheim, weil niemand mehr mit ihm zurechtkommt. Im extremen Fall wird dieser arme Hund eingeschläfert, weil er als unvermittelbar gilt.

Zu beobachten ist immer wieder, dass vor allem Eigentümer von kleinen Hunden die Erziehung nicht so ernst nehmen. Was soll so ein kleines Bündel Fell schon anrichten können? Nun, eine ganze Menge. Auch diese kleine Fellnase hat sehr gute Zähne und die Kraft, beim Zubeißen schlimme Wunden zu hinterlassen. Und auch ein solch kleiner Hund kann äußerst laut bellen und an der Leine herumziehen. Es gibt kein schönes Bild ab, wenn nun der Besitzer mit einer kläffenden Modeerscheinung am anderen Ende der Leine spazieren geht, die obendrein eher auf den

Hinterbeinen läuft, weil sie schneller als sein Herrchen sein will. Hier ist der arme kleine Hund zu einer Mutation aus Dauerkläffer und Wadenbeißer geworden, weil er keine Erziehung bekommen hat.

Diese Beispiele allein zeugen schon von der Wichtigkeit einer angemessenen Erziehung und Ausbildung. Wenn Sie viel Zeit darin investieren und Ihren Hund, egal, ob groß oder klein, auch gut sozialisieren, damit er sich in der menschlichen Umwelt zurechtfindet, vermitteln Sie ihm damit auch Sicherheit, Gelassenheit und Geborgenheit. Sie selbst können dann entspannt und mit einer ebensolchen Gelassenheit Ihren Vierbeiner ausführen, ohne dass etwas Unvorhergesehenes passiert. Sie können ihn überallhin mitnehmen, weil Sie wissen, dass er sich benehmen kann. Ihr Liebling wird Ihnen überallhin folgen, weil er Ihnen größtes Vertrauen schenkt. Er weiß, dass Sie ihn niemals in Gefahr bringen würden. All dies machen aber nur eine gute Erziehung und Sozialisierung möglich.

Wie Sie Ihren Vierbeiner letztendlich erziehen, bleibt Ihnen überlassen. Hauptsache, es geschieht ohne körperliche oder seelische Gewalt. Damit erreichen Sie nämlich nur das Gegenteil. Strafen, egal, welcher Art, sind absolut tabu.

Das heißt jetzt natürlich nicht, dass Sie Ihren Hund antiautoritär erziehen und sich von ihm auf der Nase herumtanzen lassen. Das käme dem gleich, als würden Sie ihn gar nicht erziehen. Stellen Sie Regeln auf, die zu befolgen sind. Halten Sie sich selbst immer daran und bleiben Sie konsequent. Ihr Liebling wird immer mal wieder seine Grenzen austesten und das müssen Sie erkennen und dann entsprechend gegensteuern. Bringen Sie ihm das korrekte Verhalten bei und belohnen Sie ihn bei Erfolg. Er wird es sich schnell merken und die kleinen Bestechungen gerne entgegennehmen.

DIE SOZIALISIERUNG

Sie haben in den vorherigen Kapiteln viel über die Sozialisierung eines Hundes gelesen. Aber was ist das überhaupt und wie sozialisiert man einen Hund? Das erfahren Sie jetzt.

Wird ein Hund richtig sozialisiert, also auf alles, was ihm begegnen könnte, geprägt, so wird er Vertrauen zu Ihnen bekommen und ein hohes Maß an Selbstbewusstsein erlangen. Er wird mit Ihnen durch dick und dünn gehen und so gut wie niemals ängstlich sein. Im Endeffekt erzielen Sie mit der richtigen Sozialisierung eine starke Bindung und ein bedingungsloses Vertrauen zwischen Ihnen beiden.

Die Sozialisierung findet vor allem in den ersten Lebenswochen statt, denn in dieser Zeit lernt der Welpe am effektivsten und kann sich alles besser merken. Aber es ist auch möglich, einen älteren Hund zu sozialisieren. Natürlich dauert dieses Unterfangen dann ein wenig länger, aber der Erfolg wird sich einstellen.

Schon beim Züchter sollte eine erste Sozialisierung beginnen. Wenn Sie sich den richtigen ausgesucht haben, wird dieser dem Kleinen auch schon einiges gezeigt haben. Nun geht es aber bei Ihnen weiter, Sie dürfen nicht aufhören, dem Welpen so viel wie möglich an Umweltreizen und Situationen nahezubringen. Jedoch sollten Sie immer darauf achten, den Kleinen nicht zu überfordern. Die Aufnahmekapazität eines Welpen ist noch sehr begrenzt.

Wenn Sie nun versuchen, Ihrem neuen Freund eine bestimmte Alltagssituation zu zeigen, könnte es natürlich passieren, dass er im ersten Moment unsicher ist und Angst zeigt. Dieses Verhalten ist mehr als natürlich, er kennt es ja noch nicht. Erschrickt er also, sehen Sie von einem Trösten des Hundes ab, denn damit bestärken Sie ihn nur in seiner Angst. Sie würden ihn in seinen Augen belohnen. Ignorieren Sie besser die gezeigte Angst und führen Sie ihn selbstsicher erneut in diese Situation. Ihr Welpe wird schnell merken, dass Sie keine Angst zeigen und sehr sicher mit dieser Situation umgehen. Das überträgt sich auf Ihren Vierbeiner und er wird schnell seine Unsicherheit verlieren.

Ihrem Hund werden in seinem gesamten Leben viele Menschen über den Weg laufen. Diese sehen nicht immer gleich aus und das müssen Sie dem Kleinen vermitteln. Isolieren Sie ihn also nicht, sondern zeigen Sie ihm die Welt mit allem, was sich darauf befindet. Unterschiedliche Personen können groß oder klein, dick oder dünn, alt oder jung sein. Sie können körperliche Einschränkungen haben und deshalb mit einer Gehhilfe, einem Rollator oder Rollstuhl daherkommen. Selbst die Kleidung könnte unterschiedlicher nicht sein. Manche Leute kommen einfarbig gekleidet um die Ecke und sind daher eher unscheinbar, andere wiederum sind in bunte Gewänder eingehüllt, die im Wind wehen und für viel Aufmerksamkeit sorgen.

Wenn Sie selbst sehr sicher auftreten, so wird auch Ihr Hund diese Sicherheit spüren. Sollte er sich jedoch trotzdem etwas einschüchtern lassen, so entspannen Sie die Situation mit einem Leckerli oder dem Lieblingsspielzeug.

Ein ganz wichtiger Aspekt ist die Körpersprache des Menschen. Die Menschheit kommuniziert körpersprachlich ganz anders als Hunde. Das beste Beispiel, welches Sie bestimmt auch schon selbst erlebt haben, ist folgendes:

Sie sehen einen niedlichen Hund. Was machen Sie? Sie gehen direkt auf ihn zu, lächeln dabei, weil Sie sich freuen, und möchten ihm über den Kopf streicheln, weshalb Ihre Hand bereits nach ihm ausgestreckt ist. Der Vierbeiner sieht darin allerdings eine Drohgebärde. Dieses frontale Aufeinandertreffen stellt für ihn eine Bedrohung dar. In Ihrem Lächeln sieht er ein Zähnefletschen und das Auflegen Ihrer Hand wertet er als Dominanzgeste. Für den Hund ist diese Situation also der absolute Super-GAU.

Die Menschen in Ihrem Umfeld werden Sie eher nicht davon abhalten, in der Art auf Ihren Hund zuzugehen, schon gar nicht, wenn Sie ein so süßes kleines Plüschknäuel wie den King Charles Spaniel bei sich haben. Deshalb müssen Sie umso mehr Ihren Welpen auf eine solche Situation vorbereiten, damit er darin keine Gefahr für sich sieht.

Eine solche Übung führen Sie anfangs natürlich selbst durch, weil Ihr Hund Sie kennt und Ihnen vertraut. Später holen Sie eine weitere Person dazu, die Ihr Vierbeiner ebenfalls gut kennt, vielleicht ein Mitglied der Familie. Nach und nach versuchen Sie es mit eher nicht so bekannten Personen. Ihr Vierbeiner wird mit Hilfe von Belohnungen schnell begreifen, dass ihm der Mensch hier nichts Böses will, und diese „menschlichen“ Gesten tolerieren. Wahrscheinlich lässt er sich auf diese Körpersprache ein, so wie Sie es auch umgekehrt machen, und sieht in dieser Mimik und Gestik des Menschen mit der Zeit etwas Freundliches.

Nun geht es noch darum, Ihrem Hund die unterschiedlichsten Alltagssituationen zu zeigen. Hier gibt es so viel zu entdecken – sei es der normale Straßenverkehr mit großen und kleinen Fahrzeugen, das Fahren mit Bus und Bahn, unterschiedliche Bodenbeläge, laute Musik oder raschelnde Mülltüten.

Vielleicht planen Sie mit Ihrem Welpen einen Besuch im Zoo oder auf einem Bauernhof. An diesen Örtlichkeiten lernt er andere Tiere und fremde Gerüche kennen. Gehen Sie auch mit ihm an die frische Luft, wenn das Wetter einmal nicht so schön ist. Ihr Vierbeiner sollte sich mit den verschiedensten Wetterlagen vertraut machen können, damit ihn weder Regen noch Schnee in einen Ausnahmezustand der Angst versetzen.

Während dieser Sozialisierungsphase finden im Gehirn wichtige Strukturierungen statt. Die Neuronen vernetzen sich untereinander und sorgen so für ein besseres Lernvermögen. Deshalb ist diese Zeit für das Lernen so wichtig. Überfordern Sie den Welpen nicht, aber packen Sie ihn auch nicht in Watte. Geben Sie ihm die Möglichkeit, so viel, wie nur möglich, von seiner zukünftigen Umwelt kennenzulernen. Lassen Sie ihn freizügig die Welt erkunden, denn er muss lernen, mit einer eventuell aufkommenden Angst fertig zu werden, Demutsgesten zu deuten, aber auch selbst zu zeigen, und Aggressionen oder Frustrationen selbständig abbauen zu können. Selbst den Einsatz seiner Zähne muss er lernen. Und weil nicht alles im Leben so läuft, wie es der kleine Welpe gerne hätte, muss er ebenso lernen, sich den Situationen anzupassen.

Die Sozialisierung eines Hundes sorgt also dafür, dass sich Ihr Welpe im späteren Leben gut zurechtfindet und gegenüber allen Lebewesen ein freundliches Auftreten zeigt.

BESTRAFUNG, JA ODER NEIN?

Über die Möglichkeiten einer Bestrafung des Hundes haben Sie schon einiges erfahren. Körperliche und seelische Bestrafungen haben nichts in der Hundehaltung zu suchen. Das Einzige, was Sie mit Schlägen & Co. erreichen würden, ist der Verlust des Vertrauens und der innigen Beziehung zu Ihrem Hund. Er würde ängstlich und unsicher, gerade in Ihrer Gegenwart, werden und könnte letztendlich auch aggressiv und bissig werden. Gewalt und Zwang sind auf keinen Fall der richtige Weg zur erfolgreichen Hundeerziehung.

Jedoch darf dem Hund kein Freifahrtschein ausgefüllt werden und in manchen Situationen stehen Sie jetzt vor der Frage: Wie rüge ich meinen Hund richtig?

Ein unerwünschtes Verhalten Ihres Vierbeiners wird früher oder später auftreten. Dies kann sich mal im Stehlen von Lebensmitteln äußern, im spielerischen Zubeißen oder in ständigem Bellen. Eine Rüge effektiv einzusetzen, setzt das richtige Timing voraus. Liegt der Vorfall auch nur einige Minuten in der Vergangenheit, bringt es nichts mehr, den Hund dafür zu bestrafen. Er kann es nicht mehr mit seinem Handeln verknüpfen und Sie würden ihn in seinen Augen für etwas ganz anderes bestrafen. Dies würde Ihren Vierbeiner aber sehr verunsichern und mit der Zeit verliert er sein Vertrauen zu Ihnen.

Nehmen Sie zum Beispiel den Rückruf. Ihr Hund kommt zwar wieder zu Ihnen, aber nicht sofort. Dieses Verhalten ärgert Sie natürlich sehr. Würden Sie ihn aber jetzt aufgrund des zu späten Kommens rügen, so bestrafen Sie aus der Sicht des Hundes das Zurückkommen. Folglich wird er bald gar nicht mehr auf Ihren Rückruf hören, weil er Angst vor der Bestrafung hat.

Deshalb ist es gerade für einen Hundeanfänger nicht immer leicht, eine Bestrafung korrekt umzusetzen. Hier wird empfohlen, besser gar nicht zu strafen, sondern das Fehlverhalten zu ignorieren. Versuchen Sie, Ihrem Vierbeiner dieses Fehlverhalten abzugewöhnen, indem Sie ihn belohnen, bevor das unerwünschte Verhalten auftritt.

Die positive Verstärkung ist der effizienteste Weg, einem Hund etwas beizubringen. Da er sich aber natürlich nicht immer sofort vorbildlich verhält, gehört selbstverständlich zum Lob auch mal ein Tadel dazu. Dieser sollte aber immer verbal und niemals körperlich oder seelisch erfolgen. Benutzen Sie auch niemals sogenannte „Erziehungshilfen“ wie Stromhalsbänder oder solche, die Wasser verspritzen oder mit Stacheln besetzt sind. Schimpfen Sie auch keine langen Romane herunter, dies versteht Ihr Hund absolut nicht.

Kurze und knappe Äußerungen, wie ein „Nein“, „Aus“ oder „Pfui“, genügen völlig. Geben Sie diesen Worten einen etwas strengen Unterton, schreien oder brüllen Sie aber nicht dabei. Auch Ihr Gesichtsausdruck darf gerne etwas „streng“ aussehen, Ihr Vierbeiner versteht über Ihre Körpersprache manchmal sehr viel mehr, als die gesprochenen Worte es ausdrücken.

Als Strafe kann auch die Verweigerung der Belohnung dienen. Ignoriert Ihr Vierbeiner Ihren Befehl, so stecken Sie das Leckerli wieder in Ihre Tasche.

Stellt Ihr Liebling das unerwünschte Verhalten ein, so sprechen Sie wieder liebevoll mit ihm. Geben Sie ihm ein kurzes Kommando, welches er beherrscht, und belohnen Sie ihn dann für die korrekte Ausführung.

Bei der gesamten Hundeerziehung hat sich die Arbeit mit der positiven Verstärkung bewährt. Belohnen Sie das gute Verhalten und Benehmen Ihres Welpen und ignorieren Sie ein unerwünschtes Verhalten.

Ist Ihr Vierbeiner beim Spielen zum Beispiel zu aufdringlich, springt an Ihnen hoch oder zwickt versehentlich in Ihre Hände, so unterbrechen Sie das Spiel. Dies ist für den Kleinen in diesem Moment eine verständliche Strafe. Kehrt wieder Ruhe ein, setzen Sie das Spiel mit dem Welpen fort. Da er gerne mit Ihnen spielt und dies auch in Zukunft möchte, wird er ganz schnell diese unerwünschten Verhaltensmuster ablegen.

Dasselbe gilt beim Spiel mit Artgenossen. Benimmt sich der Welpe nicht hundegerecht, wird er von den anderen zurechtgewiesen. Passiert dies nicht, holen Sie Ihren Vierbeiner für kurze Zeit aus dem Gruppenspiel heraus, um ihn anschließend weiterspielen zu lassen.

Um aber überhaupt Strafen, Tadel und Rügen von vornherein zu vermeiden, sollten Sie Ihrem Hund begreiflich machen, dass es sich für ihn immer lohnt, auf Sie zu hören. Sie sind das Interessanteste auf der ganzen Hundewelt, so werden Sie immer die Aufmerksamkeit Ihres Vierbeiners bekommen und ein unerwünschtes Verhalten wird somit minimiert.

MÖGLICHES FEHLVERHALTEN KORRIGIEREN

Wahrscheinlich werden Sie irgendwann einmal mit einem Fehlverhalten Ihres Hundes konfrontiert werden. Das kann vom einfachen „Nichtbefolgen Ihres Kommandos“ bis zur „Kleinholzmachung Ihrer Wohnung“ reichen. Für die meisten solcher unerwünschten Verhaltensweisen gibt es einen Grund, den Sie unbedingt herausfinden müssen. Dann können Sie, zur Not auch mit professioneller Hilfe, gegensteuern und Ihren Vierbeiner korrigieren.

Das Korrigieren eines Hundes bedeutet aber nicht, dass er bei einem unerwünschten Verhalten Rügen und Maßregelungen über sich ergehen lassen muss. Mit Strafen erreichen Sie gar nichts. Arbeiten Sie auch bei der Korrektur immer mit der positiven Verstärkung. Ein Hund versucht immer, den bestmöglichen Vorteil für ihn durch sein Verhalten herauszuholen. Man könnte ihn auch als einen Opportunisten bezeichnen. Diese Eigenschaft können Sie sich während der gesamten Hundeerziehung, aber auch beim Korrigieren eines Fehlverhaltens zunutze machen. So erhalten Sie sich die Freundschaft und das Vertrauen Ihres Vierbeiners.

Damit Sie Ihren Hund nun aber richtig korrigieren können, müssen Sie verstehen, warum dieses Fehlverhalten auftritt. Das heißt, Sie müssen die Sprache eines Hundes verstehen können. Lernen Sie also erst einmal „hündisch“, damit es nicht zu Missverständnissen kommt. Verstehen Sie Ihren Vierbeiner, so können Sie auch schnell die Gründe für sein Verhalten herausfinden.

Sie haben nun mehrere Möglichkeiten, die Sie beim Korrigieren Ihres Hundes einsetzen können.

Das ist zum Ersten die **verbale Korrektur**. Hier arbeiten Sie mit einem Kommando, welches den Vierbeiner dazu bringen soll, sein Handeln einzustellen.

Zum Zweiten können Sie eine **akustische Korrektur** anwenden, wenn Ihr Hund in seinen Gedanken vertieft sein sollte. So fordern Sie seine Aufmerksamkeit ein. Sie könnten hier ein Pfeifen oder ein Klatschen anwenden. In einem solchen Fall können Sie auch die sogenannte „**taktile Korrektur**“ anwenden, indem Sie Ihren Hund mit einer kurzen Berührung aus seinen Gedanken holen. Bevor Sie allerdings zu diesen Maßnahmen greifen, geben Sie Ihrem Hund die Möglichkeit, auf Ihre Ansprache hin zu reagieren.

Haben Sie mit Ihrer Korrektur Erfolg, so sollte sich das unerwünschte Verhalten sofort legen. Jetzt ist der Punkt gekommen, an dem Sie Ihren Hund loben, damit er versteht, warum er das Fehlverhalten eingestellt hat. Er gibt Ihnen wieder seine volle Aufmerksamkeit und bekommt dafür ein Leckerli. Lernen Sie, dem Hund entspannt gegenüberzutreten, wenn er Ihrem Wunsch folgt, und seien Sie niemals nachtragend.

Dies sind wichtige Voraussetzungen, damit Sie Ihrem Hund ein Fehlverhalten abgewöhnen, aber ihm gleichzeitig auch das erwünschte Verhalten beibringen können.

Trennungsangst

Leidet Ihr Hund unter einer Trennungsangst, so steht er unter starkem Stress. Hier kann es schnell passieren, dass Ihre Wohnung nicht mehr so aussieht wie vor dem Verlassen dieser.

Ein Anzeichen dafür könnte eine große Aufregung bei Ihrer Rückkehr sein. Unentwegtes Bellen oder Jaulen oder aber auch das Absetzen von Hinterlassenschaften in der Wohnung könnten ebenso darauf hindeuten.

Arbeiten Sie schon mit Ihrem Welpen daran, dass er einige Zeit allein im Haus bleibt. Da er schon frühzeitig spüren wird, dass Sie gleich gehen werden, üben Sie Ihr Weggehritual auch zwischendurch, wenn Sie gar nicht vorhaben, die Wohnung zu verlassen. Ziehen Sie sich die Schuhe und die Jacke an und nehmen Sie Ihren Schlüssel in die Hand. Ihr Vierbeiner wird Sie genau beobachten. Nun legen Sie Ihre Kleidung und den Schlüssel wieder ab. Gar nichts ist passiert und Ihr Vierbeiner legt sich entspannt wieder zurück. So können Sie vermeiden, dass Ihr Liebling schon unter Stress leidet, wenn Sie noch gar nicht weg sind.

Im nächsten Schritt verlassen Sie kurz die Wohnung, kehren aber sofort wieder zurück. Ein kurzzeitiges Verlassen des Zimmers, in dem sich der Hund aufhält, könnte schon ausreichend sein. Diese Intervalle verlängern Sie mit der Zeit. So lernt der Kleine, dass Sie immer wieder zu ihm zurückkehren und ihn nicht allein auf dieser Welt lassen.

Ein routinierter Alltag kann ebenso sehr hilfreich sein, aufkommenden Stress zu bewältigen. Bevor Sie nun gehen müssen, sollten Sie ausgiebig mit Ihrem Hund spielen und ihn so körperlich auslasten. Müde und zufrieden wird er dann Ihre Abwesenheit verschlafen.

Vielleicht finden Sie auch Möglichkeiten, die Ihrem Liebling das Alleinsein etwas erleichtern. Manche Hunde vergnügen sich gerne mit einem Kauartikel, andere sind beruhigter, wenn leise Musik im Hintergrund zu hören ist. Probieren Sie es einfach einmal aus.

Haben Sie gar keinen Erfolg mit diesen Maßnahmen, suchen Sie sich Hilfe in einer guten Hundeschule. Hier gibt es erfahrene Trainer, die Sie bei Ihrem Problem unterstützen.

Betteln am Tisch

Ein exzessives Betteln bei Tisch stört die Hund-Mensch-Beziehung erheblich. Sie glauben gar nicht, wie kreativ Ihr Vierbeiner werden kann, wenn es darum geht, seinen Willen durchzusetzen. Egal, was Ihr Hund auch veranstaltet, lassen Sie sich auf keinen Fall darauf ein. Wenn Sie auch nur ein einziges Mal nachgeben, wird er sich genau diesen Erfolg sehr genau einprägen und Sie haben einen wahren Bettler an Ihrer Seite.

Wahrscheinlich sind Sie in Ihrer Erziehung nicht konsequent genug gewesen. Im Idealfall lassen Sie eine solche Bettelei schon im Welpenalter gar nicht erst zu. Ist es aber nun passiert, brauchen Sie viel Geduld und noch mehr Konsequenz, um dieses Verhalten wieder abzutrainieren.

Geben Sie dem Betteln Ihres Hundes also nicht nach. Ignorieren Sie Ihren Vierbeiner oder verweisen Sie ihn mit einem „Nein“ auf seinen Platz. Wenn er kein Erfolgserlebnis mit der Bettelei hat, wird es für ihn schnell langweilig. Dieses unerwünschte Verhalten gehört dann bald der Vergangenheit an.

Anspringen

Springt Ihr Hund Sie oder andere Personen zur Begrüßung an, kann das mehr als unangenehm werden. Deshalb sollten Sie ein solches Verhalten von Anfang an unterbinden. Denken Sie als Erstes über den Grund des Anspringens nach.

Bei einem Welpen ist dies ein ganz natürliches Verhalten, weil er so nah wie möglich an Ihr Gesicht herankommen möchte. Der Ursprung ist hier schnell erklärt: Das Maul seiner Mutter hat ihm Futter gegeben und der Welpe zeigt Beschwichtigungsgesten in diese Richtung. Das möchte er bei Ihnen fortsetzen. Lassen Sie es zu, so zeigen Sie dem Kleinen, dass Sie sein Verhalten sehr schätzen. Ist er jedoch erst einmal ausgewachsen, finden Sie es wahrscheinlich nicht mehr so toll. Am besten tolerieren Sie ein Anspringen also gar nicht erst.

Manchmal kann aber auch eine große Aufregung dafür verantwortlich sein, warum Ihr Hund Sie anspringt. Die meisten Hunde gehen von Natur aus aufgeregt durchs Leben. Hat Ihr Vierbeiner genügend Möglichkeiten, sich auszuruhen? Das geht nur, wenn er artgerecht ausgelastet ist. Sorgen Sie also für eine entsprechende Auslastung und anschließende Ruhephasen, damit er weniger aufgeregt ist.

Wie gehen Sie nun am besten vor, um Ihrem Vierbeiner das Anspringen abzugewöhnen? Bei einem Welpen hilft Ignoranz, da er sich noch in der Entwicklung befindet und seine Verhaltensweisen noch nicht gefestigt sind. Drehen Sie sich von ihm weg. Sprechen Sie nicht mit ihm und schauen Sie ihn auch nicht an. Ihre Arme halten Sie demonstrativ vor Ihrem Oberkörper verschränkt. Verharren Sie in dieser Position, bis Ihr Welpe das Anspringen eingestellt und mit allen Pfoten auf dem Fußboden steht. In diesem Moment loben Sie ihn mit einem Leckerli oder mit Streicheleinheiten.

Bei älteren Hunden könnte die Ignoranz Ihrerseits nicht weiterhelfen. Die meisten werden dadurch nur noch mehr animiert, an Ihnen hochzuspringen. Versuchen Sie es mit dem Festhalten der Vorderpfoten, wenn Ihr Hund Sie anspringt. Er wird versuchen, sich Ihrem Griff zu entziehen. Verharren Sie noch für eine oder zwei Sekunden in dieser Haltung und lassen Sie die Pfoten dann los. Wahrscheinlich werden Sie dieses Procedere mehrmals wiederholen müssen. Allerdings ist es für Ihren Hund sehr unangenehm, auf diese Weise auf den Hinterbeinen zu stehen. Er wird also sehr bald das Anspringen einstellen. Ist dies der Fall, belohnen Sie ihn, damit er lernt, nicht an Ihnen hochzuspringen, sondern ruhig auf dem Boden der Tatsachen zu bleiben.

Springt Ihr Vierbeiner Sie beim Spielen immer wieder an? Dann unterbrechen Sie das Spiel sofort, bis er sich wieder beruhigt hat. Sonst erzieht Ihr Hund Sie und nicht umgekehrt.

Die wenigsten Menschen sind sich bewusst, welche Last sie auf ihre Schultern nehmen, wenn sie mit dem Gedanken spielen, der Erziehung eines Hundes eine Chance zu geben. Wer keine Vorerfahrungen hat, der kann schnell überwältigt werden. In den meisten Fällen führt Überwältigung zu Frustration, welche nicht nur im Leben des Halters für Chaos sorgt, sondern auch innerhalb der Beziehung zu Mensch und Hund. Der Alltag kann stark gestört werden. In dem folgenden Kapitel sollen aus diesem Grund die ersten Anfänge der Hundeerziehung ausführlich erklärt werden, damit eine innige Verbindung aufgebaut werden kann, die nicht auf Angst und Strafen basiert, sondern auf Güte und Respekt. Dabei sind es vor allem die kleinen Hürden des Alltages, die zu großen, meist negativen Emotionen führen können.

Ein besonderes Augenmerk soll hierbei auf die positive Verstärkung gelegt werden. Es handelt sich dabei um einen Trend der Neuzeit, dem die Tatsache zugrunde liegt, dass ein Hund genauso eingeschüchtert sein kann, wie dies beim Menschen der Fall ist. Nicht nur kommt der Hund – manchmal im Welpenalter – in ein neues Zuhause, in dem es sich zurechtzufinden gilt, sondern es kommen Lernstunden auf den Hund zu, die ihn ähnlich überfordern können wie den Halter in der Rolle des Lehrers. Der Trend entspricht der Neuzeit, da Hunde früher abgerichtet wurden ohne einen Blick auf Konsequenzen; sie erfüllten Aufgaben und Kommandos aus Angst vor Strafen. Heute wird stattdessen auf die natürliche und gütige Dominanz des Halters gezielt, unter welcher der Hund sich sicher und geborgen fühlen kann.

DAS RESPEKTTRAINING

Einer der wichtigsten Aspekte innerhalb der Hundeerziehung stellt das Respekttraining dar. Eine respektvolle Verbindung kann nur durch Vertrauen und Dominanz aufgebaut werden.

In den letzten Jahren hat sich gezeigt, dass ein Hund nicht durch Gewalt abgerichtet werden muss. Es braucht nicht einmal Gewalt, damit ein Mensch seine eigene Vorrangstellung durchsetzen kann. Stattdessen wird mit der natürlichen Dominanz des Menschen gearbeitet. Durchaus ist dies schwieriger, als einen Hund durch Gewalt abzurichten, doch die daraus entstandene Verbindung lohnt sich um ein Vielfaches. Es handelt sich um eine Dominanz, welche in Hunden keine Angst auslöst, sondern es wird mit derselben Dominanz gearbeitet, welche auch innerhalb des Arbeits- oder Privatlebens gezeigt wird: Es ist das Selbstbewusstsein. Die folgenden Übungen können nur dann mit Erfolg durchgeführt werden, wenn der Halter ein selbstsicheres, gelassenes und souveränes Handeln zeigt. Es ist wichtig, dass der Halter sich bewusst ist, welche und wie viel Macht er auf den Hund ausüben könnte. Besagte Dominanz muss ausgestrahlt werden, allerdings auf einer Basis der Güte und der Gelassenheit. Dies muss beibehalten werden, auch wenn manche Übungen keinen bzw. nicht sofort Erfolg bringen sollten.

Gleichzeitig bedeutet dies, dass Menschen, die mit ihrem Selbstbewusstsein zu kämpfen haben, von der Erziehung eines Hundes absehen sollten. Sie sollten zuerst lernen, ihr Selbstbewusstsein unter Kontrolle zu haben, und dieses nicht nur vortäuschen. Ansonsten ist es für den Hund beinahe unmöglich, den Halter ernst zu nehmen und ihm den gebührenden Respekt zu zeigen.

Zuerst muss herausgefunden werden, ob der Hund bereit dazu ist, den Vorrang des Menschen anzuerkennen, beziehungsweise ob der Hund Respekt empfinden kann. Hierfür eignet sich ein simpler Vertrauenstest. Der Test kann mehrmals durchgeführt werden in einem Abstand von mehreren Wochen oder Monaten, allerdings muss beachtet werden, dass es sich nicht um eine Übung handelt, mit welcher auf Erfolg gezielt wird. Stattdessen ist es ein Test, in welchem jedes Ergebnis einen positiven Erfolg darstellt, auch wenn nicht die gewünschte Reaktion erzielt werden konnte.

Damit der Test erfolgreich durchgeführt werden kann, sollte der Hund auf simple Kommandos hören können. Durch eines dieser

Kommandos wird der Hund zum Hinsetzen gebracht. Für den Halter ist es wichtig, auf Augenhöhe zu gehen und nicht von oben herab zu seinem Begleiter zu sprechen – er hockt sich am besten neben seinen Hund. Andernfalls kann es zu einer erzwungenen Dominanz kommen, welche nicht selten in Angst endet. Wenn der Halter sich neben seinem Vierbeiner befindet, kann nun eine Hand auf den Nacken des Hundes im oberen Bereich gelegt werden. Wichtig ist hier, dass nicht mit Kraft gearbeitet wird. Stattdessen sollte es eine angenehme Geste direkt unterhalb der Ohren sein. Nun kann mit ein wenig Druck der Kopf in Richtung Boden gelenkt werden. Auch hier muss ohne Gewalt gearbeitet werden und das Kinn des Hundes soll nicht den Boden berühren, da dies sehr unangenehm und einengend sein kann.

Um ein Ergebnis zu erhalten, muss geschaut werden, wie viel Druck der Halter ausüben muss, bis sein Hund dem Druck nachkommt. Es kann zu vier Szenarien kommen. So kommt der Hund der Bewegung nach und akzeptiert den menschlichen Vorrang, er kommt dem Druck nur langsam und unwillig nach und zeigt somit, dass der Mensch zwar toleriert, aber nicht respektiert wird, er folgt der Bewegung nicht und hält stand, wodurch der Hund versucht, seine eigene Dominanz zu zeigen, oder der Hund zieht seinen Kopf weg und schüttelt die Hand ab, was bedeuten kann, dass die Bindung für solche Berührungen noch nicht gefestigt genug ist.

Der Test kann mehrmals in der Ausbildung wiederholt werden. Das eigentliche Ziel ist es, dass der Hund der Bewegung nachkommt, wenn die Hand lediglich das Fell berührt. So kann für spätere, komplizierte Kommandos geübt werden oder für die erste große Hürde für das Halter-Hunde-Team: das Spazierengehen.

Nur selten zeigt ein Hund bei diesem Test die gewünschte Methode. Stattdessen wird weiter an der Verbindung zwischen Mensch und Begleiter gearbeitet werden müssen. Basierend auf dem Akzeptanzstadium, in welchem sich der Hund zum Zeitpunkt des Tests befindet, kann mit unterschiedlichen Übungen gearbeitet werden, welche die natürliche Dominanz des Menschen stärken sollen.

Bevor diese Übungen beschrieben werden sollen, muss ein Augenmerk auf die Vorfahren des Hundes geworfen werden: auf die Wölfe. In einem Rudel kristallisiert sich ein Rudelführer heraus, welcher nicht gewählt wird, sondern der seine Position durch seine Macht, Dominanz und Führungskenntnisse beibehält. Besagter Rudelführer hat denselben Status wie ein menschlicher Adeliger. Sein Verhalten ist hoheitsvoll und souverän.

Das bedeutet beispielsweise, dass Begrüßungen zwar erwartet und gewollt sind, doch im selben Atemzug ignoriert werden, damit ein weiteres Mal die Macht des Rudelführers demonstriert werden kann. Durch diese Methode ist es für den Rest des Rudels unmöglich, zu vergessen, wer der Rudelführer ist und welche Macht dieser trägt. Der Mensch kann dasselbe System anwenden, um wiederum die eigene Dominanz sicherzustellen.

Die meisten Hundehalter, die nicht professionell mit Hunden arbeiten, haben über die Jahre hinweg mit ihrem Hund ein Morgen-Ritual entwickelt, welches sich unterschiedlich zeigen kann. Nicht selten kommt es noch vor dem Frühstück zu ausgiebigen Streicheleinheiten oder der Hund wird dazu ermutigt, mit ins Bett zu hüpfen oder an seinem Halter hinaufzuspringen, wenn dieser sich aus dem Bett begeben hat. So schön ein solches Ritual auch sein kann, umso stärker sollte darauf verzichtet werden. Genauso verzichtet werden sollte auf die menschliche Kommunikation mit dem Vierbeiner. Der Hund ist kein Mensch und wird es nie sein. Dennoch beginnen einige Hundehalter direkt nach dem Aufwachen damit, ausgiebig mit ihren Hunden zu sprechen, und zwar ähnlich wie mit einem anderen Menschen. Meist wird damit versucht, die Verbindung zwischen Mensch und Hund zu stärken, und für Menschen, die einsam sind oder keine Freunde oder Familie in der Nähe haben, kann eine solche Kommunikation beruhigend wirken, doch es trägt nicht zum positiven Verhalten des Hundes bei. Es zeigt ihm lediglich, dass er ungestraft mit gewissem Verhalten durchkommt.

Es darf nicht vergessen werden, dass Hunde ähnlich begeistert darüber sind, ihre Menschen am Morgen wiederzusehen. Dies resultiert in negativer Aufregung. Daher ist es besser, wenn der Hund am Morgen für einige Minuten ignoriert wird, damit dieser sich beruhigen kann und dann nicht mehr an Menschen hinaufspringt. Dabei kann sich hier auf wenige Minuten beschränkt werden, denn der Hund soll nur so lange ignoriert werden, bis dessen morgendliche Freude ein wenig abgeklungen ist. Anschließend kann der Hund gegrüßt werden, doch auch hier sollte auf eine verhaltene Begrüßung geachtet werden. Sanfte Worte reichen aus, ebenso ruhige Streicheleinheiten, die den Hund nicht erneut aufregen. Somit kann die natürliche Dominanz des Menschen gezeigt werden, denn dem Hund wird beigebracht, dass er sich ruhig verhalten muss, bevor er seine geliebten Streicheleinheiten als Belohnung bekommt. Positives Verhalten wird belohnt.

Ähnlich wie Kinder sind Hunde wahre Meister, wenn es darum geht, ihren Willen durchzusetzen. So ist jegliches Betteln um Aufmerksamkeit kein Zufall und sie wissen sehr genau, was die Reaktion des Menschen sein wird. Die sehr bewusste Manipulation gehört zum natürlichen Verhalten von Wölfen. Diesem Verhalten und vor allem den großen Augen sollte widerstanden werden. Ansonsten kann es dazu kommen, dass das morgendliche Ritual des Menschen gestört wird, wodurch es besonders zu Komplikationen kommen kann, wenn beispielsweise verschlafen wurde.

Angewandt werden kann dasselbe Prinzip, wenn am Nachmittag oder am Abend von der Arbeit nach Hause gekommen wird. Nicht selten kommt es vor, dass ein gewisses Verhalten vom Halter provoziert wird, beispielsweise wenn der Halter seine Arme ausstreckt, um den Hund zu begrüßen. Gemeinsam mit einer hohen Stimme kann dies zu einer Adrenalinausschüttung beitragen, durch welche es dazu kommt, dass der Hund seine Manieren so wie Gelerntes vergisst. Dies gehört zum Verhalten, welches die meisten Hundeführer zeigen, doch es ist wichtig, zu verstehen, dass dies in einem tatsächlichen Rudel niemals der Fall wäre. Das Rudel wird nicht von einem zurückkehrenden Rudelführer begrüßt, stattdessen ist es andersherum. Das Rudel begrüßt den Rudelführer, weshalb Hunde sich sehr freuen, wenn ihr Mensch wieder nach Hause kommt, sei dies nach der Arbeit oder von einem Spaziergang. Es kann zu unterschiedlichem Verhalten kommen: Manche Hunde rennen auf ihre Besitzer zu, andere springen an diesen hinauf. Es ist wichtig, dass an diesem Verhalten gearbeitet wird, denn Kinder können dem Gewicht von großen Hunden nicht standhalten und fremde Menschen können Angst vor Hunden haben. So wie am Morgen sollte der Vierbeiner daher für einige Minuten ignoriert werden, damit er versteht, dass dieses Verhalten ihn nicht näher an sein gewünschtes Ziel bringt: Aufmerksamkeit. Er muss sich erst beruhigen, bevor es zu einer Begrüßung kommen kann. Das Ziel ist es, dass der Hund irgendwann nicht mehr aufgeregt reagiert, wenn die Haustür sich öffnet, sondern langsam zu Besuchern läuft, diese mit der Nase anstupst oder sich beispielsweise gegen sie lehnt. Das Stichwort liegt hier darin, dass wildes Verhalten niemals belohnt werden sollte. Mit diesen Methoden kann zudem Hunden geholfen werden, die mit Bindungs- beziehungsweise Trennungsängsten zu kämpfen haben. Indem dem Hund zu verstehen gegeben wird, dass diese Begrüßungen nicht von großer Bedeutung sind, kann ihm beigebracht werden, dass es nicht das Ende der Welt ist, wenn der Halter zur Arbeit geht oder den Hund für einige Zeit alleine lässt.

Eine schwache Begrüßung, ob am Nachmittag oder am Morgen, kann viele Vorteile mit sich bringen, doch gleichermaßen kann es dazu kommen, dass dem Hund langweilig wird und er daher das Interesse am Menschen verliert. Dies muss ausgeglichen werden, denn wenn dem Hund das Interesse fehlt, dann befolgt er weniger Kommandos. Sobald der Hund ruhig ist, kann ausgiebig mit ihm gespielt werden.

Wird dies beibehalten, kann dies auch Hunden mit Bindungsängsten helfen. Indem es zu einer flüchtigen Begrüßung kommt, mit warmen Worten oder sehr kurzen Streicheleinheiten, lernt der Hund, dass es normal ist, wenn der Mensch aus der Sicht verschwindet oder ein paar Stunden nicht da ist. Eine schwache Begrüßung am Morgen und später am Tag kann dazu führen, dass der Hund das Interesse am Menschen verliert beziehungsweise dass ihm langweilig wird. Um dies auszugleichen, sollte der Halter nicht nur mit dem Hund spielen, in Form von Ablenken, sondern er sollte sich aktiv mit einbringen. Das bedeutet durchaus, dass gemeinsam getobt werden sollte, und das manchmal sogar auf Augenhöhe. Gemeinsames Zerren an einem Stock kann für beide Parteien entlastend wirken und wenn zu zweit über eine Wiese gerannt wird, dann stärkt dies die Bindung zum Hund. Hin und wieder sollte das Spielverhalten daher kopiert werden.

Sollte der Hund klein genug sein, dann kann er auch vom Boden gehoben werden. Dies stärkt das Vertrauen, denn der Hund sollte dabei keine Angst empfinden. Auf Grenzen von beiden Seiten muss dennoch geachtet werden. Manche Hunde mögen es nicht, die Pfoten nicht auf dem Boden zu haben, und nicht jeder Halter mag es, wenn der Hund besonders übermütig wird. In diesem Fall sollte die Überschreitung einer Grenze das Spiel beenden.

Dem Hund sollte zudem jederzeit bewusst sein, dass der Mensch größer und stärker ist. Dies kann vertieft werden, indem sich kurz über den Hund gebeugt wird, wenn dieser beispielsweise auf dem Boden liegt. Er kann kurz gestreichelt werden. Am besten eignet sich dafür der Bauch, da Hunde ihren Bauch und ihre Brust nur dann zeigen, wenn sie sich wohl fühlen. So kann eine positive Dominanz aufgebaut werden und gleichzeitig handelt es sich um eine Bestätigungsgeste.

Es gibt damit verschiedene, recht kleine Methoden, welche angewandt werden können, damit der Hund erkennt, dass er dem Menschen Respekt zu zeigen hat. Meist können sehr schnell Erfolge verzeichnet werden. Diese zeigen sich vor allem durch kleine Gesten. Diese

Gesten nennen sich »Beschwichtigungsgesten«. Bei den meisten Hunden zeigen sich diese in Form von Lecken an der Hand, die ihn streichelt, und vor allem in der Meidung des Blickkontakts, wenn sich der Mensch über den Hund beugt.

Respektlosigkeit gegenüber anderen Hunden

Sollte es innerhalb der Hund-Mensch-Dynamik zu Problemen mit der Respektlosigkeit kommen, dann kann dies für beide Parteien sehr schwer sein und sich immer häufiger im alltäglichen Leben zeigen. Oftmals ist dies allerdings nicht das eigentliche Problem. Viel mehr Hundehalter haben Angst davor, dass es zu Auseinandersetzungen mit anderen Hunden kommen könnte, denn respektloses Verhalten gegenüber anderen Hunden kann schnell in aggressivem Verhalten enden.

Ähnlich wie bei Menschen ist »schlechtes« Verhalten niemals angeboren. Babys und Welpen lernen von ihren Bezugspersonen beziehungsweise Bezugshunden und Vorbildern. Wenn aggressives Verhalten oder auch Respektlosigkeit in späteren Jahren auftritt, dann gibt es dafür einen konkreten Grund. Meist liegt dieser Grund darin, dass Grenzen überschritten wurden. Dies kann sich darin zeigen, wenn der Hund gestresst ist und daher unabsichtlich nicht bemerkt, dass das Gegenüber nicht spielen möchte. Die Anwendung des Begriffes »Stress« mag für einige Hundehalter verwirrend klingen. Dies liegt daran, dass viele Menschen nicht bemerken, wie stressig ein Hundeleben sein kann. Es mag kein Vergleich zu einem menschlichen Leben sein, doch Stress war schon immer subjektiv; jedes Lebewesen nimmt Stress anders wahr. Und es mag stimmen, dass das eigentliche Leben eines Hundes nicht als stressig beschrieben werden kann, denn viele Hunde liegen die meiste Zeit des Tages in der Wohnung, das kann nicht als stressig angesehen werden, doch Hunde sind Meister im Kopieren, und dies vollkommen unbewusst. Sie kopieren das Verhalten ihres Besitzers und sollte der Halter gestresst sein, kann sich dies auf das Gemüt des Hundes auswirken. Bereits kleinste Veränderungen werden stark wahrgenommen und können dementsprechend große Reaktionen hervorrufen. Doch auch durch einen akuten Bewegungsmangel oder Schlafstörungen kann es zu Stress bei Hunden kommen. Dabei handelt es sich deutlich weniger um den Stress, der auch von Menschen wahrgenommen wird, sondern vielmehr kann der Stress in Hunden als eine simple Unausgeglichenheit beschrieben werden.

Doch Stress ist nicht der einzige Grund, warum es im Verhalten mit anderen Hunden zu Problemen kommen kann. Auf Spaziergängen kann es zudem zu Reizüberflutungen kommen, wodurch die Rufe des Besitzers, Kommandos oder eben auch Grenzen von anderen Hunden ausgeblendet werden, da sie sich nicht richtig konzentrieren können.

Gleichzeitig kann es jederzeit dazu kommen, dass aufgrund von schlechten Erfahrungen Schutzmauern gebildet werden. Das bedeutet, dass negative Aspekte der Vergangenheit bei Hunden durchaus Spuren hinterlassen können. Daher kann es dazu kommen, dass Auseinandersetzungen mit Hunden entweder in Aggressionen oder in Angst enden. Genauer gesagt handelt es sich dabei um ein simples Schutzverhalten. In diesen Fällen ist es wichtig, dass der Besitzer des Hundes gelassen bleibt. Da der Hund aus eigener Kraft bereits verängstigt ist, würde es durch das Kopieren des Verhaltens des Halters zu noch größeren Spannungen kommen. Gleichzeitig kann dieses Kopieren genutzt werden: Indem das ruhige Verhalten des Halters kopiert wird, kann sich der Hund eigenständig beruhigen. Dies spielt erneut auf die kontrollierte Dominanz an.

Dennoch darf das ungewollte Überschreiten von Grenzen nicht mit absichtlichem Überschreiten verwechselt werden. Aufgrund eines mangelnden Sozialverhaltens kann es zu Reizüberflutungen kommen. Dies geschieht dann, wenn der Hund lange keine sozialen Kontakte mehr hatte, wie beispielsweise, wenn der Hund nur Auslauf im eigenen Garten bekommt und nicht in großen Parks spazieren geht. Es kommt dazu, dass der Hund mit all den neuen Eindrücken überfordert ist.

Eine solche Überforderung zeigt sich, wenn beide Hunde versuchen, die Kontrolle in der Situation zu gewinnen. Hunde sind zwar gegenüber dem Menschen unterwürfig, doch nur sehr selten untereinander. Ein Hund hat viel zu kontrollieren und diese Kontrolle zeigt sich anders als beim Menschen. Zu diesen kontrollierenden Dingen zählen die Ressourcen, das Territorium und auch die Konkurrenten. Das kann das Spielzeug beinhalten, das Futter, aber auch den eigenen Halter.

Der Respektlosigkeit gegenüber anderen Hunden kann nicht aus dem Weg gegangen werden. Es muss sich darum gekümmert werden und dies geschieht mit anderen Hunden. Alleine ist es beinahe unmöglich, den Hund auf eine solche Situation vorzubereiten. Es braucht einen kontrollierten Bereich und Hunde, die bereits erfahren sind. Dafür können besonders gut ältere Hunde verwendet werden, die es reichlich wenig interessiert, wenn ein jüngerer Hund aus der Rolle fährt. Wichtig ist lediglich, dass diese Hunde ohne zu zögern den Kommandos ihrer Besitzer folgen. In die Mitte dieser kontrollierten Hunde kann nun ein unkontrollierter Hund gegeben werden. Die erfahrenen Hunde können dabei geschnallt bleiben, das bedeutet, dass keine Leine vonnöten ist. Der Hund, der den Umgang mit anderen Hunden noch lernen muss, muss allerdings an der Leine bleiben, da es ansonsten zu Verletzungen kommen könnte. Das Ziel ist es, dass der Hund bemerkt, dass die anderen Hunde sich reichlich wenig für ihn interessieren und auch keine Gefahr darstellen. Der eigene Hund wird nicht nur bellen, sondern vermutlich auch knurren und erst recht am Geschirr ziehen. Hier ist es wichtig, darauf zu achten, dass dies erlaubt ist. Es handelt sich um eine Übung, in der der Hund bemerken soll, dass jegliche Bemühungen nicht helfen und es keinen Unterschied macht, ob er nun ruhig bleibt oder so stark er kann am Geschirr zieht. Gleichermaßen wichtig ist, dass der Hundehalter keine Reaktionen zeigt und das so lange, bis der Hund sich aus eigener Kraft selbst erschöpft hat und somit automatisch ruhiger wird. Nicht nur können Ängste überwunden werden, sondern auch das allgemeine Sozialverhalten kann verbessert werden.

Disziplinlosigkeit, Bellen & aggressives Verhalten

Die Verbesserung des Sozialverhaltens kann in vielen Szenarien weiterhelfen, doch nicht immer reicht dies aus. Es kann immer noch zu aggressivem Verhalten trotz Gewöhnung an eine gewisse Situation kommen. Hierbei ist es wichtig, so schnell wie möglich einzugreifen, und im Falle von Hunden kann dies Momente vor dem eigentlichen Ausbruch getan werden.

Nicht selten kommt es bei Hunden zu Verhaltensauffälligkeiten. So können sich die Ohren spitz aufstellen und der Hund verfällt in eine Starre, das Rückenfell stellt sich genauso wie die Rute auf, das Maul wird geöffnet und die Zähne werden gezeigt und es wird kein Blickkontakt gebrochen. Besonders auf Letzteres ist zu achten.

Ist der Halter des Hundes schnell genug und bemerkt eines dieser Anzeichen, kann eingegriffen werden. Hierbei ist es wichtig, dass andere Hundehalter über die Nichtfreundlichkeit des Hundes informiert werden. Der Hund wird erst in eine Starre verfallen, bevor es zu einem »Angriff« kommt. Das beinhaltet unter anderem die Tatsache, dass besagter Hund nicht einfach so weggezogen werden kann. Hunde können schwer sein und stemmen sich zudem gegen das Geschirr, welches sie an Ort und Stelle hält. Stattdessen sollte dafür gesorgt werden, dass der Blickkontakt unterbrochen wird. Hierzu kann sich der Halter vor seinen Hund stellen, damit sich dieser nicht mehr auf den anderen Hund fokussieren kann. Zudem ist das eigenständige Aufnehmen von Augenkontakt sehr wichtig. Gleichzeitig kann die Zeit genutzt werden, um den Hund anzuleinen, sollte er geschnallt gewesen sein.

Hier kann sehr gut mit Spielzeugen gearbeitet werden, die die Aufmerksamkeit des Hundes auf sich ziehen. Doch am wichtigsten ist, dass der Besitzer ruhig bleibt und keine Nervosität zeigt, denn dies färbt nicht nur auf den Hund ab, sondern es zeigt zudem den Verlust von Kontrolle. Indem der Besitzer ruhig und bestimmt bleibt, kann dem eigenen Hund gezeigt werden, dass der Hund selbst keine Angst zu haben braucht beziehungsweise nicht reagieren muss und gleichzeitig auch, dass sich sein Herrchen nicht in Gefahr befindet. Der Hund wird hin und wieder zum Halter hinauf sehen, um sich dahingehend zu vergewissern.

Um eine solche Situation bewältigen zu können, wird daher mit kontrolliertem Stehenbleiben gearbeitet, das heißt, dass so lange gewartet wird, bis ein fremder Hund oder ein fremdes Tier nicht mehr in der Sichtweite des eigenen Hundes ist. Der Hund wird sich daraufhin schnell beruhigen und vergessen, dass es jemals eine Ursache zum Aufregen gegeben hat. Dennoch muss ein wenig gewartet werden, denn sollte der fremde Hund gerade erst aus der Sichtweite verschwunden sein, kann es dazu kommen, dass der eigene Hund ihm hinterherrennt, sollte er zu früh geschnallt werden. Zudem ist es wichtig, dass im Nachhinein ausgiebig mit dem Vierbeiner gespielt wird. Dies ist deshalb so wichtig, da die Aufmerksamkeit wieder zurück auf den Besitzer gezogen werden muss, und gleichzeitig kann sich der Hund eigenständig erschöpfen. Hunde, die aufgrund der Erschöpfung in der Gegenwart leben, zeigen weniger negative Reaktionen.

Wer mit einem besonders aggressiven Hund trainiert, der kann durchaus mit einem Maulkorb trainieren.

Trotz eines Maulkorbes kann der Hund dennoch bellen. Es ist nicht zu vergessen, dass Bellen natürlich ist und der Kommunikation zwischen Hunden dient. Es ist ihre Sprache, weshalb gelegentliches Bellen nicht bestraft werden sollte. Es kann jedoch zu unerwünschtem beziehungsweise aggressivem Bellen kommen, welches sich fernab der reinen Kommunikation bewegt. Hier ist es wichtig, darauf zu achten, welche Rasse der eigene Hund ist. Manche Hunderassen, Jagdhunde unter anderem, wurden explizit darauf gezüchtet, besonders laut zu bellen. Einen solchen Hund zu kontrollieren, beispielsweise in einer kleinen Wohnung, ist beinahe unmöglich.

Handelt es sich nicht um ein angezüchtetes Jagdverhalten, dann hat lautes Bellen immer einen Grund. So kann es ein Ruf nach Aufmerksamkeit sein, das Kundtun der Einsamkeit oder Langeweile, Nervosität, Aufregung, Angst, Schmerzen und Unsicherheit oder auch der Wunsch nach körperlicher Entlastung. Auch kommt es zum unterbewussten Antrainieren aufgrund der Spiegelung des Verhaltens des Besitzers. Wie beim Menschen können sich bis zu sieben Reaktionen zeigen: Trauer, Verzweiflung, Ungeduld, Empörung, Langeweile, Wut und Freude. Wächst der Hund in einem Umfeld auf, in dem es zu besonders starken Emotionen kommt, wie das laute Erheben der Stimme in Fällen von Wut, wird dies kopiert.

Sollte es sich nicht um angezüchtetes Jagdverhalten handeln, dann kann lautes, unerwünschtes Bellen abgewöhnt werden, und zwar durch simples Ignorieren. Wenn ein Hund zu bellen beginnt, reagieren viele Besitzer mit einem lauten Ausruf, damit der Hund sein Bellen unterlässt. Es kommt zu einer Vokalisierung, welche das Verhalten des Hundes bekräftigt. Gleichzeitig ist es genauso wichtig, dass Hunde nach dem erfolgreichen Beruhigen nicht belohnt werden. Dies würde das Verhalten ähnlich verstärken.

Nicht immer hilft Ignorieren weiter. Stattdessen muss aktiv die Ursache gefunden werden. Die Ursachen können zum Beispiel Trennungsängste sein, wenn der Hund alleine zu Hause gelassen wird, oder es kann zu lautem Bellen innerhalb der Wohnung kommen, wenn der Besitzer direkt daneben ist, sollte der Hund ein lautes Geräusch von draußen hören. Die Ursachen sind beinahe endlos. Mit dem Lieblingsspielzeug des Hundes kann hier gut gearbeitet werden.

Auch ein Unterlassungskommando kann sehr hilfreich sein. Wie bei jedem anderen Kommando hilft hier ein simples Training, im Rahmen dessen das gewünschte Verhalten belohnt wird.

Nicht zu vergessen ist allerdings, dass die Sturheit bei Hunden ähnlich groß ist, wie bei manchen Menschen. Ein Hund kann einfacher erzogen werden als ein Mensch, doch nicht immer hat das Nichtbefolgen von Anweisungen Sturheit zu bedeuten. Nicht nur bei lautem Bellen gibt es einen Grund, sondern auch bei dem Nichtbefolgen von Kommandos. Meist kommt es zu einer Misskommunikation zwischen Mensch und Hund. Es kann manchmal so aussehen, als würde der Hund bereits ein Kommando auswendig können, doch dies ist eigentlich nicht der Fall. Kommandos sollten daher durch konstante Repetition verinnerlicht werden, selbst nach Monaten und Jahren. Doch bei erfahrenen Hunden und Hunden, die normalerweise sehr genau auf das Wort ihrer Besitzer hören, kann es zu Ungehorsam kommen. Dies kann damit verbunden werden, dass der Hund keinen Nutzen in seinem Gehorsam sieht; es lohnt sich nicht für ihn.

Hunde stellen Lebewesen dar, die sich dem Menschen zwar freiwillig unterwerfen, doch immer noch Lebewesen mit aktiven Instinkten darstellen. Ähnlich wie Menschen besitzen sie eine »Frusttoleranz«. Diese Frusttoleranz gleicht der Toleranz eines Kleinkindes: Es kommt zu Frustrationen, wenn etwas nicht schnell genug geht oder manche Aufgaben zu schwer sind. Eine solche Frustration kann sich in Sturheit und Disziplinlosigkeit zeigen. Es ist wichtig, dass hier mit Geduld gearbeitet wird und weiterhin mit konstanter Wiederholung. Gleichzeitig ist es wichtig, eine Routine aufzubauen und Verhaltensweisen nicht zu ändern. Hunde sind Gewohnheitstiere.

Um das allgemeine Lernverhalten und den Gehorsam zu steigern, kann der Anreiz gesteigert werden. Aufgrund jahrelanger Züchtung sind viele Hunderassen darauf gezüchtet worden, selbstständig zu agieren. Sie unterwerfen sich nur dann, wenn es sich für sie lohnt. Aufgrund dessen können die meisten Hunde mit Anreizen gelockt werden. Leckereien funktionieren hierbei ausgezeichnet. Der Gehorsam lohnt sich aufgrund der Belohnung mehr als die Eigenständigkeit ihrer Sturheit.

Kommt es zu häufigem Zurückfallen in Sturheit, dann kann der Grund hierfür sein, dass der Hund sich nicht genug bewegen konnte und einen unausgelasteten Drang zur Bewegung hat. Nicht nur kommt es zu Sturheit, sondern auch zu anderen, unerwünschten Verhaltensweisen. So kommt es nicht selten vor, dass Teppiche oder Schuhe zerbissen werden, wenn dem Bewegungsdrang nicht nachgekommen werden konnte. Aufgrund dieser allgemeinen Unruhe kann es zu winselnden Geräuschen kommen oder gar zum Knabbern an den Pfoten. Um dies zu vermeiden, sollte der Hundehalter die Rasse seines Hundes recherchieren und herausfinden, wie viel Auslauf die Hunderasse braucht. Hier ist es wichtiger, auf die Hunderasse zu achten anstatt auf den individuellen Hund, da sich ihre Ausdauer in ihren Genen befindet und sich nicht von einem Hund zum nächsten unterscheidet.

STUBENREINHEIT IN WELPEN UND HUNDEN

Zu der Erziehung eines jeden Hundes gehört zudem die Stubenreinheit. Sollte ein Welpe nicht früh genug trainiert werden, dann kann es für den späteren Besitzer nicht nur sehr lästig werden, sondern zudem auch unangenehm aufgrund von viel Aufwand und unangenehmen Gerüchen.

Hunde sind Gewohnheitstiere, sie reagieren sehr gut auf eine Routine. Dazu zählt auch die innere Uhr und damit die Funktion der Organe. Deswegen ist das Aufrechterhalten einer Morgenroutine sehr wichtig. Besagte Morgenroutine kann nicht nur bei Welpen angewandt werden, sondern auch ausgewachsenen Hunden kann noch immer die Stubenreinheit beigebracht werden.

Das Aufrechterhalten einer Morgenroutine beinhaltet, dass der Hund nach dem Fressen entweder in einen Garten gebracht wird oder dass es zu einem morgendlichen Spaziergang kommt. Es sollte sofort dazu kommen, denn der Darm eines Hundes ist deutlich kürzer als der Darm eines Menschen, weshalb es schneller zu einer Entleerung kommt. Damit es zu keiner Überforderung kommt, sollte dem Hund ein bestimmter Bereich gegeben werden. Nicht selten weisen sich Hunde diesen Platz selbst zu – dort, wo es sich eben am besten anfühlt. Gleichzeitig bringt das Öffnen der Tür eine Aufgabe mit sich, so kann Überforderung gelähmt werden. Nach einigen Jahren ist die Routine gefestigt genug, so dass manche Hunde nur Sekunden brauchen, um ihren Darm entleeren zu können. Wird die Routine gerade erst trainiert, wird es allerdings einige Minuten dauern. Vor allem bei den ersten Malen ist der Hund sich oft nicht sicher, was er nun machen soll. Hunde können nicht von Geburt an auf Kommando ihr Geschäft verrichten. Es braucht daher eine erneute Belohnung, wenn der Hund nach seinem verrichteten Geschäft wieder zur Tür hereinkommt.

Die allgemeine Stubenreinheit wird einige Wochen dauern. Mehrmals täglich sollte dem Hund die Möglichkeit gegeben werden, sich zu erleichtern. Bei einem jungen Hund sollte dies alle zwei Stunden geschehen. Hat sich die Stubenreinheit eingeprägt, dann kann darauf verzichtet werden; dreimal am Tag reicht bei älteren Hunden aus. Voraussetzung dafür ist, dass sie ihren Darm kontrollieren können.

Es ist wichtig, dass der Hundehalter konsequent bleibt. Es wird nicht sofort zu Erfolgen kommen und es kommt zudem darauf an, in welchem Alter sich der Hund befindet. Bei Welpen dauert es nur wenige Wochen, bis die Stubenreinheit sitzt, bei älteren Hunden, die erst spät ein geeignetes Zuhause finden, kann es sich manchmal um Monate handeln und auch danach kann es weiterhin zu Unfällen kommen, welche nicht bestraft werden sollten, denn sie sind eben genau das: Unfälle. Zudem sollte sich bei Unfällen nicht von der Routine abgewandt werden.

Bei Hunden kann bereits Minuten zuvor erkannt werden, ob sie den Drang haben, vor die Tür zu gehen. Es kommt zu verschiedenen Verhaltensweisen, beispielsweise werden Hunde schnell unruhig. Sie können sich im Kreis drehen, nach einer geeigneten Stelle innerhalb der Wohnung suchen oder unsicher hin und her schauen. Hin und wieder kann es zudem auch dazu kommen, dass sich diese Anzeichen in jungen Hunden zeigen, diese daraufhin vor die Tür gelassen werden und dann nichts passiert. Dies kommt daher, dass es bei jungen Hunden schnell zu Reizüberflutungen kommen kann. Sie sind von der Natur überwältigt, von all den neuen Gerüchen und Geräuschen; sie vergessen schlichtweg, dass sie ihren Darm und ihre Blase entleeren müssen. Hier muss mit Geduld gewartet werden, bis die jungen Hunde sich beruhigt haben und die Reizüberflutung nachlässt.

Die Stubenreinheit ist nicht mit dem Kistentraining zu verwechseln. Bei dem Kistentraining handelt es sich um das Welpentraining direkt nach der Geburt. Das Wort »Kiste« bezieht sich dabei auf eine Kiste, die im Laufstall platziert wird. Die ersten Wochen bleiben die Welpen bei der Hündin in einem Laufstall und können sich dort frei bewegen. Sie können ihre Blase noch nicht kontrollieren und können ihren Schlafbereich und den Schlafbereich der Mutter verschmutzen. Dies ist vor allem für die Hündin unangenehm, welche nach dem Welpenwurf geschwächt ist. Um dies zu verhindern, wird eine separate Kiste in den Laufstall gestellt, in welcher sich Katzenstreu befindet oder die mit Papierhandtüchern ausgelegt ist. Sollte der Besitzer der Welpen bemerken, dass einer der Welpen unruhig ist und Anzeichen bezüglich des Verrichtens des Geschäfts zeigt, sollte er hochgehoben und vorsichtig in die Kiste gesetzt werden. So gewöhnen sich die Hunde bereits im Welpenalter daran, dass es für ihr Geschäft einen zugewiesenen Ort gibt.

DIE ALLGEMEINE TRAININGSAUSRÜSTUNG

Wenn es um die Ausrüstung des Hundes geht, sollte auf Qualität geachtet werden. Die Lebensspanne eines Hundes beträgt zwischen zehn und 15 Jahren. Im Bestfall sollte die Ausrüstung diese Lebensspanne überleben können. Natürlich müssen einige Dinge recht häufig ausgetauscht werden, wie das Spielzeug beispielsweise. Leinen, Halsbänder und Futternäpfe dagegen können mit den richtigen Materialien jahrelang halten.

Hin und wieder kann es in der allgemeinen Trainingsausrüstung durchaus recht kostspielig werden. Dies liegt vor allem daran, dass es einiger Gegenstände bedarf, die in einer Hundeausbildung nicht fehlen dürfen. Wenn es um die Grundausbildung geht, braucht es dagegen beinahe keinen Aufwand und auch kaum Kosten.

Wenn es um die Anschaffung eines Hundes geht, dann sollte sich jeder potenzielle Halter darüber im Klaren sein, dass es sich bei der Aufnahme eines Lebewesens um eine kostspielige Angelegenheit handelt, besonders dann, wenn der Hund in speziellen Gebieten eingesetzt werden soll. Natürlich spielt die Präferenz des potenziellen Halters eine große Rolle, doch grundsätzlich kann gesagt werden, dass sich die Aufnahme eines Hundes in einem vierstelligen Kostenbereich bewegt. Dabei handelt es sich allein um die Aufnahme aus einer hochwertigen Zucht. Wer gedenkt, mit einem Tierheim zusammenzuarbeiten, der bewegt sich in einem dreistelligen Bereich. Dazu kommt, dass ein Hund eine komfortable und sichere Unterkunft braucht. Hierfür braucht es Hundebetten, Trink- und Futternäpfe, die Auswahl zwischen Geschirr und Leine, Halsbänder, welche bequem sitzen, und ausgiebiges Spielzeug, denn ein Halter sollte niemals vergessen, dass Hunde ein unfassbares Bewegungslevel haben und so viel mehr Bewegung brauchen als ein Mensch. Mit Spielzeugen kann hier sehr gut gearbeitet werden – zumal ein erschöpfter Hund besser auf Kommandos hört. Trotz alldem kann im Rahmen der täglichen Spaziergänge beispielsweise auch auf Holzstöcke zurückgegriffen werden.

Beachtet werden sollte zudem, dass verschiedene Hunderassen verschiedene Versicherungen brauchen. Dazu kommen die Kosten für Tierarztbesuche und bevorstehende chirurgische Eingriffe. Beispiele sind hier die Kastration und Sterilisation. Zudem kann es je nach Einsatzgebiet dazu kommen, dass manche Hunde gechippt sein müssen. Bei vielen dieser Zahlungen handelt es sich um Einmalzahlungen.

Innerhalb der eigentlichen Ausbildung kann auf die meisten Gegenstände verzichtet werden. Wer Kommandos verinnerlichen möchte, der kann mit günstigen Belohnungen aus dem Supermarkt arbeiten. Auch auf eine hohe Qualität ist bei kleinen Belohnungen nur selten zu achten. Innerhalb des Klickertrainings kann auch mit einem Plastikklicker gearbeitet werden, welcher nicht viel kostet. Wer etwas mehr Geld investieren kann, der sollte sich für eine hochwertige Hundepfeife entscheiden, welche jahrelang hält, da das Einsetzen von Pfiffen in einigen Einsatzgebieten sehr wichtig ist.

Bei der Auswahl der Ausrüstung handelt es sich um einen »Trial-and-Error«-Prozess. Das bedeutet, dass es unausweichlich zu Fehlkäufen kommen wird. Jeder Mensch und damit jeder Hundehalter hat eine andere Präferenz. Manch ein Hundehalter präferiert ökologisch nachhaltige Stoffe, andere bevorzugen es, wenn die Leine und das Halsband des Hundes aus biologisch verwertetem Leder sind. Gleichzeitig wird jeder eine andere Meinung bezüglich der Hundefreundlichkeit von manchen Produkten haben, da es zu unterschiedlichen Erfahrungen kommt. Doch um eine eigene Präferenz zu bilden, braucht es genau das: Erfahrung. Sowohl die Recherche gehört dazu als auch der Fehlkauf von einigen Produkten, denn letztendlich muss sich auch der Hund wohlfühlen. Nicht jeder trägt gerne ein Geschirr, andere ziehen so stark an der Leine, dass es ein Geschirr braucht, um den Hals nicht zu verletzen. Dazu kommt, dass manche Stoffe für Hunde genauso unangenehm sind wie für den Menschen, beispielsweise, wenn sie kratzen.

Sowohl im Internet als auch in Läden können die richtigen Produkte gefunden werden, zumal es viele Menschen gibt, die professionelle Hilfe leisten können, und dies sogar äußerst gerne.

Das nächste Kapitel soll die Schlittenfahrt als Hundesportart behandeln. In diesem Kapitel soll auch die für die Schlittenfahrt spezifische Ausrüstung beschrieben werden.

HALSBAND ODER BRUSTGESCHIRR?

Dieses Kapitel befasst sich mit der oft gestellten Frage, ob Sie lieber zu einem Halsband oder zu einem Brustgeschirr greifen sollten. Dabei werden beide Hilfsmittel aus einem neutralen Blickwinkel miteinander verglichen.

Setzen Sie sich bitte auch mit diesem Thema etwas auseinander, bevor Sie sich für das eine oder andere entscheiden, denn eine gute Handhabung des Hundes beim Spazierengehen ist sehr wichtig. Sie ist nicht nur für die Sicherheit anderer Hunde und Spaziergänger, denen Sie auf dem Weg begegnen, relevant, sondern auch für die Sicherheit Ihres Hundes. Hunde verstehen die komplizierten Regeln, die in unserem Straßenverkehr gelten, nun einmal nicht. Ihr tierischer Begleiter ist aus diesem Grund sehr darauf angewiesen, sicher von Ihnen geführt zu werden, und dazu gehört auch das Führen an der Leine gerade innerhalb von Städten und an befahrenen Straßen.

Beginnen wir also mit dem klassischen Hilfsmittel der Hundeführung, dem Halsband. Der häufigste Kritikpunkt an Halsbändern ist, dass so ein Halsband für den Hund sehr unangenehm zu tragen sein kann. Durch eine gute Qualität des Halsbands und eine angemessene Größe lässt sich solch ein unangenehmes Tragegefühl aber eigentlich in jedem Fall vermeiden. Sollte Ihr Hund sehr stark dazu neigen, an der Leine zu ziehen, hilft jedoch auch ein perfekt sitzendes Halsband nicht. Im Falle des chronisch ziehenden Hundes kann der dauerhafte Druck auf den Kehlkopf und die Luftröhre zu gesundheitlichen Problemen führen. Unabhängig davon, ob Sie vorhaben, ein Halsband zu verwenden oder nicht, sollten Sie mit Ihrem Hund die Leinenführigkeit intensiv üben, denn es ist nie gut, wenn ein Hund ständig an der Leine zieht, auch nicht für den Halter.

Um ein gut sitzendes Halsband auszusuchen, müssen Sie eigentlich auch nicht allzu viel beachten. Das Halsband darf nicht zu dünn sein, denn dann schnürt es ein und verursacht Schmerzen. Eine Faustregel ist, dass das Halsband mindestens so breit wie die Nase des Hundes, der es trägt, sein muss. Außerdem sollten Sie zwei Finger unter das Halsband schieben können, wenn es angelegt ist, um zu gewährleisten, dass es nicht zu eng sitzt. Zu weit darf es allerdings auch nicht sein, sonst besteht die Gefahr, dass der Hund den Kopf aus dem Halsband zieht und sich so von der Leine befreit. Besprechen Sie sich beim Kauf eines Hundehalsbandes immer mit dem Fachpersonal. Am besten nehmen Sie den Hund mit in den Laden und lassen das Halsband direkt anpassen. Sollte der Hund aus irgendwelchen Gründen nicht mitkommen, dann informieren Sie den Verkäufer auf jeden Fall über die Rasse und das Alter des Hundes. Geeignete Materialien für Hundehalsbänder sind Leder, Stoff oder eine Neoprenunterfütterung. Ein Kettengliederhalsband ist keine Option und definitiv Tierquälerei. Das Tragen eines solchen wird immer dazu führen, dass Ihr Hund Schmerzen durch Einschnürungen und eingeklemmte Haare erleidet. Verkäufer, die Ihnen zu solch einem Halsband raten, sind unseriös.

So viel zum Halsband, nun zum Brustgeschirr. Bei einem Geschirr ist der Druck besser verteilt, weshalb das Tragen eines gut sitzenden Geschirrs meist angenehmer für den Hund ist als das eines Halsbandes. Für einen guten Sitz sollten Sie darauf achten, dass die Gurte nicht unter die Achseln des Hundes rutschen. Sonst kann der Gurt beim Laufen scheuern. Die Hauptbelastung wirkt in der Mitte der Brust auf das Geschirr, deswegen sollte diese Stelle eine zusätzliche Polsterung haben. Diese Polsterung verhindert, dass ein für den Hund unangenehmer Druck im Brustbereich entsteht. Auch die Bewegungsfreiheit der Schultern des Hundes muss gewährleistet sein und darf nicht durch Gurte beeinträchtigt werden.

Nun wissen Sie im Groben, worauf Sie beim Kauf von Halsbändern und Brustgeschirren achten müssen. Wofür Sie sich am Ende entscheiden, sollten Sie nicht von der Ästhetik des jeweiligen Hilfsmittels abhängig machen, sondern von den Bedürfnissen und dem Verhalten Ihres Hundes. Es ist ohnehin sinnvoll, beides zu erwerben und den Hund auch an beides zu gewöhnen. Mit der Zeit werden Sie dann schon merken, womit er sich wohler fühlt.

DIE WAHL DER RICHTIGEN LEINE

Wie auch bei der Frage, ob Sie zu einem Halsband oder zu einem Geschirr greifen sollten, liegt die Entscheidung hinsichtlich einer geeigneten Leine letzten Endes bei Ihnen. In diesem Kapitel erfahren Sie, welche Arten von Leinen es gibt und was diese auszeichnet. Es kann nicht schaden, mehrere verschiedene Leinen zu probieren und erst danach zu entscheiden, welche Leine für Sie die richtige ist. Achten Sie beim Kauf des Geschirrs darauf, dass sich die Schulterblätter frei bewegen können und nichts an den Achseln scheuert. Der Brustbereich soll breit gepolstert sein. Kaufen Sie das Geschirr sofort nach dem Einzug des Welpen, wenn Sie keine Möglichkeit haben, vorher den Sitz des Teils zu prüfen.

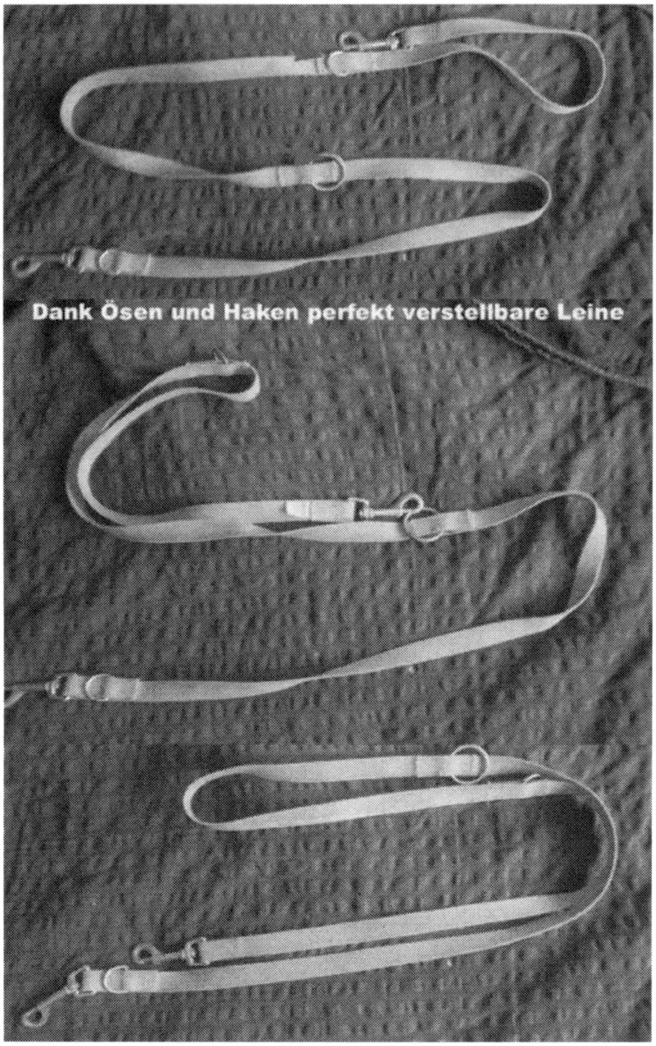

Unsere Leine, ®rgladel

Die „Alltagsleine“, auch Führerleine genannt, ist die klassische Form der Hundeleine. Sie ist etwa 1 bis 2 Meter lang und wird üblicherweise an einem Halsband oder Geschirr befestigt. Diese Leinen können aus Leder oder Kunststoff sein und verschiedene Dicken haben. Solch eine Leine sollte sich im Besitz von jedem Hundebesitzer befinden, denn damit können Sie die Leinenführigkeit des Hundes am besten üben. Die Alltagsleine gibt Ihnen eine gute Kontrolle über den Hund. Je größer der Hund, desto dicker und schwerer darf auch die Leine sein. Einen kleinen Hund wird eine schwere Leine beim Gehen stören, kaufen Sie für einen kleinen Hund also auch nur eine dünne Leine. Auf im Handel erhältlichen Leinen finden Sie in der Regel Angaben zum Gewicht des Hundes.

Die „Flexileine“ ist eine sehr dünne Leine, welche auf einer Spule aufgewickelt ist, die sich in einem Gehäuse mit Handgriff befindet. Sie kann, voll ausgerollt, eine Länge von bis zu 10 Metern haben. Am Gehäuse befindet sich ein Knopf, mit dem man das Abrollen stoppen und die Leine auch wieder zurück in das Gehäuse rollen lassen kann. Die Folge daraus ist, dass die Flexileine immer auf Spannung ist. Nicht ohne Grund steht diese Art der Leine deswegen in der Kritik. Der Hund lernt, dass er an der Leine ziehen muss, denn sonst rollt sich die Leine nicht weiter ab. Außerdem ist diese Leine für größere Hunde, die eine entsprechend größere Zugkraft haben, vollkommen ungeeignet. Der Feststellmechanismus kann nur einer geringen Kraft entgegenwirken. Bei einem großen Hund besteht also immer die Gefahr, dass der Mechanismus versagt und der Hund oder seine Umgebung dadurch in eine gefährliche Situation geraten. Außerdem haben Sie als Halter kaum Kontrolle über den Hund.

Die „Retrieverleine“ ist eine besondere Art von Leine, welche ganz ohne Halsband und Geschirr auskommt. Bei der Retrieverleine ist das Halsband nämlich sozusagen in die Leine eingebaut. An dieser Leine befindet sich an jedem Ende eine, meist größenverstellbare, Schlaufe, eine zum Festhalten und am anderen Ende eine, die das Halsband ersetzt. Die Halsbandschlaufe wird locker über den Kopf gezogen und sitzt dementsprechend deutlich weniger sicher als ein richtiges Halsband. Somit fallen natürlich die Vorteile des Halsbandes, wie beispielsweise, dass der Hund sich daraus nicht ohne weiteres befreien kann, weg. Eine Retrieverleine ist jedoch eine tolle Wahl, wenn Ihr Hund sehr gut bei Fuß geht und nicht zu Panikreaktionen neigt.

Die „Schleppleine“ wird für die Outdoor-Erziehung des Hundes genutzt. Sie eignet sich eher weniger für die Verwendung während eines normalen Spaziergangs. Eine Schleppleine ist sehr lang, um dem Hund möglichst viel Spielraum zur Bewegung zu geben, ohne dass er unkontrolliert die Flucht ergreifen kann. Dadurch können Sie mit Ihrem Hund draußen trainieren und spielen, ohne den Hund oder andere zu gefährden. Auch bei der Schleppleine gilt, dass Sie umso dicker sein sollte, je größer der Hund ist. Sie können außerdem eine Schleppleine mit oder ohne Handschlaufe wählen, je nachdem, ob Sie die Leine beim Training oft in der Hand halten wollen oder den Hund lieber am Weglaufen hindern möchten, indem Sie einen Fuß auf das Leinenende stellen. Der Vorteil einer schlaufenlosen Leine ist, dass sie sich nicht unerwartet verfangen kann.

Die „Hausleine“ hat im Prinzip die gleiche Funktion wie die Schleppleine, nur dass sie innerhalb der Wohnung verwendet wird. Mit ihr können Sie Übungen innerhalb des Hauses durchführen und den Hund beispielsweise an seinen Platz führen, wenn er dort warten soll. Das ist zum Beispiel nützlich, wenn Sie das Begrüßen von Besuchern üben. Wenn ein Hund in einem Haushalt lebt, sollte er nämlich nie der erste sein, der Besucher Zuhause begrüßt. Stattdessen muss er lernen, an einem bestimmten Platz zu warten, bis der Besuch von einem anderen Haushaltsmitglied begrüßt und hineingelassen wurde. Erst dann darf der Hund den Besuch auch begrüßen. So eine Hausleine ist auch sehr praktisch in der Welpenerziehung, da Sie mithilfe der Hausleine sehr schnell nach draußen gelangen und so die Stubenreinheit des Hundes fördern können.

Die sogenannte „Joggingleine“ ist ein praktisches Hilfsmittel für Sportbegeisterte. Man bindet sie sich einfach um die Hüfte, leint den Hund mit dem Karabiner an und schon hat man die Hände frei fürs Joggen. Der eingebaute Stoßdämpfer sorgt für zusätzlichen Komfort beim Hund und beim Halter. Um eine Joggingleine zu verwenden, sollte der Hund bereits sehr gut an der Leine gehen können und sich für derartige Aktivitäten begeistern.

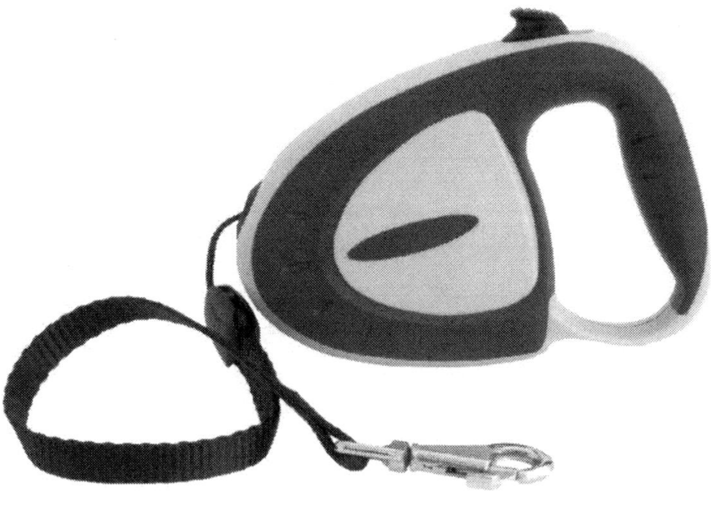

Solche Automatikleinen machen sich nicht so gut.

Besser ist eine solide Leine.

Ziehen an der Leine

Auch diese Unsitte basiert auf Fehlern bei der Erziehung des Welpen. Vielleicht haben Sie auch eine Flexileine (Automatikleine) benutzt, weil Sie dachte, damit dem Hund mehr Bewegungsfreiheit einzuräumen. Jetzt hilft nur noch ein gezieltes Training mit einer etwa zwei Meter langen verstellbaren Leine. Es ist völlig sinnlos, mit Gegenzug zu arbeiten oder gar einem scharfen Ruck an der Leine zu benutzen. Das spornt Ihren Hund eher an noch fester zu ziehen. Versuchen Sie zunächst einfach stehen zu bleiben. Rufen Sie den Hund zu sich. Lassen Sie ihn nun einige Minuten bei Fuß gehen. Sofern Sie konsequent immer auf diese Weise reagieren, wenn der Hund zieht, lässt er es vermutlich. Er lernt, dass das Ziehen eine Disziplinübung auslöst und ihm keine Vorteile bringt.

Wenn dies nicht nützt, hilft die nachfolgend gezeigte Methode. Sie ermöglicht Ihnen für den Hund überraschend vor ihm aufzutauchen. So haben Sie Blickkontakt und können ihn leicht beeinflussen. Dies ist wichtig, wenn Sie bei einer Begegnung zweier Hunde eingreifen müssen.

Üben Sie die Bewegungsabläufe zunächst ohne Hund, denn sie müssen flüssig und ohne zerren an der Leine ablaufen. Befestigen Sie die Leine an einem Gegenstand und halten Sie diese an der Schlaufe straff gespannt.

Machen Sie einen Schritt in Richtung der Leine und drehen Sie sich dabei halb auf die Leine zu und greifen Sie diese mit der freien Hand. Die Spannung muss unverändert bleiben. Sie halten nun die Leine vor Ihrem Körper mit beiden Händen.

Drehen Sie sich weiter in diese Richtung und wickeln Sie dabei die Leine um Ihren Körper. So nähern Sie sich dem Befestigungspunkt, ohne die Spannung der Leine zu verändern. Das ist sehr wichtig, denn später ist die

Leine am Hund befestigt. Dieser darf nicht merken, dass Sie sich ihm nähern.

Unser kleiner Leinentrick, ®rgladel

Mit der nächsten halben Drehung stehen Sie vor dem Fixpunkt der Leine. Sobald Sie die Bewegungsabläufe beherrschen, führen Sie diese aus, wenn der Hund wieder zieht. Er ist es bereits gewohnt, dass Sie stehen bleiben. Aber dieses Mal rufen Sie ihn nicht, sondern tauchen unvermittelt vor ihm auf. Wickeln Sie die Leine vom Körper und gehen Sie weiter, als sei nichts geschehen.

BELOHNUNGEN UND LECKERLIS

Belohnungen in Form von Streicheleinheiten, lieben Worten, des Lieblingsspielzeuges oder besonderen Leckerlis sind während der Ausbildung eines Hundes von größter Wichtigkeit. Ein Hund ist bestechlich und wenn er einen Vorteil für sich selbst ziehen kann, wird er für eine entsprechende Belohnung auch das erwünschte Verhalten zeigen.

Je mehr Sie mit solchen sogenannten positiven Verstärkern arbeiten, desto besser können Sie eine Bindung zu Ihrem Hund aufbauen. Ihre Fellnase merkt sich schnell, dass es bei Ihnen immer etwas Leckeres zum

Naschen gibt und es sich deshalb für sie lohnt, zu Ihnen zu kommen oder anderweitig Ihre Kommandos zu befolgen.

Eine Belohnung muss nicht zwingend aus einem Leckerli bestehen. Viele Hunde mögen gar nicht so viele Naschereien und geben sich mit Streicheleinheiten oder dem Lieblingsspielzeug zufrieden. Auch ein ausgiebiges Toben über ein Feld kann für das Tier eine Belohnung darstellen. Sollten Sie aber mit Leckerlis arbeiten, was am wahrscheinlichsten der Fall sein wird, müssen Sie auch die Futterration Ihres Hundes überdenken. Wenn Sie ihn nun nach der Fütterungsempfehlung des Herstellers weiterfüttern, kann es schnell zu Übergewicht und entsprechend zu anderen gesundheitlichen Problemen kommen. Ziehen Sie also die Leckerlis vom Futter ab bzw. verkleinern Sie die Portionen. Haben Sie aber immer den Gesundheitszustand Ihres Lieblings im Auge und kontrollieren Sie auch gerne einmal sein Gewicht, denn er soll natürlich auch nicht dünner werden.

DIE GESTIK UND MIMIK DES WELPEN

Die Hunde- und Körpersprache von seinem Hund zu deuten, kann mitunter sehr spannend und interessant sein. Dadurch hat man die Möglichkeit, seinen Hund in den verschiedensten Situationen gut einzuschätzen und kann entsprechend vorausschauend agieren. Die Fachliteratur bietet zu dem Thema ausreichend Material oder man besucht einmal eine Hundeschule, in der man angeleitet wird und sich immer wieder rückversichern kann.

Der Hund hat keinerlei aggressive Züge an sich, vielmehr ist er sehr gescheit, lieb und immer bereit, Neues zu lernen. Aus diesen Gründen ist es auch nicht sonderlich schwer, diese Rasse zu erziehen. Wie bei jedem anderen Hund auch, sollte darauf geachtet werden, dass er regelmäßigen Kontakt zu anderen Hunden hat. Eine gute Sozialisierung ist äußerst wichtig. Ist er im neuen Heim eingezogen, sollte er liebevoll in den Alltag integriert werden und mit anderen im Haus lebenden Tieren und den Kindern bekannt gemacht werden. Für seine Entwicklung ist es bedeutungsvoll, dass er überwiegend gute Erfahrungen macht. Die Zeit, die man mit seinem neuen Liebling verbringt, wird sich später auszahlen.

Welpen verfügen über eine Vielfalt an Gestiken, um sich – nicht nur – unter den Artgenossen bemerkbar zu machen. Nicht nur die Gestik, Körpersprache haben sie gut drauf, sondern auch das Mienenspiel, welches sie für die Kommunikation mit anderen Hunden nutzen. Dadurch zeigen sie, dass sie Hunger haben, Verängstigt sind oder Zuneigung einfordern.

Blickt der noch kleine Hund ganz starr in eine Richtung und sind die Pupillen verengt, ist dies eine Drohgebärde. In der Hundewelt spricht man auch von dem sogenannten „bösen Blick". Das heißt, der Hund schaut nicht „sauber" und er könnte ohne Vorwarnung beißen.

Der Welpe baut sich besonders auf: Fühlt sich der Welpe besonders mutig oder zeigt aggressive Seiten, wird er sich aufbauen und groß machen. Ohren und Rute werden dann aufgestellt. Vermutlich wird er die Brust herausstrecken und die Nacken- und Rückenhaare aufstellen. Es kann auch gut sein, dass er beim Knurren ganz sachte mit der Rute wedelt – ein Zeichen von Unsicherheit.

Der Welpe macht sich ganz klein: Ist ein Hund unterwürfig, macht er sich möglichst klein, um dadurch wie ein Welpe zu wirken. Seine Hoffnung ist, dass sein Gegenüber ihn in Ruhe lässt, denn erwachsene Hunde beispielsweise werden Welpen zwar zurechtweisen, aber niemals angreifen und beißen. Wenn Welpen devot sind, werden sie sich in aller Regel auf dem Boden seitlich zusammenrollen, die Rute ganz flach halten und zaghaft damit wedeln. Manchmal versuchen sie auch dem überlegenen Hund oder der Bezugsperson das Gesicht zu lecken. In extremeren Situationen legen sie sich gänzlich auf den Rücken und geben so ihre Kehle frei.

Das Wedeln mit der Rute wird oft als ein Zeichen für Nettigkeit und Freude ausgelegt. Doch ein übertriebenes Wedeln wurde schon oft bei devoten Hunden beobachtet. Das Wedeln kann also auch mehrere Bedeutungen haben:

Wedelt der Hund nur langsam und die Rute ist relativ starr, ist der Hund verärgert. Ist die Rute zwischen die Hinterbeine eingeklemmt, ist dies ein Zeichen für Angst. Unruhige oder nervöse Hunde halten ihre Rute mitunter nach unten und wedeln nur andeutungsweise.

Wie Hunde ihre Rute tragen ist von Rasse zu Rasse unterschiedlich. Im Allgemeinen kann man sagen, dass eine Rute, die in einem Winkel von über 45 Grad zum Rücken steht, Wachsamkeit und Interesse darstellt.

Das Gesicht und die Mimik eines Welpen kann viel über seine augenblickliche Befindlichkeit verraten. Ist der Welpe verängstigt? Ist er aufgeregt? Hat er Lust zu spielen? Diese und noch weitere Gefühlsregungen kann man an der Mimik erkennen und darauf eingehen. Sind die Ohren gespitzt und nach vorne ausgerichtet, bedeutet dies, dass der Welpe wachsam ist und zuhört. Wenn hingegen die Ohren flach am Kopf anliegen, kann dies ebenso Freude ausdrücken, wie auch auf Angst hinweisen. Damit Sie die Stimmung richtig „lesen", sollten Sie auf weitere Anzeichen achten und diese in einen gemeinsamen Kontext bringen.

Beobachteten Sie, dass die Augen nur leicht geschlossen sind, ist dies in der Regel ein Anzeichen für Freude beziehungsweise für die Akzeptanz, dass Sie der „Rudelführer" sind. Sind die Augen jedoch weit geöffnet, ist der Welpe aufmerksam und in „Alarmbereitschaft". Die Natur hat es so eingerichtet, dass sich Hunde, wenn diese sich begegnen und die Rangordnung unter sich ausmachen, so lange in die Augen sehen, bis der schwächere nachgibt und sich zurückzieht. Ein derartiges Verhalten raten auch Hundeexperten in der Welpenerziehung: In einer ungeklärten Situation so lange den Welpen anblicken, bis er sich vom Blick her löst und zurückzieht.

DIE ANLEITUNG ZUM APPORTIEREN

Wichtig ist aber auch hier, dass Sie es nicht mit Druck und Schnelligkeit versuchen. Jeder Hund braucht Zeit. Besonders dann, wenn Ihr Vierbeiner noch sehr jung ist, kann er oft noch andere Dinge im Kopf haben. Mit der Zeit wird es besser und Sie werden erste Erfolge sehen können.

1. Schritt: Richtiger Gegenstand

Es ist wichtig, dass Ihr Hund etwas holen muss, was er auch leicht tragen kann. Schwere Stöcke sind somit nicht geeignet. Er wird es vielleicht nicht einmal versuchen wollen. Besser sind hingegen Futterdummys.

Es gibt in jeder Tierhandlung Spielzeuge, die aussehen wie ein Hund oder ein Knochen. Die Auswahl ist groß. Diese Dummys sind aber leicht tragbar und werden besonders von kleinen Hunden sehr gemocht. Wichtig wäre aber hier, dass das Spielzeug nicht zu weich ist. Der Spieltrieb ist noch sehr groß und besonders kleine Hunde neigen dazu, alles zu zerbeißen, was sie finden. Hier lauert auch die Gefahr des Verschluckens von Teilen, die großen Schaden anrichten können.

Wählen Sie mit Bedacht. Es sollte also nicht zu schwer und groß, aber auch nicht zu weich sein.

2. Schritt: An die Leine

Das mag jetzt abwegig klingen, aber so werden Sie das Interesse Ihres Hundes für die Beute nur noch mehr steigern. Legen Sie Ihrem Vierbeiner eine Leine um und machen Sie somit den Gegenstand noch interessanter. Er weiß somit, dass er ihn nicht sofort bekommt, und wird Witterung aufnehmen. Nun ist es an Ihnen, sich vor den Augen Ihres Hundes mit dem Dummy zu beschäftigen. Wie Sie das machen, ist Ihnen überlassen. Wichtig ist nur, dass Sie das Interesse wecken und Ihr Hund nur noch einen Gedanken hat: Ich möchte es haben!

3. Schritt: Loslaufen (trotz Leine)

Sie sind der Meinung, Ihr Hund hat den Dummy im Visier? Dann ist es an der Zeit, dass er ihn auch jagen darf. Werfen Sie ihn so weit, wie es Ihnen möglich ist, und fordern Sie Ihren Hund mit einem kurzen „Bring" auf, ihn zu holen. Wichtig sind hier kurze Befehle. Nutzen Sie keine langen Sätze, denn das wird er nicht wahrnehmen. Achten Sie darauf, dass Sie die Leine nicht zu fest anziehen, denn sie muss hier in jedem Fall noch um den Hals des Hundes liegen. Wenn Ihr Vierbeiner den Gegenstand im Maul hat, dürfen Sie ihn schon loben. Das ist bereits der erste Schritt und er hat es wirklich gut gemacht. Nun muss er aber auch wieder zu Ihnen zurückkommen. Locken Sie ihn an. Wie Sie das machen, obliegt Ihrer Fantasie und Ihres Geschicks. Kommt er zu Ihnen zurück, braucht es nun ein kurzes „Aus". Zeigen Sie ihm, dass er den Dummy fallen lassen soll. Wenn er das getan hat, hat er schon das erste Mal erfolgreich apportiert.

4. Schritt: Kommandos ohne Leine

Jetzt ist es an der Zeit, ihm die Leine abzunehmen und auf Befehle zu vertrauen. Mit einem „Sitz" sollte Ihr Hund nun neben Ihnen Platz nehmen. Jetzt gehen Sie ein paar Schritte weg, immer wieder ein Stück, bis ungefähr fünf Meter zwischen ihnen beiden liegen.

Der Dummy ruht in Ihrer Hand, doch mit dem besagten Abstand legen Sie ihn vor sich auf den Boden. Bleiben Sie in der Hocke und rufen Sie nach Ihrem Vierbeiner. Wenn alles gut läuft, und das sollte es, wird er zu Ihnen kommen, den Dummy aufnehmen und wieder an Sie übergeben. Er hat an dieser Stelle schon gelernt, dass Sie die einzige Person sind, die diese Belohnung für ihn bereithält. Sie werden überrascht sein, wie schnell Ihr Hund lernen kann – allein durch etwas Beharrlichkeit und natürlich einen Dummy, der wirklich interessant ist und Spaß macht.

5. Schritt: Größere Entfernung

Ist das gelungen, braucht es noch mehr Abstand. Entfernen Sie sich immer weiter von Ihrem Hund. Versuchen Sie es zu Beginn mit einem Meter und gehen Sie genauso vor, wie gerade beschrieben.

Es wird weiterhin kein Problem sein und Ihr Hund wird nur Sie und den Dummy sehen. Das ist seine Beute und das Ziel ist klar.

6. Schritt: Bring es her

Jetzt ist es an der Zeit für eine weitere Erweiterung. Legen Sie den Dummy ein Stück weit von Ihrem Hund entfernt auf den Boden, gehen Sie ein Stück weg und rufen Sie ihn mit einem „Bring". Wenn alles gut läuft, steht er auf und weiß genau, was zu tun ist. Er wird aus der Sitzposition zu Ihnen kommen und den Dummy in Ihre Hand oder auf den Boden legen. Beides ist ein Erfolg und hat ein großes Lob verdient.

7. Schritt: Die Suche

Nun darf Ihr Hund auch gerne suchen. Bringen Sie ihn an einer Position zum Sitzen, die Sie für ihn ausgesucht haben. Dann darf er zuschauen und Sie genau beobachten. Im besten Fall verschwinden Sie im angrenzenden Wald und legen den Dummy dort nieder. Dabei sieht Ihr Hund Sie nicht. Er weiß nur, in welche Richtung Sie gegangen sind.

Haben Sie einen Platz gefunden, kehren Sie zurück und sagen nur „Such". Ihr Hund wird loslaufen und sich auf die Suche machen. Das kann beim ersten Mal noch etwas schwierig sein. Begleiten Sie ihn ruhig und helfen Sie. Später wird das nicht mehr nötig sein.

Das Apportieren stärkt nicht nur die Verbindung zwischen Ihnen und Ihrem Hund, sondern hilft ihm auch, Befehle zu verstehen, die wiederum in anderen Bereichen sehr wichtig sein können. Es ist nicht schwer, Ihrem Hund das Bringen und Suchen von Gegenständen anzugewöhnen, aber es braucht natürlich etwas Geduld und kein Schimpfen, wenn zuvor die

Interessen an einer anderen Stelle liegen sollten. Alles wird sich mit der Zeit finden!

DIE ERSTEN KOMMANDOS – „SITZ!", „PLATZ!", „AUS!"

Mit den ersten Übungen sollten Sie schon beginnen, sobald Ihr Welpe bei Ihnen eingezogen ist. Eigentlich wird dies schon automatisch beginnen, denn der Kleine wird umgehend auf Entdeckungstour gehen und hier schon so manchem begegnen, bei dem Sie sich sagen, „Hmmm… hier soll er eigentlich nicht beigehen". Schon kommt das erste „Nein" von Ihnen und Sie werden das Hundebaby von diesem Ort wegnehmen. Wahrscheinlich wird es sich dabei um die Couch handeln, die Ihr neuer Begleiter als hervorragenden Schlafplatz auserkoren hat, Sie aber nicht möchten, dass er hier Platz nimmt. Es wird also seinen Lauf nehmen, dass das eine oder andere Kommando früher kommt, als Sie denken.

Aber auch ein gezieltes Training dieser ersten Befehle ist wichtig, damit der Welpe Manieren lernt und Sie in der Lage sind, ihn irgendwann sicher abzurufen. Zudem wird die Bindung zwischen Ihnen beiden erheblich verstärkt, weil Sie sich tagtäglich mit dem Kleinen beschäftigen, ihn loben und ihm Aufmerksamkeit schenken werden. Je früher Sie damit anfangen, desto leichter werden Sie und Ihr Hund es haben. Ein junges Tier lernt schnell und so kann es sich zu einem gut sozialisierten und freundlichen Hund entwickeln.

Was Sie auf jeden Fall mitbringen müssen, ist eine Menge Geduld und ein feines Fingerspitzengefühl. Sicher wird nicht alles sofort funktionieren, hier müssen Sie Ihre Ausdauer beweisen. Wiederholen Sie immer wieder die Übung, bis sie einwandfrei sitzt. Gegebenenfalls müssen Sie auch einmal einen Gang zurückschalten.

Um Ihrem neuen Mitbewohner das Lernen zu erleichtern, sollten Sie eine feste Struktur und eine gewisse Routine im Tagesablauf einführen. Feste Zeiten für die Fütterung, für die Spaziergänge, für das Spielen und das Training sind sehr sinnvoll.

Lob, Streicheleinheiten, liebe Worte und viel Leckerlis sollten Sie ebenfalls im Gepäck haben. Bei jedem positiven Verhalten Ihres Welpen sollten Sie nicht sparsam damit umgehen. So wird der Kleine immer wieder motiviert, mitzuarbeiten. Belohnen Sie ihn umgehend, damit er einen Bezug zu seinem eben gezeigten Agieren und der Belohnung herstellen kann. Ansonsten weiß er nicht, wofür er das Leckerli bekommen hat, und verbindet womöglich eine andere Handlung damit.

Im Gegenzug dürfen Sie Ihren Welpen niemals bestrafen, wenn er falsch reagiert – schon gar nicht mit Gewalt. Auch hier schüren Sie nur ein ängstliches und eingeschüchtertes Verhalten. Eine sich später entwickelnde Aggressivität ist nicht auszuschließen und einen bissigen Hund will niemand in seinem Umfeld haben.

Das Training sollte mit einem positiven Ergebnis beendet werden. Hören Sie erst dann auf, wenn Ihr Hund das von Ihnen gewünschte Verhalten gezeigt hat – es sei denn, Sie haben das Gefühl, dass er überfordert ist. Dann wiederholen Sie eine vorhergehende Übung und beenden dann das Training.

Sie werden sicher Regeln aufgestellt haben, die Ihr kleiner Hund zu befolgen hat. Hier müssen Sie konsequent sein. Es darf nicht passieren, dass der Welpe heute nicht auf das Sofa darf, morgen aber schon. Ein solches Verhalten versteht er nicht und er würde bald nicht mehr auf Sie hören. Auch die Familienmitglieder Ihres Hauses müssen sich an diese Regeln halten, sonst wird Ihre Autorität schnell untergraben.

Ihrem Hund gegenüber sollten Sie mit einem bestimmenden Tonfall gegenübertreten, wenn Sie ihm etwas beibringen wollen. Benutzen Sie kurze Befehle, die klar verständlich sind, philosophieren Sie also keine Romane dem Tier gegenüber. Schreien oder brüllen Sie Ihren Hund niemals an. Das führt nur dazu, dass er eingeschüchtert und ängstlich wird.

Eine gute Sozialisierung ist äußerst wichtig, damit Ihr kleiner Freund in jeder Alltagssituation zurechtkommt. Nach der Eingewöhnungszeit sollten Sie ihn also mit fremden Menschen, mit Kraftfahrzeugen jeglicher Art und mit anderen Tieren konfrontieren. Natürlich nicht alles auf einmal, aber nach und nach. So lernt er einen freundlichen Umgang mit anderen Lebewesen und wird auch im Erwachsenenalter keine Probleme haben.

Wie bringen Sie dem kleinen Hundebaby aber nun bei, sich auf Ihr Kommando hinzusetzen oder sich hinzulegen? Lesen Sie weiter und Sie erfahren es.

Verfahren Sie für das Kommando „Sitz!“ wie folgt:

Sie nehmen ein Leckerli in die Hand und zeigen es Ihrem Welpen. Nun möchte er dieses schmackhafte Teil in Ihrer Hand natürlich haben. Halten Sie es über seinen Kopf, so dass er nach oben blicken muss.

Wahrscheinlich wird er sich in diesem Moment hinsetzen, damit er den Leckerbissen besser im Blick hat und herankommt. Loben Sie ihn ausgiebig und geben Sie ihm das Leckerli. Nun wiederholen Sie diese Übung mehrmals und fügen das Kommando „Sitz!" hinzu. Es wird sicher nicht lange dauern, bis Ihr Welpe den Zusammenhang zum Befehl und dem Leckerli versteht und sich deshalb hinsetzt, wenn Sie es ihm sagen. Natürlich führt er den Befehl nur deshalb aus, weil er weiß, dass er dann etwas Leckeres bekommt.

Für das Kommando „Platz!" nehmen Sie ebenfalls ein Leckerchen in die Hand und zeigen es Ihrem Welpen. Führen Sie Ihre Hand zum Boden. Um nun an den Leckerbissen heranzukommen, wird sich Ihr Hund vermutlich hinlegen. Genau in diesem Moment loben Sie ihn und geben ihm das Leckerli. Beim nächsten Versuch verwenden Sie jetzt Ihr Kommando und wiederholen die Übung des Öfteren. Schon bald wird sich der Kleine auf Ihren Befehl hinlegen. Belohnen Sie ihn mit dem Leckerli.

Ein ganz wichtiges Kommando ist „Komm!" oder „Hier!". Damit rufen Sie Ihren Hund aus allen möglichen und unmöglichen Situationen zurück. Dieser Befehl kann unter Umständen auch lebensrettend für ihn sein, zum Beispiel dann, wenn er einer stark befahrenen Straße zu nahekommt.

Für den ersten Versuch empfiehlt es sich, eine zweite Person helfen zu lassen. Dieser Helfer hockt sich zu Ihrem sitzenden Hund. Sie selbst gehen nun einige Schritte entfernt in die Hocke. Rufen Sie jetzt Ihren Vierbeiner mit seinem Namen und fügen Sie den entsprechenden Befehl hinzu.

Einigen Sie sich auf eine Möglichkeit: entweder „Komm!" oder „Hier!", niemals einmal das eine Kommando verwenden und ein anderes Mal das andere. Das würde Ihr Hund nicht verstehen und dementsprechend würde er auch nicht darauf reagieren.

Während Sie nun Ihren Hund rufen, breiten Sie Ihre Arme aus und suchen den Blickkontakt zu ihm. Mit dieser Gestik und Ihrer dazugehörigen Mimik signalisieren Sie Ihrem Welpen, dass Sie sich freuen, wenn er zu Ihnen kommt. Halten Sie auch ein Leckerli oder das Lieblingsspielzeug für ihn bereit. Sicher wird der Kleine jetzt freudig auf Sie zulaufen. Loben Sie ihn und geben Sie ihm das Spielzeug oder das Leckerli.

Auch diese Übung werden Sie mehrmals wiederholen müssen, bis Ihr Welpe begriffen hat, welche Bedeutung Ihr Kommando hat. Mit der Zeit müssen Sie allerdings den Abstand zwischen Ihnen beiden erhöhen, schließlich wollen Sie ihn ja auch aus der Entfernung abrufen können.

Versuchen Sie auch beizeiten, ihn abzurufen, wenn Sie außer Sichtweite sind. Vergessen Sie niemals die Belohnung, denn nur deshalb kommt Ihr Vierbeiner zu Ihnen.

Es wird Situationen geben, in denen Sie Ihrem Hund ein „Nein!" oder „Aus!" befehlen müssen. Auch dieses Kommando muss sitzen und auch hier benutzen Sie selbstverständlich nur eines davon, entscheiden Sie sich. Im Gegensatz zu den anderen Befehlen gibt es hier natürlich kein Leckerli oder eine andere Belohnung. Ihr Welpe soll ja nicht für ein falsches Verhalten belohnt werden. Aber eine Strafe ist selbstverständlich auch nicht angebracht. Hier gibt es nun eine ganz einfache Lösung: ein Glöckchen. Immer dann, wenn Ihr Vierbeiner ein von Ihnen unerwünschtes Verhalten zeigt und eine unerwünschte Handlung ausübt, lassen Sie dieses Glöckchen ertönen und fügen den von Ihnen ausgesuchten Befehl dazu. Das Glöckchen soll dem Hund signalisieren, dass hier nun keine Belohnung zu erwarten ist.

Wenn Ihr Hund nun gelernt hat, welche Bedeutung die Glocke hat, ergänzen Sie das Geschehen mit dem Kommando „Sitz!" oder „Platz!". Befolgt er Ihren Wunsch, belohnen Sie ihn mit einem Leckerli. Damit soll einer Enttäuschung Ihnen gegenüber vorgebeugt werden. Der Hund lernt so das Kommando „Aus!", behält aber weiterhin das Vertrauen zu Ihnen und bleibt Ihr Freund.

Dies wären die ersten Trainingseinheiten, die die ersten Wochen mit Ihrem neuen Mitbewohner ausfüllen werden. Viele weitere Kommandos werden noch folgen. Überstürzen Sie aber nichts, sondern üben Sie immer eines nach dem anderen. Zu schnell ist der kleine Hund sonst überfordert und kann dann gar nichts mehr lernen.

Die ersten Kommandos, die Ihr kleiner Freund lernen muss, sind „Sitz", „Platz", „Bleib", „Komm" und „Aus". Aber bitte nicht alle auf einmal, das geht schief. Fangen Sie mit einem Kommando an und erst, wenn dieses beherrscht wird, üben Sie das zweite. Suchen Sie sich zum Üben den richtigen Zeitpunkt aus. Wenn Ihr Baby müde oder lustlos ist, hat es keinen Zweck. Üben Sie mehrmals täglich, aber nur kurze Zeit. Ansonsten überfordern Sie den kleinen Hund. Gewöhnen Sie sich eine ruhige Tonart an und bestrafen Sie Ihren Hund niemals.

Arbeiten Sie mit Belohnungen, wenn eine korrekte Ausführung Ihres Kommandos erfolgt. Das bleibt prägend und Ihr Hund lernt. Ignorieren Sie es, wenn er nicht richtig agiert hat, und wiederholen Sie die Übung kommentarlos. Zum Belohnen oder Ignorieren haben Sie nicht viel Zeit.

Dies müssen Sie sofort nach der Handlung Ihres Hundes machen. Geben Sie also das Leckerli sofort, wenn der Befehl ausgeführt wurde, und unterbrechen Sie zum Beispiel das Spiel, wenn Ihr Vierbeiner zu wild wird oder gar zubeißt. Hören Sie immer dann auf, wenn Ihre Übung mit Erfolg gekrönt ist. So macht das Lernen viel mehr Spaß und es bleibt in Erinnerung, was gelernt wurde.

Benutzen Sie niemals den Namen Ihres Welpen als Kommando. Das machen viele Hundehalter falsch. Oft wird der Name dazu benutzt, um dem Hund zu sagen, „Komm zu mir". Wenn Sie Ihren Hund bei seinem Namen nennen, soll es aber dazu dienen, seine Aufmerksamkeit zu erregen. Rufen Sie den Namen, blickt Ihr Welpe Sie an und nun können Sie das gewünschte Kommando äußern. Im besten Fall führt Ihr Hund es dann natürlich auch aus, wenn er es schon gelernt hat.

Wie Sie nun Ihrem Welpen klarmachen, dass er sich bei dem entsprechenden Kommando auch hinsetzt, ist erfahrungsgemäß nicht ganz einfach. Nehmen Sie sich viel Zeit und vor allem Geduld, wenn Sie Ihrem Hundebaby etwas beibringen möchten. Seien Sie auch sehr konsequent, denn es hilft Ihrem Hund nicht, wenn Sie einmal so handeln und im nächsten Moment anders.

Bei dem Kommando „Sitz" gehen Sie folgendermaßen vor: Zuerst locken Sie Ihren Welpen zu sich, am besten mit einem Leckerli, falls er noch nicht richtig auf seinen Namen reagiert. Halten Sie es etwas höher, damit er zu Ihnen hochsieht. Nun geben Sie das Kommando „Sitz". Damit Ihr Welpe das Leckerli im Auge behalten kann, wird er sich wahrscheinlich in eine Sitzposition begeben. Nun loben Sie ihn ausgiebig und geben das Leckerli. Sollte er stattdessen an Ihnen hochspringen wollen, sagen Sie „Nein" und wiederholen die Übung.

Das Kommando „Nein" bringen Sie ihm „nebenbei" bei, denn es gibt immer, gerade am Anfang, Situationen, die unerwünscht sind. Ertappen Sie Ihren Welpen bei einer solchen Situation, sagen Sie in einem schärferen Tonfall „Nein", um das Verhalten zu unterbinden. Auch Ihre Körperhaltung in diesem Moment ist sehr ausschlaggebend. Nun lenken Sie Ihr Hundekind von seinem ursprünglichen Vorhaben ab und belohnen es auch sofort, wenn die Ablenkung gelungen ist. So lernt der kleine Vierbeiner, dass bei „Nein" Schluss ist.

Auch das Kommando „Komm" ist sehr wichtig, schließlich müssen Sie Ihren Hund in jeder Situation problemlos abrufen können. Wenn Ihr Hund Sie anschaut, knien sie sich herunter und locken ihn zu sich. Dabei benutzen

Sie das Kommando „Komm". Loben und belohnen Sie Ihren Freund, wenn er auch tatsächlich zu Ihnen kommt. So weiß ihr Hund bald, wenn er dem Befehl Folge leistet, dass er etwas Leckeres von Ihnen zu erwarten hat. Sollte er stattdessen aber weglaufen, laufen Sie nicht hinter ihm her. Dann wird eher ein für Ihren Welpen lustiges Jagdspiel daraus und Sie erreichen genau das Gegenteil.

Für das Kommando „Platz" nehmen Sie ein Leckerli in Ihre geschlossene Hand. Dicht über dem Fußboden bewegen Sie diese nun vor der Nase Ihres Hundes hin und her und geben das Kommando „Platz". Legt sich Ihr Vierbeiner ab, weil er das Leckerli haben möchte, loben Sie ihn und geben ihm die Leckerei.

Wichtig bei allen Übungen ist, dass Sie in kleinen Schritten trainieren. Nehmen Sie sich viel Zeit, Ruhe und seien Sie konsequent. Hilfreich können auch entsprechend passende Handsignale sein, die Sie zusätzlich zu den verbalen Kommandos verwenden. Dann wird Ihr Vorhaben ganz sicher gelingen.

So üben Sie „Sitz"

Zeigen Sie Ihrem Hund ein Leckerchen, während Sie vor ihm stehen. Halten Sie es über seinen Kopf, damit er diesen stark anheben muss, um es zu beobachten. Die meisten Hunde setzen sich aus Bequemlichkeit, weil es im Sitzen einfacher ist, die Köstlichkeit im Blick zu behalten. Sie können auch sanft auf das Hinterteil drücken, wenn ihr Hund sich nicht setzt.

Achten Sie darauf, dass ihr Hund sich nicht in eine Pfütze oder auf Scherben setzen muss. Er vertraut Ihnen. Wenn das Ausführen des Befehls für ihn unangenehm ist, wird er künftig generell nachschauen, wo er sich hinsetzen soll.

Belohnen Sie den Hund erst, wenn er sitzt, das heißt sein Hinterteil den Boden berührt. Sobald Ihr Hund den Befehl verstanden hat, üben Sie mit ihm „Sitz", wenn er neben Ihnen steht. Später soll er ihn auch ausführen, wenn Sie das Kommando aus der Entfernung geben.

Sichtzeichen "Sitz"

So lernt der Welpe das Kommando „Sitz!“:

- Junge Welpen, die noch keine Erfahrung mit Lernübungen gemacht haben, verstehen die Kommandos „Sitz“ und „Platz“ sehr schnell.
- Für „Sitz“ ein Leckerchen zwischen Daumen und Mittelfinger nehmen.
- Die Hand mit dem Leckerchen an seiner Nase nach oben vorbeiführen.
- Sobald das Gesäß in Richtung Boden geht, gibt man das Kommando „Sitz!“.
- Setzt sich der Welpe hin und versucht dann aber sich auf die Hinterbeine zu stellen, muss das Verhalten mit einem scharfen „Nein“ unterbunden werden.
- Hat sich der Welpe hingesetzt, erfolgt sofort die Belohnung.
- Mit jedem Mal länger mit der Gabe eines Leckerchens warten.
- Nach einigen Übungseinheiten spricht man das Kommando „Sitz“ ohne ein Leckerchen aus, da der Welpe nur auf das Handzeichen reagieren soll.

Platz

Sitz und Platz

Mit diesem Befehl ziehen Sie den Hund noch nachdrücklicher aus dem Verkehr, denn er braucht länger, bis er aus der Position, die er bei Platz einnehmen muss, auf den Beinen ist. Korrekt ausgeführt liegt er mit ausgestreckten Vorderbeinen auf dem Bauch.

Hinweis: Überschätzen Sie die zeitliche Verzögerung nicht. Wenn ihr Hund möchte, ist er blitzschnell aus den Beinen und rennt los. Sie bauen eine psychische Barriere auf, keine körperliche. Ihr Hund muss sich aktiv über ihren Befehl hinwegsetzen, bevor er rennt. Das verhindert oft, dass er unkontrolliert durchstartet. Wenn Sie schnell reagieren, können Sie ihn meist durch ein Kommando stoppen, bevor er Schaden anrichtet oder ihm etwas passiert.

Sie können mit dem Training des Befehls beginnen, sobald der Hund das Kommando „Sitz“ beherrscht. Er muss akzeptieren, dass er nicht aufstehen darf, sein Hinterteil also auf dem Boden bleiben muss.

Nehmen Sie ein Leckerchen in die Hand und führen Sie es dicht vor Ihrem Hund zu Boden. Halten Sie es in der Hand. Ihr Hund soll es wittern können. Verbieten Sie ihm durch Wiederholung des Kommandos „Sitz“ aufzustehen, um das Leckerchen zu ergattern. Er muss sich daher mit gestreckten Vorderbeinen auf den Boden legen, um das Leckerchen zu erreichen, ohne aufzustehen. Sagen Sie „Platz“, sobald er sich legt und belohnen Sie den Hund.

Wenn er „Sitz“ und „Platz“ beherrscht, kombinieren Sie die Übung mit „Bleib“. Mit Letzterem verbieten Sie Ihrem Hund Ihnen zu folgen. Er kann aber selbst entscheiden, ob er steht, sitzt oder sich hinlegt. Mit der Kombination der Befehle bestimmen Sie auch die Haltung, in der er zu verweilen hat. Erhöhen Sie den Schwierigkeitsgrad, in dem Sie vor dem Hund hüpfen, einen Ball werfen oder um ihn herumgehen. Übertreiben Sie es aber nicht. Wenn Ihr Hund aufstehen will, verweisen Sie ihn wieder auf „Platz“ und heben aber nach wenigen Sekunden das Kommando auf.

So lernt der Welpe das Kommando „Platz!“:

- Hat sich der Hund auf sein Plätzchen oder Decke niedergelassen, kann man ihn streicheln und dabei immer wieder sagen „Platz“. So verbindet er das Wort „Platz“ mit einem positiven Erlebnis.
- Sobald man merkt, dass der Welpe müde ist, wird er zu seinem Körbchen gelockt, beispielsweise mit einem Leckerchen. Legt er sich in das Körbchen hinein, wiederholt man das Wort „Platz“.
- Hat man diese Übung einige Zeit wiederholt, kann man im nächsten Schritt versuchen, allein durch das Aussprechen des Wortes „Platz“ den Welpen auf seine Decke oder in sein Körbchen zu schicken. Geschieht dies ohne weitere Probleme, dann ist ein dickes Lob fällig.

Sichtzeichen "Platz"

Apportieren

Zum Apportieren gehört auch, dass der Hund seine „Beute“ übergibt. Dieser Teil der Übung ist durchaus sinnvoll. Sie müssen schließlich nicht immer mit einem harten Verbot „Aus“ reagieren, wenn Ihr Hund etwas im Fang hält, dass Sie ihm abnehmen möchten. Versuchen Sie es mit einem Tausch.

Bieten Sie dem Hund eine Leckerei an und sagen Sie „ablegen“. Ihr Hund kann also frei entscheiden, ob er das Leckerchen nimmt oder nicht. Wenn er es nehmen will, muss er wohl oder übel das ablegen, was er im Maul hat. Geben Sie dem Hund die Belohnung und greifen Sie sofort nach dem Tauschobjekt. Ihr Hund darf auf keinen Fall beides bekommen.

Sichtzeichen "Aus"

Das Kommando „Bleib“

Es gibt immer wieder Situationen im täglichen Leben, in denen es nötig ist, dass der Welpe, später der erwachsene Hund, zu Hause bleiben muss. Für dieses Training soll der Welpe vor seiner Bezugsperson sitzen. Um generell die Bedeutung des Kommandos „Bleib“ darzustellen, ist oft schon eine klare Körpersprache ausreichend. Man stellt sich direkt vor den Welpen und neigt sich leicht nach vorne, eine flache Hand wird entgegengestreckt.

So zeigt man schon allein durch die Haltung, dass er dort bleiben soll, wo er ist. Jetzt macht man einen kleinen Schritt rückwärts, verbleibt einige Sekunden und geht dann wieder nach vorne. Der Welpe wird sofort belohnt, dass er sitzengeblieben ist. Hat ein Schritt zurück gut funktioniert, kann man Schritt für Schritt eine größere Distanz wählen und so die Zeit, in der der Welpe sitzen bleibt, verlängern. Irgendwann ist der Zeitpunkt da, dass man den jungen Hund allein lassen kann.

Sichtzeichen "Bleib"

Disziplinlosigkeit

Der Begriff „Disziplin“ steht in der Erziehung eines Hundes für einzuhaltende Regeln und Grenzen. Jedes Lebewesen auf dieser Welt ist in irgendeiner Weise diszipliniert und folgt bestimmten Gesetzen. Das gilt auch für Ihren Hund. In Ihrem Lebensumfeld hat er sich an Regeln zu halten, die Sie als Rudelführer aufgestellt haben. Sie entscheiden, wann gefressen wird und wann es zum Gassigehen nach draußen geht. Ebenso entscheiden Sie, wann Ihr Hund spielen darf, wann Sie mit ihm trainieren und wo und wann er Löcher buddeln darf. Da gibt es kein Wenn und Aber... es wird so gemacht und nicht anders. Nun müssen Sie dies natürlich noch Ihrem Hund

„verklickern", damit er niemandem disziplinlos gegenübertritt. Nur so können Sie mit ihm rücksichtsvoll mit Ihrer Umwelt umgehen.

Doch was machen, wenn Ihr Vierbeiner sich überhaupt nicht diszipliniert verhalten möchte? In erster Linie schauen Sie erst einmal auf sich selbst. Sind Sie diszipliniert Ihrem Hund gegenüber? Akzeptiert er Sie als Rudelführer? Wahrscheinlich treffen diese Punkte eher nicht zu und Sie müssen daran arbeiten. Treten Sie Ihrem Vierbeiner aufrecht und energisch entgegen, denn Sie sind das Alpha-Tier und alle anderen haben Ihnen zu folgen. Seien Sie konsequent und lassen Sie keine Ausnahmen zu. Das ist der erste Schritt, um Ihrem Hund Disziplin beizubringen.

Trotzdem gilt auch im Beibringen von Disziplin: Immer mit positiver Verstärkung (Streicheleinheiten, Leckerlis) arbeiten und niemals mit Bestrafung (Schläge, Anschreien). Loben Sie also Ihren Vierbeiner, wenn er auf seinem Spielzeug kaut. Zerfleddert er aber Ihren Schuh, rufen Sie ihm ein scharfes „Nein" zu und entfernen den Schuh. Sie sollten Ihren Hund jetzt auch für kurze Zeit nicht mehr beachten. Nimmt er nun sein Spielzeug an, um darauf herumzukauen, loben Sie ihn ausgiebig. Bleiben Sie dabei, dass Schuhe tabu sind, und kommen Sie jetzt nicht auf die Idee, dem „armen" Hund einen ausgedienten Schuh zum Kauen anzubieten. Er wird es nicht unterscheiden können, ob es ein neuer, teurer Schuh ist oder ein alter, billiger Treter. Sie würden ihn damit äußerst verwirren.

Disziplin bedeutet auch, dass Sie einen festen Tagesplan aufstellen sollten. Legen Sie fest, wann Sie Ihren Hund füttern, wann Sie mit ihm spazieren gehen und wann Sie mit ihm spielen oder kuscheln. Auch ein Hund hat eine innere Uhr und weiß schnell, was wann gemacht wird. So wird das Zusammenleben mit Ihrem Vierbeiner erheblich erleichtert.

Übermäßiges Bellen

Zunächst einmal sei gesagt, dass das Bellen ein natürliches Verhalten des Hundes ist. Außer mit seiner Körpersprache kommuniziert er über das Bellen mit seinen Artgenossen. Je nachdem, welcher Rasse der Hund angehört, kann ein häufiges Bellen durchaus normal sein, während andere Rassen kaum einen Laut von sich geben. Aber ein permanentes Bellen liegt in keinem Wesen eines Hundes. Ein solches Verhalten kann unterschiedliche Ursachen haben, sie wirken sich aber allesamt sehr unangenehm im Alltagsleben aus. Bellt Ihr Hund unangemessen viel und laut, kann es zu Ärger in der Nachbarschaft führen. Auch auf der

Hundewiese sind Sie mit Ihrem Vierbeiner dann nicht mehr gerne gesehen, denn wer will schon einen Kläffer neben sich haben?

Als Erstes gilt nun, herauszufinden, warum Ihr Hund so viel bellt. Was veranlasst ihn dazu, sein Umfeld derart auf sich aufmerksam machen zu müssen? Bellt er zum Beispiel dann außergewöhnlich stark, wenn es an Ihrer Haustür klingelt, oder vielleicht dann, wenn er im Garten Vögel oder Katzen erspäht? Auch vorbeigehende Personen könnten dieses Bellen auslösen, wenn Sie sich zum Beispiel auf einem Spaziergang befinden. Vielleicht bellt Ihr Hund aber auch nur aus Langeweile, wenn er alleine zu Hause ist oder einfach nur deshalb, weil er Ihre Aufmerksamkeit einfordert.

Haben Sie die Ursache lokalisiert, können Sie daran arbeiten. Bellt Ihr Hund dann, wenn es an der Tür klingelt oder sich Personen auf Ihrem Grundstück aufhalten, so wird dies als „Alarmbellen" bezeichnet. Damit möchte er Ihnen erzählen, was er bemerkt hat. Trotzdem soll hier kein übertriebenes Bellen stattfinden. Sie sollten versuchen, ihn abzulenken. Schicken Sie ihn zum Beispiel mit seinem Lieblingsspielzeug auf seinen Platz. Gehorcht Ihr Hund und kaut nun auf dem Spielzeug herum, anstatt zu bellen, so belohnen Sie ihn mit einem Leckerli. Üben Sie nun dieses Procedere jedes Mal dann aus, wenn Ihr Hund anfängt, zu bellen.

Sie können auch versuchen, Ihren Vierbeiner auf die zum Bellen auslösenden Geräusche zu desensibilisieren. Das nennt man auch Gegenkonditionierung. Dazu müssen Sie die Geräusche aufnehmen und dann Ihrem Vierbeiner vorspielen. Am Anfang machen Sie dies leise und steigern mit der Zeit die Lautstärke. Achten Sie darauf, dass die ursprünglichen Geräusche während der Zeit des Übens nicht auftreten, damit Ihr Hund nicht verunsichert wird. Denken Sie immer an die Belohnung, wenn Ihr Vierbeiner wie von Ihnen gewünscht reagiert. Mit der Zeit wird er sich an die Klänge gewöhnen und nicht mehr in einem großen Ausmaß bellen, sondern ruhig und gelassen bleiben.

Beim Verbellen von Katzen, Vögeln oder anderen Lebewesen auf Ihrem Grundstück hilft nur ein zuverlässiger Rückruf. Dies sollten Sie Ihrem Hund ohnehin frühzeitig beibringen, damit Sie ihn aus riskanten Situationen herbeirufen können. Auch hier arbeiten Sie mit Belohnungen in Form von Leckerlis. So lernt Ihr Hund, dass es sich lohnt, zu Ihnen zu kommen, wenn Sie ihn rufen. Er kann ja immer auf einen tollen Snack hoffen und seine Aufmerksamkeit wird auf Sie statt auf die Vögel und Katzen gerichtet.

Sollte Ihr Vierbeiner gerne die Fensterbank belagern und vorbeigehende Personen anbellen, so verweigern Sie ihm diesen Liegeplatz. Bieten Sie ihm stattdessen einen alternativen Platz an und lassen Sie ihn zum Beispiel mit seinem Lieblingsspielzeug spielen. Oder Sie geben ihm einen Kauknochen zur Beschäftigung. Im Garten kommt wieder der Rückruf zum Einsatz. Lassen Sie Ihr Tier, bis es sich das Bellen einigermaßen abgewöhnt hat, nicht alleine im Garten verweilen, damit Sie das Verhalten immer beobachten und gegebenenfalls einschreiten können.

Bellt Ihr Hund dann, wenn Sie das Haus verlassen und ihn alleine lassen müssen, so leidet er unter Trennungsangst. Hunde sind sehr soziale Tiere und leben gerne im Rudel, in Ihrem Fall in der Familie. Ist er alleine, fühlt er sich unwohl und vermisst Sie. Fangen Sie in kurzen Intervallen an, Ihren Vierbeiner in der Wohnung alleine zu lassen. Vielleicht verlassen Sie anfangs erst einmal nur den Raum, in dem sich Ihr Hund aufhält, und beobachten, wie er sich verhält. Lassen Sie die Zeiträume des Alleinseins immer länger werden. Ihr Hund muss lernen, dass er Ihnen vertrauen kann und dass Sie wiederkommen werden. Um ihn abzulenken, können Sie zum Beispiel das Radio laufen lassen. So hat er etwas, auf das er sich während Ihrer Abwesenheit konzentrieren kann. Vielleicht hilft auch ein Futterball oder Kauknochen, um Ihren Vierbeiner zu beschäftigen. Auf jeden Fall sollten Sie dafür sorgen, dass er schon ein wenig ausgelastet und müde ist, wenn Sie gehen müssen. Wahrscheinlich wird sich Ihr Hund dann auf seinen Platz begeben und Ihre Abwesenheit verschlafen. Gehen Sie also vorher mit ihm spazieren oder spielen Sie mit ihm. Wenn es dann so weit ist, dass Sie das Haus verlassen werden, machen Sie daraus kein Drama, also keine überschwängliche Verabschiedung oder dergleichen. Auch das nach Hause-Kommen sollten Sie nicht dramatisieren. Für Ihren Vierbeiner soll es völlig natürlich und in Ordnung sein, dass Sie aus dem Haus gehen, aber auch wiederkommen. Weiterhin sollten Sie Ihre „Weggehroutine" immer wieder ändern, damit Ihr Hund nicht schon vorher ängstlich reagiert, weil er ahnt, dass er gleich alleine sein wird. Beherzigen Sie diese kleinen Ratschläge, dann wird es Ihrem Hund nicht unangenehm sein, wenn er allein zu Hause bleibt.

Ihre Aufmerksamkeit mit Bellen zu erregen, könnte eine weitere Möglichkeit sein, warum Ihr Vierbeiner unentwegt kläfft. Hier hilft nur, ihn zu ignorieren. Reagieren Sie auch nur in irgendeiner Weise auf dieses Bellen, so glaubt Ihr Hund, er mache alles richtig. Er will Ihre Aufmerksamkeit und bekommt sie auch. Warten Sie einige Zeit ab, ob Ihr

Vierbeiner von allein mit dem Bellen aufhört. Wenn ja, belohnen Sie ihn ausgiebig mit Ihrer Aufmerksamkeit oder auch mit einem Leckerli. Wenn nein, dann geben Sie ihm das Kommando zum Setzen oder Ablegen auf seinem Platz. Hat er sich beruhigt und das Bellen eingestellt, belohnen Sie ihn.

Vielleicht hat Ihr Vierbeiner aber auch zu wenig „zu tun". Dann wird ihm sehr schnell langweilig und daraus könnte sich dann ein lästiges Kläffen entwickeln. Mit irgendetwas muss er sich ja beschäftigen und wenn sonst nichts da ist, wird eben lauthals gebellt. Hier hilft nur zusätzliche Beschäftigung. Gehen Sie öfter spazieren, trainieren Sie mehrmals täglich kleine Tricks oder spielen Sie ausgiebig mit Ihrem Begleiter. Sie werden schneller zum Erfolg kommen, als Sie denken.

Beim Spaziergang bellt Ihr Hund unentwegt andere Hunde an? Das kann zweierlei Ursachen haben – entweder, weil Ihr Hund nicht zu dem anderen kann, da er angeleint ist, oder aber er verspürt ein Unbehagen und hat Angst vor dem anderen Hund. In solchen Fällen sollten Sie sich professionelle Hilfe in einer guten Hundeschule suchen. Die Trainer sind bestens vorbereitet auf diese Probleme und können helfen, damit Ihr Hund wieder ruhig und gelassen reagiert, wenn Sie beide auf andere Artgenossen treffen.

Sollten alle hier vorgeschlagenen Tipps nicht wirklich Abhilfe schaffen, so fangen Sie auf keinen Fall an, Ihren Hund mit Bestrafungen dazu zu bringen, das Bellen einzustellen. Das wird nicht funktionieren. Vielleicht mag er weniger bellen, dafür seinen Frust aber an anderen Dingen auslassen. Das Problem wäre nicht behoben, sondern nur verschoben. Suchen Sie sich auch in diesem Fall Hilfe in einer nahegelegenen Hundeschule.

Angst vor der Autofahrt

Ganz sicher werden Sie nicht darum herumkommen, irgendwann einmal Ihren Hund im Auto befördern zu müssen. Hoffentlich gehört Ihr Vierbeiner zu denjenigen, die gerne im Auto mitfahren, denn dann können Sie entspannt jeder Autofahrt entgegensehen.

Ist allerdings das Gegenteil der Fall, müssen Sie auch nicht verzweifeln, es gibt viele Möglichkeiten, wie Sie Ihrem Hund die Angst nehmen können. Wie Sie das am besten machen, können Sie in diesem Kapitel erfahren.

Natürlich wäre es gut, zu wissen, was Ihrem Hund beim Fahren im Auto Angst einflößt. Hat er in der Vergangenheit vielleicht schlechte Erfahrungen gemacht? Führte ihn seine erste Fahrt zum Tierarzt? Das könnte er damit assoziieren und negativ auf das Autofahren deuten. Vielleicht mag Ihr Hund aber auch einfach nur das Geräusch des Motors nicht oder Ihre Fahrweise bereitet ihm Unbehagen. Möglich wäre auch, dass er ein Auto mit Schmerzen verbindet, weil ihm einmal versehentlich der Schwanz oder eine Pfote in der Tür eingeklemmt wurde. Es ist sicher nicht immer leicht, zu verstehen, warum Ihr Hund Angst vor dem Auto hat.

Dennoch können Sie Ihrem Liebling vermitteln, dass Ihr Auto keine Gefahr für ihn darstellt. Gehen Sie es aber ruhig und sinnig an, jeder kleine Fortschritt zählt. Die erste Maßnahme könnte sein, dass Sie ihm das Fahrzeug zeigen. Lassen Sie den Hund am stehenden Auto schnuppern, daran entlanggehen und ja... ein Rüde könnte jetzt auch sein Beinchen am Reifen erheben. Damit müssen Sie jetzt leben. Zeigt Ihr Vierbeiner jetzt keine Angst, loben Sie ihn natürlich ausgiebig. Wiederholen Sie diese Übung ein paarmal, bevor Sie zum nächsten Schritt übergehen.

Dieser könnte so aussehen, dass Sie jetzt den Motor von einer Hilfsperson starten lassen und Ihren Hund dann an das Fahrzeug heranführen. Strahlen Sie Ruhe und Gelassenheit aus, das überträgt sich auch auf Ihren Hund. Nun kann er von außen den unheimlichen „Blechkasten" inspizieren und sich so an das Geräusch des laufenden Motors gewöhnen. Bald wird er mit Ihrer Hilfe feststellen, dass ihm nichts passieren kann. Vielleicht sind hier mehrere Versuche nötig, bis sich Ihr Vierbeiner an das Auto herantraut. Wenn er nicht näher herangehen mag, zwingen Sie ihn nicht, sondern entfernen Sie sich und beschäftigen Sie sich anderweitig mit ihm. Probieren Sie es in angemessenen Abständen aber immer wieder, mit Ihrem Hund an das Fahrzeug mit laufendem Motor heranzugehen. Irgendwann wird er seine Angst überwinden und neugierig werden. Vergessen Sie nicht, ihn in diesem Fall ausgiebig zu belohnen.

Wenn Sie glauben, Ihr Vierbeiner könnte jetzt genug gefestigt sein, um die nächste Übung mit dem Auto zu beginnen, versuchen Sie Folgendes: Veranstalten Sie ein Leckerli-Suchspiel rund um das Fahrzeug. Lassen Sie ihn zuschauen, wie Sie neben, vor, hinter und im Auto die Leckereien deponieren. In den Kofferraum könnten Sie als kleine Hilfestellung eine bereits von Ihrem Hund benutzte Decke legen. Der bekannte Geruch wird es ihm erleichtern, hineinzuspringen. Nun lassen Sie ihn ein Leckerli nach dem anderen suchen, finden und naschen. Zeigen Sie ihm auch, dass im

Inneren des Fahrzeugs noch Leckereien auf ihn warten. Vielleicht mag er nicht gleich beim ersten Mal komplett ins Auto steigen, lassen Sie ihm Zeit und haben Sie Geduld. Ihr Hund wird bald merken, dass der Haufen Blech ungefährlich ist und gerne die Naschereien freigibt.

Hat es dann mehrmals hintereinander gut funktioniert und Ihr Liebling steigt ohne Angst in das Fahrzeug ein, wird es Zeit, die Türen zu schließen. Hierfür haben Sie eine Leckerei ausgesucht, mit der Ihr Tier einige Zeit beschäftigt sein wird, vielleicht einen Kauknochen, den es gerne mag. Liegt Ihr Vierbeiner nun entspannt kauend im Kofferraum, machen Sie die Tür zu. Gleich danach öffnen Sie das Auto aber wieder, um zu sehen, wie es ihm geht. Zeigt er Angstzustände, wiederholen Sie erst einmal die vorherigen Schritte, bevor Sie erneut damit beginnen, die Kofferraumklappe zu schließen. Auch hier wird Ihr Hund Ihnen bald vertrauen und verstehen, dass keine Gefahr droht.

Ist dies der Fall, lassen Sie den Kofferraum zu und starten den Motor. Haben Sie Ihren Hund immer im Blick, damit Sie seine Reaktion sehen und erkennen können. Beim ersten Mal lassen Sie das Auto nur kurz laufen und machen es gleich wieder aus. Bleibt Ihr Hund ruhig, verlängern Sie die Zeiträume, bis Sie so weit sind, die ersten Meter zu fahren. Auch diese Trainingseinheit sollten Sie anfangs sehr kurzhalten, um sie dann immer wieder zu verlängern. Bleibt Ihr Hund ruhig, fahren Sie einfach ein Stück mit ihm weiter, reagiert er ängstlich, belassen Sie es bei einem Ein- und Ausparken. Mit der Zeit wird die Angst verfliegen und vielleicht macht es ihm dann auch Spaß, im Auto zu fahren. Haben Sie Geduld und viele, viele Leckerlis... dann wird das Autofahren bald zur Freude.

Sturheit

Manchmal werden Hunde als stur bezeichnet, weil sie einfach nicht gehorchen wollen. Meist handelt es sich hier aber um ein Missverständnis, denn kein Hund ist stur oder gehorcht nicht, weil er seinen Menschen ärgern will. Vielmehr könnte es daran liegen, dass Ihr Hund einfach das Kommando noch nicht oder nicht richtig kennt und es deshalb für ihn nicht eindeutig ist. Möglicherweise sieht Ihr Vierbeiner aber auch keinen Vorteil darin, Ihnen gerade jetzt zu gehorchen, und ein Ungehorsam erscheint ihm daher lohnenswerter. Oder aber es sind äußere Reize, die ihn stören, weil er noch nicht gelernt hat, damit umzugehen.

Haben Sie nun den Eindruck, Ihr Vierbeiner wäre stur, müssen Sie am Training etwas ändern, damit es wieder interessant wird. Üben Sie in kleineren Zeitabständen und fangen Sie ohne äußere Reize und Ablenkungen an. Hat Ihr Hund die Lektion gelernt, erhöhen Sie den Schwierigkeitsgrad, indem Sie Ablenkungen mit einfließen lassen. Dies können Geräusche sein, die sonst nicht vorhanden sind, oder andere Personen befinden sich in der Nähe. Wenn ein Kommando auch mit den äußeren Reizen sitzt, üben Sie andere Kommandos auf die gleiche Weise. So wird Ihr Hund gefestigt und sich weniger ablenken lassen.

Wie immer ist hier viel Geduld von Ihnen gefragt. Ihr Hund hat eine sehr niedrige Frustrationstoleranz. Das bedeutet, dass er schnell frustriert ist, wenn eine Übung zu lange dauert oder zu schwer ist. Die Konzentration bleibt dann auf der Strecke und er wird müde und lustlos. Die Situation überfordert Ihren Vierbeiner und schnell wird er als stur abgestempelt. Das ist aber nicht der Fall. Deshalb lieber immer kurze Übungsintervalle einlegen, als ein stundenlanges Training zu absolvieren.

Überlegen Sie auch einmal, welcher Rasse Ihr Liebling angehört. Es gibt verschiedene Hunderassen, die als stur bezeichnet werden, es aber eigentlich gar nicht sind. Dazu zählen zum Beispiel Jagdhunde und Herdenschutzhunde. Solche Rassen sind darauf gezüchtet worden, selbstständig Entscheidungen zu treffen und auch die Befehle Ihres Herrchens manchmal in Frage zu stellen. Diese Hunde sind äußerst intelligent und sie folgen instinktiv nicht immer ihrem Menschen, weil sie alleine und ohne menschliche Hilfe agieren können und müssen. In diesem Fall sollten Sie sich selbst wieder interessanter für Ihren Hund machen, damit er Sie beachtet und auf Sie hört. Halten Sie immer Leckerlis bereit, die es für Ihren Hund lohnenswert machen, zu Ihnen zu kommen und Ihr Kommando zu befolgen. Haben Sie ein ausgesprochenes Leckermäulchen an Ihrer Seite, dürfte es nicht so schwierig werden, ihn zur Zusammenarbeit mit Ihnen zu motivieren. Ihre Überzeugungskraft in Form von Hundeleberwurst & Co. dürfte ausreichen, Ihrem Hund klarzumachen, dass es sich immer lohnt, auf Sie zu hören.

Hat Ihr Liebling kaum Interesse an Leckerlis, hilft nur eine ausreichende Beschäftigung. Vielleicht sollten Sie auch noch ein wenig an der Bindung zu Ihrem Hund arbeiten, denn wenn es hier Probleme gibt und die Bindung zwischen Ihnen beiden noch nicht sehr gefestigt ist, so wäre es nicht verwunderlich, dass der Gehorsam ausbleibt. Gegenseitiges Vertrauen ist die Basis und viel, viel Geduld die Würze dazu.

Beschäftigung für den King

Der kleine Cavalier King Charles Spaniel ist meist sehr anspruchslos in der Haltung, dafür fordert er aber einiges an Bewegungsmöglichkeiten ein. **Ausgiebige Spaziergänge** gehören zu seinen Lieblingsbeschäftigungen.

Ideal ist er als **Begleithund für Reiter** geeignet. Da er zu den nicht jagenden Hunderassen gehört und in keiner Weise nervös wird, läuft er folgsam und aufmerksam neben dem Pferd her.

Die Hundesportart **Agility** ist beim Cavalier besonders beliebt. Leidenschaftlich nimmt er die kleinen Hindernisse und mit voller Begeisterung ist er bei den Geschicklichkeitsübungen dabei.

Der Cavalier King Charles Spaniel besitzt eine große Auffassungsgabe und lernt schnell. Das **Dog-Dancing** ist für ihn ein wahrer Spaß. Sie werden mit ihm schnell eine schöne Choreografie einstudiert haben und das Tanzbein bzw. die Tanzpfote schwingen können.

Weiterhin können Sie mit ihm kleine **Kunststücke** einstudieren oder ihm verschiedene **Apportierspiele** anbieten. Der kleine Cavalier ist für jede Abwechslung zu haben.

Beschäftigung für den Cocker

Der Cocker Spaniel braucht viel Bewegung und Beschäftigung. **Lange Spaziergänge in der Natur** liebt er besonders und als passionierter Jäger sind **Apportierspiele**, die **Fährtensuche** und das **Stöbern** bestens geeignet für ihn.

Im Wasser fühlt sich diese Rasse sehr wohl und Sie werden ihn deshalb kaum aufhalten können, wenn Sie bei Ihren Spaziergängen an einem See oder Bach vorbeikommen. Der Cocker liebt das **Schwimmen** und kann dies auch recht gut.

Sind Sie selbst ein wenig sportlich engagiert, nehmen Sie Ihren Cocker doch zum **Joggen** oder am **Fahrrad** mit. Er wird für diese abwechslungsreiche Bewegungsmöglichkeit sehr dankbar sein.

Ernährung

Eine herkömmliche Ernährung des Hundes findet in der Regel über Trocken- oder Nassfutter statt. Die im Handel erhältlichen Sorten enthalten alle Nährstoffe, Vitamine und Spurenelemente, die Ihr Vierbeiner für ein gesundes Leben benötigt. Wenn Sie sich an die Mengenangaben des Herstellers halten, können Sie eigentlich nichts falsch machen. Möglicherweise müssen Sie vielleicht die Rationen etwas nach oben oder unten anpassen, je nachdem, wie Ihr Vierbeiner das Futter verwertet.

Die Hundeernährung hält aber noch mehr Möglichkeiten parat, um einen Hund vollwertig zu ernähren. Zudem rät der Tierschutzbund, nicht nur eine Futtersorte im gesamten Hundeleben zu verwenden, sondern dieses regelmäßig zu wechseln. So können Sie tatsächlich sicherstellen, dass Ihr Vierbeiner immer abwechslungsreiches und ausgewogenes Futter bekommt. Weiterhin verhindern Sie mit dem Wechsel des Futters, dass Ihr Hund nur dieses eine Futter annimmt. Um für noch mehr Abwechslung zu sorgen, können Sie auch gekochte Kartoffeln, Gemüse oder Reis untermischen.

Nun sind Sie aber immer noch ratlos, ob Sie Nass- oder Trockenfutter geben möchten oder doch vielleicht eine ganz andere Art der Ernährung in Betracht ziehen sollten? Alles hat Vor- und Nachteile. Vielleicht hilft Ihnen folgendes Kapitel in Ihrer Entscheidung weiter.

TROCKEN- ODER NASSFUTTER?

Ob Sie sich nun für Nassfutter aus der Dose oder für Trockenfutter aus der Tüte entscheiden, ist erst einmal völlig irrelevant. Wichtig sind in erster Linie die Inhaltsstoffe, damit Ihr Hund optimal versorgt ist. Achten Sie vor allem auf die Bezeichnung „Alleinfuttermittel", denn hier sind alle wichtigen Nährstoffe enthalten. Nun kommt es ganz auf Ihre Ansprüche an, die ein Hundefutter erfüllen soll. Letztendlich sollte auch die Geschmacksvorliebe Ihres Vierbeiners in die Entscheidung einfließen.

Der größte Unterschied ist wohl im Feuchtigkeitsgehalt zu finden. Dieser beträgt bei einem Trockenfutter höchstens 14 %. Bei einem Nassfutter kann bis zu 85 % Feuchtigkeit enthalten sein.

Das hat zur Folge, dass sich das Trockenfutter im Napf länger hält, während Sie übriggebliebenes Nassfutter alsbald entsorgen müssen.

Ist Ihr Hund ein „Trinkmuffel", fahren Sie mit einem Nassfutter wesentlich besser, da er über die Nahrung viel Feuchtigkeit aufnehmen kann. Bei der Fütterung von Trockenfutter müssen Sie extrem darauf achten, dass Ihr Liebling genug Wasser zu sich nimmt, denn die Trockenfutterbrocken quellen im Magen auf.

Trockenfutter lässt sich einfacher handhaben als Nassfutter. Sie können es besser lagern, weil die Nassfutterdosen in der gleichen Menge viel mehr Platz einnehmen würden.

Zudem lässt sich der Fressplatz einfacher reinigen, denn verkleckertes Fressen können Sie schnell mit einem Besen beseitigen. Bei der Fütterung von Nassfutter hingegen werden Sie in einem solchen Fall einen Feudel brauchen, um die „Sauerei" wieder zu entfernen.

Wenn Sie gerne mit Ihrem Hund verreisen, ist die Gabe von Trockenfutter viel angenehmer. Sie können einen solchen Sack besser transportieren und die Fütterung an sich ist auch einfacher.

Entscheiden Sie sich für die Fütterung von Trockenfutter, so braucht der Hund eine deutlich geringere Menge als Tagesration, denn es enthält sehr viel mehr Energie als die feuchte Variante aus der Dose. Sie bekommen Ihren Vierbeiner also wesentlich besser satt.

Das hat zur Folge, dass auch weniger Verpackungsmüll anfällt und die Kosten allgemein geringer sind. Zudem müssen Sie nicht so große Mengen kaufen und nach Hause schleppen.

Sollten Sie Ihrem Hund die Entscheidung überlassen, würde er wahrscheinlich eher zum Nassfutter tendieren. Das liegt schon allein am Geruch, denn dieser ist sehr viel intensiver und appetitanregender als beim Trockenfutter.

Vielleicht kommt eine Kombination aus beiden Varianten in Frage. Dies hätte den Vorteil, dass Sie auf die Vorzüge des Trockenfutters, besonders dann, wenn Sie mit Ihrem Hund unterwegs sind, nicht verzichten müssten und Ihr Vierbeiner kommt mit dem Nassfutter auch auf seine geschmacklichen Kosten.

Beachten Sie hier aber die empfohlene Tagesration. Diese sollte eingehalten werden, damit Ihr Hund weder zu dünn noch zu dick wird.

Weiterhin sollte er keine wiederkehrenden Verdauungsbeschwerden haben oder unter sonstigen Unverträglichkeiten leiden. Dies kann dann schnell zu Durchfall, aber auch zu Verstopfung führen.

Gesundheitliche Vorteile hat Ihr Vierbeiner durch die Kombination von Nass- und Trockenfutter nicht. In beiden Ernährungsmöglichkeiten sind alle wichtigen Vitamine und Nährstoffe enthalten.

SOFTFUTTER / SEMI-MOIST

Auf dem Markt ist eine Zwischenvariante von Trocken- und Nassfutter erhältlich. Dies nennt sich Softfutter und trägt manchmal auch die Bezeichnung „Semi-Moist". Der Feuchtigkeitsgehalt dieses Futters beträgt zwischen 20 % und 40 %.

In diesem Softfutter ist ein hoher Fleischanteil zu finden. Dieser Umstand macht es für den Hund besonders schmackhaft. Ebenso sind alle wichtigen Vitamine und Nährstoffe enthalten. Die Konsistenz ist weich und saftig und der Geruch etwas intensiver als beim Trockenfutter.

Das Softfutter ist allgemein gut verträglich und leicht verdaulich. Auch ältere Hunde, deren Zähne nicht mehr einwandfrei sind, kommen damit gut zurecht. Es stellt eine echte Alternative zu den herkömmlichen Futtermitteln dar.

Allerdings muss auch hier die Bezeichnung „Alleinfuttermittel" vorhanden sein, denn sonst sind nicht alle wichtigen Nährstoffe enthalten, die Ihr Vierbeiner für eine ausgewogene Ernährung braucht.

ODER LIEBER EINE „MODERNE" ERNÄHRUNG?

Aber Trocken- oder Nassfutter ist noch lange nicht alles in der Hundeernährung. Es gibt noch viele weitere Möglichkeiten, Ihrem Hund ausgewogenes Futter zukommen zu lassen. Vielleicht gehören Sie zu den vegetarischen Hundebesitzern und fragen sich, ob auch Ihr Vierbeiner mit einer solchen Ernährungsweise zurechtkommen würde. In den nachfolgenden Kapiteln erfahren Sie mehr über diese „modernen" Arten der Hundefütterung.

Selbstgekochtes

Wenn Sie für Ihren Hund selbst kochen möchten, so hat dies den Vorteil, dass Sie sehr genau wissen, was im Futter enthalten ist. Hier gibt es keine künstlichen Zusätze oder Konservierungsstoffe.

Allerdings sollten Sie in diesem Fall über eine ausreichende Lebensmittelkunde verfügen, denn Sie müssen sicherstellen, dass Ihr Vierbeiner alle Nährstoffe und Vitamine zugeführt bekommt, die er für ein gesundes Hundeleben braucht.

Es ist empfehlenswert, dass Sie sich von Ihrem Tierarzt beraten und einen Futterplan aufstellen lassen. So minimieren Sie die Gefahr einer Unter- oder Überversorgung mit Nährstoffen.

Achten Sie bei Ihrer Zusammenstellung, dass Sie keine Lebensmittel verwenden, die Ihr Hund nicht verträgt. In einem späteren Kapitel können Sie sich darüber informieren.

Vegan & vegetarisch

Wissenschaftliche Studien haben belegt, dass ein Hund sowohl vegetarisch als auch vegan ernährt werden kann, solange sichergestellt ist, dass alle nötigen Vitamine und Mineralstoffe vorhanden sind. Ob diese nun aus tierischen oder pflanzlichen Produkten stammen, ist letztendlich egal.

Ihr Hund sollte körperlich gesund sein und auch kein spezielles Futter aufgrund einer Erkrankung benötigen. Zudem sollte er in seiner Verdauung unempfindlich sein und natürlich schon von sich aus ein wirklicher „Allesfresser“ sein. Dann können Sie es mit einer fleischlosen Ernährung versuchen.

Auch bei dieser Art der Ernährung müssen Sie für eine ausgewogene Zusammensetzung sorgen. Das bedeutet, dass Sie jede Zutat exakt abwiegen müssen. Gute Kenntnisse in der Lebensmittelkunde sind bei dieser Ernährungsart unerlässlich.

Lassen Sie sich unbedingt von Ihrem Tierarzt beraten, wenn Sie Ihren Hund vegetarisch oder vegan ernähren möchten. Ein genauer Futterplan muss erstellt werden und Sie sollten Ihren Vierbeiner in regelmäßigen Abständen in der Praxis vorstellen, um eine eventuelle Mangelernährung frühzeitig zu erkennen.

Die Vorteile einer vegetarischen/veganen Ernährung finden Sie in den Zutaten der Mahlzeiten. Sie wissen ganz genau, was Sie Ihrem Liebling anbieten. Es ist frei von jeglichen industriellen Zusätzen oder Konservierungsstoffen. Zudem können Sie schnell gegensteuern, sollte sich einmal eine Futtermittelunverträglichkeit einstellen.

Der Nachteil liegt in der Genauigkeit, mit der Sie Ihrem Vierbeiner die Rationen zubereiten müssen. Es erfordert einen erheblich größeren Zeitaufwand als die herkömmliche Ernährung mit Fertigfuttermitteln.

BARF

Das Barfen wird immer beliebter bei den Hundehaltern. Der Begriff „BARF" steht für „Biologisch artgerechtes rohes Futter". Der Hintergrund ist in der Ernährungsweise des Wolfes zu finden. Alle Hunde stammen von ihm ab und so glauben viele Hundebesitzer, dass diese Art der Fütterung die Natürlichste sei.

So werden mit rohen Zutaten (einige dürfen nur gekocht angeboten werden) wie Fleisch, Gemüse, Getreide und Obst sowie hin und wieder auch Knochen die Mahlzeiten für den Hund zubereitet. Um den Bedarf an Nährstoffen und Vitaminen sicherzustellen, müssen Fette und entsprechende Nahrungsergänzungsmittel zugefügt werden.

Werden bei dieser Art der Fütterung über längere Zeit Fehler gemacht, so kann der Hund einen erheblichen gesundheitlichen Schaden davontragen. Meist wird zu viel Fleisch gefüttert oder es wird nicht darauf geachtet, geeignete Kohlenhydrate oder Mikronährstoffe zu verwenden.

Eine reine Fütterung von Muskelfleisch würde zum Beispiel schnell zu einer Unterversorgung mit Nährstoffen führen. Daher sollten auch Sehnen, Organe und Bindegewebe in die Ernährung einbezogen werden. Aber der Hund ist kein reiner Fleischfresser, sondern ein Allesfresser, weshalb er auch pflanzliche Kost benötigt.

Deshalb müssen Sie auch hier darauf achten, dass eine ausgewogene Ernährung stattfindet. Die Beratung bei einem Tierarzt ist unerlässlich, denn es muss ein genauer Futterplan aufgestellt werden.

Der Vorteil des Barfens ist sicherlich die eigene Kenntnis darüber, was Sie Ihrem Hund in den Napf füllen. Es sind keine Zusatzstoffe oder Konservierungsstoffe enthalten. Bei einer Unverträglichkeit können Sie das entsprechende Lebensmittel weglassen oder durch ein anderes ersetzen. Dem Barfen wird nachgesagt, dass der auf diese Weise ernährte Hund weniger Körpergeruch aussendet, ein glänzenderes Fell bekommt und die

Zahngesundheit sowie das allgemeine Wohlbefinden um ein Vielfaches besser sind.

Die Nachteile liegen in der Gefahr einer Über- oder Mangelernährung. Die Futterrationen müssen sehr genau abgewogen werden, um eine optimale Versorgung mit Mineralstoffen und Vitaminen zu gewährleisten. Die Lagerung der „Hundelebensmittel" ist nicht immer einfach. Es sollte ein separater Kühl- und Gefrierschrank zur Verfügung stehen. Auch das verwendete Geschirr sollte nur für die Zubereitung des Hundefutters dienen. Der Umgang mit rohem Fleisch ist nicht jedermanns Sache. Die Küchenhygiene muss dringlichst eingehalten werden, damit keine Bakterien und Keime übertragen werden. Der Zeitaufwand ist sehr hoch. Sie müssen die Zutaten entsprechend vorbereiten, zerkleinern und einige auch kochen.

Getreidefrei

Die Verdauung des Hundes hat sich in der gesamten Zeit der Evolution dahingehend angepasst, dass auch Nahrung mit Getreide gut vertragen wird. Während der Wolf Probleme hat, die enthaltene Stärke vollständig zu verdauen und zu verwerten, ist dies beim Hund nicht (mehr) der Fall. Deshalb muss nicht unbedingt darauf geachtet werden, ob Getreide im Futter enthalten ist oder nicht. Es sollte nur in einem ausgewogenen Verhältnis zur Fleischzutat stehen.

Im Futter enthaltenes Getreide sorgt für einen ausreichenden Energiebedarf des Hundes. Somit wird er mit Kohlenhydraten, Fetten, Mineralstoffen, pflanzlichen Eiweißen und Spurenelementen sowie Vitaminen versorgt. Meist werden Roggen, Dinkel, Reis oder Weizen beigemengt.

Wird eine Ernährung ohne Getreide vorgezogen, so werden die üblichen Getreidesorten in der Regel durch Kartoffeln, Quinoa, Buchweizen, Amaranth oder Erbsen ersetzt.

Nun kann es aber in bestimmten Fällen notwendig werden, auf Getreide im Hundefutter zu verzichten. Meist steckt eine Allergie oder eine Futtermittelunverträglichkeit dahinter. Auslöser kann das im Getreide enthaltene Gluten sein. Jedoch ist dies recht selten der Fall.

Leidet Ihr Hund unter Diabetes, so sollten Sie darauf achten, dass weniger Getreide in der Ernährung zum Einsatz kommt. Die enthaltene Stärke kann den Blutzuckerspiegel in die Höhe schnellen lassen.

Bei solchen gesundheitlichen Problemen könnte eine Ernährung ohne Getreide sinnvoll erscheinen. Lassen Sie sich von Ihrem Tierarzt beraten, ob ein getreidefreies Futter für Ihren Hund in Frage kommt.

Monoprotein

Ein herkömmliches Hundefutter ist mit vielen Eiweißen bzw. Proteinen ausgestattet. Der Hauptlieferant dieser Proteine ist Fleisch. Jedoch wird hier meist nicht auf eine Fleischsorte zurückgegriffen, sondern es können sich mehrere verschiedene Sorten Fleisch im Futter befinden. Wird zum Beispiel als Hauptbestandteil Rind angegeben, bedeutet das nicht unbedingt, dass auch wirklich nur Rindfleisch enthalten ist.

Bei einem als „monoprotein" ausgezeichnetem Futter ist das anders. Hier stammen die Proteine tatsächlich nur aus einer einzigen Fleischsorte. Die Arten des Fleisches können allerdings unterschiedlich sein. So kann ein solches Futter Muskelfleisch, Innereien und Knochen enthalten, jedoch immer nur von einer Tierart. Doch warum ist ein solches Futter sinnvoll für den Hund?

Liegt bei Ihrem Vierbeiner zum Beispiel eine Futtermittelunverträglichkeit vor, so kann eine Ernährung mit Monoprotein-Futter für eine bessere Verträglichkeit sorgen. Bei einer Unverträglichkeit reagiert der Hund auf bestimmte tierische und pflanzliche Eiweiße. Hier kann mit einem Monoproteinfutter gegengesteuert werden. Die erhältlichen Fleischsorten sind in der Regel gut verdaulich und der Vierbeiner leidet deutlich weniger unter den Folgen der Allergie.

Bei dieser Art der Fütterung stehen Fleischsorten wie Lamm, Wild, Pute und Huhn zur Verfügung. Des Weiteren sind auch exotische Sorten wie Strauß, Wasserbüffel, Insekten, Ziege, Känguru und Pferd erhältlich.

Solche Futtersorten werden von allen Hunden meist gut akzeptiert. Zudem kommt es einer natürlichen Ernährung recht nahe, denn in freier Wildbahn frisst der Wolf oder ein Wildhund auch nicht unterschiedliche Sorten Fleisch. Auch wenn Ihr Vierbeiner nicht unter irgendwelchen Krankheiten leidet, können Sie bedenkenlos auf diese Art der Fütterung zurückgreifen, denn Sie beugen somit der Gefahr, an einer Futtermittelunverträglichkeit zu erkranken, vor.

LECKERLIS = KALORIENBOMBEN?

Wahrscheinlich werden Sie während der Erziehung Ihres Hundes mit der positiven Verstärkung arbeiten. Dies ist eine belohnungsbasierte Art der Ausbildung. Die Belohnungen können in Form von Streicheleinheiten, Spielchen und Leckerlis ausfallen. Meist wird hier viel mit Letzterem, also den Leckerlis, gearbeitet.

Das bedeutet allerdings, dass Sie den Einsatz der Naschis gut überdenken sollten. Viele Leckereien enthalten zu viel Zucker, was sich wiederum im Gewicht Ihres Vierbeiners bemerkbar machen könnte. Damit er nun nicht aufgeht wie ein Hefekuchen, haben Sie zwei Möglichkeiten:

Entweder Sie reduzieren die tägliche Futterration Ihres Vierbeiners oder aber Sie greifen auf kalorienarme Leckerlis zurück. Diese sind in einem gut sortierten Handel für Tiere erhältlich. Wahrscheinlich könnten sie etwas geschmacklos für den Hund sein. Wenn Sie Ambitionen zum Backen besitzen, ist es ganz einfach, selbst gesunde Leckereien für Ihren Liebling herzustellen.

UNGENIESSBARE LEBENSMITTEL

Einige Lebensmittel, die Sie wie selbstverständlich auf Ihrem Tisch haben, sind für Hunde nicht genießbar oder sogar giftig. Die folgende Liste ist nicht vollständig. Im Zweifelsfall fragen Sie immer Ihren Tierarzt.

- Zwiebeln und Knoblauch
- Weintrauben und Rosinen
- Nüsse
- Rohes Schweinefleisch und Knochen
- Geflügelknochen
- Gekochte Knochen
- Kaffee und Tee
- Süßstoff, Birkenzucker und Xylit
- Schokolade und Kakao
- Alkohol
- Obstkerne

Wenn Sie die Vermutung haben, Ihr Vierbeiner könnte etwas Ungenießbares oder Giftiges zu sich genommen haben, so suchen Sie bitte umgehend Ihren Tierarzt auf.

Erfahren Sie nun noch mehr über die Hundeernährung im Allgemeinen:

Damit der Mensch verstehen kann, welche Nahrung Hunde zu sich nehmen beziehungsweise zu sich nehmen müssen, ist es wichtig, einen Blick auf das Verdauungssystem zu werfen. Hierbei geht es nicht um den Haushund, sondern vielmehr um den Vorfahren des Hundes: den Wolf. Trotz Volksgeschichten ist der Wolf kein reiner Karnivor. Er nimmt nicht ausschließlich Fleisch zu sich. Stattdessen ernährt er sich von Gräsern, Wurzeln, Kräutern und Beeren, wenn er kein Wild reißen konnte. Ein Wolf verzehrt seine gerissene Beute bis auf Fell, Haut und große Knochen. Daraus können verschiedene Schlussfolgerungen gezogen werden. Einerseits verweist dies auf eine fleischhaltige Ernährung, andererseits kann es zudem zu Argumentationen kommen, die weniger Fleisch bis gar kein Fleisch beinhalten, doch bevor sich für eine der Argumentationen entschieden werden kann, ist es wichtig, zu erläutern, dass der Hundemagen und das Verdauungssystem eines Hundes deutlich empfindlicher sind als bei einem Menschen. Bei Menschen kann es zu Kurzzeitproblemen kommen, wenn den nutritiven Grundbedürfnissen nicht nachgekommen wird. Diese Kurzzeitprobleme zeigen sich in Defiziten, welche leicht behoben werden können. Bei Hunden allerdings kommt es unweigerlich zu Langzeitproblemen, wenn ihnen die falsche Ernährung zugeführt wird. Diese Probleme zeigen sich sehr schnell und können sich rapide verschlechtern. Es kommt zu Krankheiten wie Diabetes, Krebs, Gelenkerkrankungen sowie zu Haut-, Skelett- und Herz-Kreislauf-Erkrankungen.

Hoch angepriesen wird das BARFen – »biologisch artgerechtes rohes Futter«. Diese Form von Ernährung konzentriert sich auf das Zubereiten von hochwertigen Mahlzeiten bestehend aus rohem Fleisch, Knochen, Innereien und Organen mit wenig Obst und Gemüse. Diese Form der Ernährung wird als besonders artgerecht bezeichnet, da sie der Futteraufnahme von Wölfen am nächsten erscheint. Wölfe allerdings haben ein Gespür dafür, wenn ihnen gewisse Vitamine und Mineralien fehlen. Aufgrund dessen können sie in der Natur nach unkonventionellen Pflanzen suchen, die ihnen die fehlenden Wirkstoffe geben. Bei Hunden funktioniert dies nicht, da sie von ihrem Halter gefüttert werden und sich ihre eigene

Nahrung nicht aussuchen können; sie können ihren eigenen Vitaminhaushalt nicht regulieren. Beim BARFen kann es daher schnell zu einer Unterversorgung kommen, wenn nicht auf eine durchaus komplizierte Zusammensetzung der richtigen Spurenelemente, Mineralien und Vitamine geachtet wird. Professionelle Hundetrainer und Influencer der heutigen Zeit sind sehr von diesem Trend begeistert, während Veterinäre oft vom BARFen abraten.

Nicht zu vergessen ist, dass das BARFen viel Zeit beansprucht, zudem handelt es sich um eine hochwertige Kost, die sich nicht jeder leisten kann. Wer Welpen und Junghunde trainiert, sollte zudem dringlichst darauf achten, BARFen zu vermeiden, da es ansonsten zu dem Gegenteil einer Unterversorgung kommen kann – zu einer Überversorgung. Bei Welpen kann es zu einer ähnlichen Reaktion kommen wie bei der Überdosierung von Medikamenten beziehungsweise Drogen bei Menschen. Auch kranke sowie übergewichtige Hunde dürfen nicht geBARFt werden.

Wer die richtige Recherche betreibt, seinen Hund genau kennt, sich mit Veterinären auseinandersetzt, den biologischen Haushalt des Hundes kennt und vor den Kosten nicht zurückschreckt, der kann dennoch das BARFen als eine hochwertige Alternative betrachten. Wichtig ist, dass einem strengen Ernährungsplan gefolgt wird. Dieser sollte von einem Fachtierarzt speziell im Bereich der Tierernährung abgesegnet sein. Zudem muss ein Halter wissen, welche Nahrungsmittel ein Hund fressen darf.

In den Bereichen von Fleisch ist beinahe alles ungefährlich. Speziell kann sich zwischen Kopffleisch, Muskelfleisch und ausgewählten Organen entschieden werden. Zu diesen zählen Niere und Herz, Milz und Leber, Pansen, Schlund und Blättermagen. Knochen liefern wichtige Spurenelemente und Kalzium sowie Magnesium. Es muss lediglich darauf geachtet werden, dass die Knochen nicht zu groß sind und zudem nicht gekocht werden. Gekochte Knochen, wie beispielsweise in Hühnergerichten, haben eine hohe Splittergefahr und können die Speiseröhre massiv verletzen. Dasselbe gilt für Fisch. Fischköpfe können verzehrt werden, doch im Bereich des Körpers gibt es zu viele Gräten, die splittern können. Des Weiteren sollte darauf geachtet werden, dass Schweineorgane und Schweinefleisch aufgrund von verschiedenen Krankheiten und Bakterien nur gekocht serviert werden dürfen.

Beim BARFen stellen Fleisch, Knochen und Organe die Hauptportion dar. Komplementiert werden kann diese Portion mit Gemüse und Obst. Zu den verschiedenen Gemüsesorten, die den meisten Hunden schmecken und sich zudem positiv auf das Kreislaufsystem auswirken, zählen Karotte, Spinat, Blattsalat und Sellerie, Pastinaken und Brokkoli. Auf Zwiebeln und Avocado sollte allerdings verzichtet werden und wer Kartoffeln servieren möchte, der muss darauf achten, diese vorher gut zu kochen. Es mag für manche Menschen komisch erscheinen, einen Hund mit Kartoffeln zu füttern, doch geriebene Kartoffeln sind ein guter Weg, um Medikamente oder Mineralpulver in das Futter unterzumischen.

Obst dagegen hilft dem Verdauungssystem und es können besonders viele Obstsorten verwendet werden. Dazu gehören Äpfel, Aprikosen, Brombeeren, Bananen und Birnen, Erdbeeren, Heidelbeeren und Hagebutten, Honigmelonen, Himbeeren, Johannisbeeren in geringen Maßen, Mirabellen, Wassermelonen, Kirschen, Kiwis, Pflaumen, Pfirsiche und Stachelbeeren in geringen Maßen. Vermieden werden sollten Rosinen und Trauben, da diese den Darm nicht nur überreizen, sondern zu Diarrhö und Verstopfungen führen können.

Obst und Gemüse reichen allerdings nicht aus, um den Vitaminhaushalt aufrechterhalten zu können. Damit es zu keinen Defiziten kommt, kann zudem mit Kräutern gearbeitet werden. Dabei kann es sich um gepflückte Kräuter handeln, die kleingeschnitten werden, oder um Kräuteröl. Hierzu zählen Basilikum, Alfalfa, Borretsch, Brombeerblätter und Bohnenkraut, Dill, Fenchel, Estragon, Löwenzahn, Kümmel, Minze und Kamille sowie Mangold, Petersilie, Majoran, Thymian und Oregano.

Vor allem auf die Qualität des Fleisches sollte Wert gelegt werden. Es ist wichtig, dass es sich um qualitativ hochwertiges Fleisch handelt, damit es zu einem ausgewogenen Mineralspiegel kommen kann. Auf Fleisch aus dem Supermarkt sollte verzichtet werden, da dieses nicht frei von Aromen, Konservierungsstoffen und Farbstoffen ist. Zudem sollte auf die Inhaltsstoffe verzichtet werden, die sich in günstigem Hundefutter befinden. Unter anderem zählen dazu Hufe und Zähne, Federn, Fell, Haut und Krallen sowie Gedärme und überschüssiges Blut, welches mit Urin und Kot verschmutzt sein kann. Als gefährlich hat sich vor allem der Verzehr von Geschlechtsorganen und hormonhaltigen Drüsen herausgestellt. Günstiges Hundefutter kann beinahe kostenfrei verkauft werden, da es sich bei den Inhaltsstoffen um das handelt, was von einem Metzger oder der Industrie nicht weiterverwendet werden kann. Es sind Reste, die nicht innerhalb von hochwertigen Produkten verarbeitet werden können.

Das BARFen beinhaltet einen hohen Zeit- und Kostenaufwand. Nicht jeder kann diesem Lifestyle nachkommen. Wer dies nicht kann, der kann sich an Produkte aus dem Supermarkt halten. Darauf geachtet werden sollte, dass diese Produkte von hochwertiger Qualität sind. Um dies zu überprüfen, lohnt sich ein Blick auf die Rückseite. Dort sind alle Inhaltsstoffe abgedruckt. Speziell geachtet werden muss darauf, dass sich in diesen Produkten kein Schlachtabfall, keine Nebenprodukte, keine Zusatzstoffe und kein Getreide befindet. Erscheinen die auf der Verpackungsrückseite abgedruckten Inhaltsstoffe als unklar, sollte auf diese Produkte verzichtet werden.

Trockenfutter oder Nassfutter?

Wie so oft gibt es sowohl für Trockenfutter als auch für Nassfutter Vor- und Nachteile, die für oder gegen die Verfütterung sprechen. Grundsätzlich enthalten beide Futterarten, wenn sie als Alleinfuttermittel deklariert sind, alle notwendigen Nährstoffe, Vitamine und Mineralstoffe, die ein Hund benötigt. Unterschiede gibt es allerdings in der Qualität der einzelnen Inhaltsstoffe und der verwendeten Nahrungsmittel sowie in der Verfügbarkeit der Nährstoffe und der Verträglichkeit. Letztendlich müssen Sie entscheiden, welche Fütterungsart Sie für die beste halten. Jedes im Handel angebotene Fertigfutter, egal, ob es sich um Trocken- oder Nassfutter handelt, können Sie bedenkenlos an Ihren Hund weiterreichen. In Deutschland findet eine sehr strenge Überwachung bei der Herstellung von Tierfuttermitteln statt. Es dürfen nur solche Zutaten und Inhaltstoffe verwendet werden, die einem Tier nicht schaden, sondern es gesund erhalten. Auch, wenn Sie von im Futter enthaltenen Schlachtabfällen lesen, ist dieses auf keinen Fall ungesund für Ihren Hund, denn dabei handelt es sich immer um Fleisch, welches auch für die menschliche Ernährung in Frage kommen würde. Es sind lediglich Produkte, die heutzutage in der Küche keine Verwendung mehr finden, früher aber gang und gäbe in der Ernährung waren. Scheuen Sie sich also nicht, wenn Sie die Mahlzeiten Ihres Hundes nicht selbst zubereiten möchten oder können, auf Fertigfuttermittel aus dem Handel zurückzugreifen.

Die meisten Hunde vertragen Trockenfutter recht gut, da sie in der Regel genügend Wasser aufnehmen. Allerdings ist der Anteil an Kohlenhydraten recht hoch. Aus produktionstechnischen Gründen besteht die Nahrung zu 30 % aus Stärke. Hunde verdauen auch Kohlenhydrate. Sie ist daher ein großer Energielieferant. Es besteht die Gefahr, dass Hunde, die viel Trockenfutter bekommen, dick werden, ohne jemals satt zu sein.

Da das Futter nicht stinkt, selbst wenn es über Tage in Napf bleibt, neigen viele Hundebesitzer dazu, ständig Trockenfutter im Napf zu lassen. Sobald er leer ist, füllen sie ihn auf. Leider fressen viele Hunde, bis nichts mehr in den Magen passt, ein Erbe des Wolfes. Dieser musste so handeln, denn er wusste nicht, wann er wieder eine Beute schlagen würde. Es ist also nicht ratsam, einem Hund beständig Zugang zum Futter zu gewähren.

Das fleischige Aussehen trügt. Trockenfutter ist kein getrocknetes Fleisch, sondern ein Gebäck, das meist im Extrusionsverfahren hergestellt wird. Eine Maschine presst einen Teig mit hohem Druck und Wasserdampf in eine Form. Die Hitze schließt dabei die Kohlenhydrate auf, das macht sie leichter verdaulich. So entstehen Kroketten, die vermutlich kein Hund anrühren würde. Erst ein Überzug aus Fett, Vitaminen und Eiweiß macht sie für die meisten Hunde interessant.

Zusammensetzung von Trockenfutter (Beispiel)

	Billiges Futter	**Spezialfutter**
Zusammen-setzung	Getreide Fleisch und tierische Nebenerzeugnisse pflanzliche Nebenerzeugnisse Öle und Fette Gemüse Mineralstoffe	Reis getrocknetes Huhn Möhren Hühnerfett Vollei Rapsöl Inulin Leinöl Hefe
Protein	19%	24,6 %
Fett	7,5 %	14 %
Rohasche	7,5 %	5,6 %
Rohfaser	3 %	1,3 %

Das hochwertige Futter enthält deutlich mehr Protein und Fett. Außerdem wissen Sie, welches Getreide und welches Fleisch darin ist. Tierische und pflanzliche Nebenerzeugnisse sind im Spezialfutter nicht vorhanden. Wenn Sie also Trockenfutter verfüttern wollen, halten Sie sich genau an die Dosierung und entscheiden Sie sich für ein hochwertiges Produkt.

Selbstgekochtes Essen

Alles, was Ihr Hund wirklich fressen darf, können Sie selbstverständlich auch selbst kochen und zubereiten. Achten Sie darauf, dass Sie die Mahlzeiten für Ihren Vierbeiner nicht zu stark würzen, am besten gar nicht. Bestimmte Gewürze sind schädlich für die Gesundheit Ihres Hundes und auch hier gilt: Informieren Sie sich gut über die Inhaltsstoffe eines jeden Nahrungsmittels, damit Ihr Liebling keine Mangelernährung erleiden muss. Ihr Tierarzt wird Ihnen mit Rat und Tat zur Seite stehen.

Trockenfutter oder Nassfutter?

Sie können bedenkenlos zu herkömmlichem Trocken- oder Nassfutter aus dem Handel greifen. Die meisten Hundebesitzer wählen diese Art der Fütterung, weil es am einfachsten ist. Fällt die Wahl auf ein Trockenfutter, muss immer frisches Wasser bereitstehen, damit Ihr Hund genug Feuchtigkeit aufnehmen kann. Trockenfutter hat den Vorteil, dass Ihr Vierbeiner die Zähne benutzen muss und somit eine natürliche Kariesvorsorge stattfindet.

Dies ist bei Nassfutter nicht gegeben, da die Futterbrocken sehr weich sind. Hier sollten Sie zusätzliche Kauartikel zur Verfügung stellen. Achten Sie beim Nassfutter auf einen hohen Fleischanteil.

Vor- und Nachteile von Trockenfutter:

Trockenfutter ist vor allem deswegen beliebt, weil es einfach praktischer für den Hundehalter ist. Es ist länger haltbar und lässt sich gut transportieren. Der Grund dafür ist der sehr geringe Feuchtigkeitsgehalt. Außerdem lässt sich Trockenfutter gut portionieren und abwiegen und sogar in sogenannte Futterautomaten geben, die dem Hund täglich automatisch die eingestellte Menge an Futter ausgeben. Bei der Lagerung benötigt es zudem deutlich weniger Platz, was es gerade in kleinen Haushalten beliebt macht. Dementsprechend fällt auch weniger Verpackungsmüll an. Nicht zu vergessen ist auch der meist günstigere Preis von Trockenfutter gegenüber Nassfutter. Ein weiterer Vorteil ist, dass Trockenfutter weniger Dreck um den Napf herum verursacht, selbst wenn der Hund gerne kleckert. Auch der Geruch von Trockenfutter ist deutlich dezenter. Um dem Hund das Futter dennoch schmackhaft zu machen, setzen manche Hersteller auf die Zugabe von Geschmacksverstärkern. Wie Sie vielleicht merken, beziehen sich die Vorteile des Nassfutters mehr auf den Hundehalter als auf den Hund.

Die Nachteile hingegen gehen eher auf Kosten des Hundes. Durch den sehr geringen Feuchtigkeitsgehalt müssen Sie unbedingt darauf achten, dass Ihr Hund genügend Wasser zu sich nimmt, sonst besteht die Gefahr der Dehydrierung. Dies ist sehr wichtig, denn sonst besteht die Gefahr, dass sich Blasensteine entwickeln oder Nierenprobleme auftreten. Außerdem ist Trockenfutter schwerer zu verdauen und kann sogar Allergien auslösen. Die lange Haltbarkeit ist nicht nur auf den geringen Feuchtigkeitsgehalt, sondern auch auf den hohen Gehalt an Konservierungsstoffen zurückzuführen. Konservierungsstoffe sind weder für Menschen noch für Hunde besonders gesund und sollten möglichst vermieden werden bei der Fütterung. Ein weiteres Problem ist, dass Trockenfutter oft zu wenig Fleisch enthält und eher Getreide als Füllstoff genutzt wird.

Vorteile Trockenfutter

- ✓ Die einmal ermittelte und für gut befundene Menge bleibt konstant, solange Sie Ihre Hunderoutine wie die Intensität der Bewegung beibehalten.
- ✓ Es ist unkompliziert: Kaufen, füttern, fertig. Zusatz von Vitaminen und anderen Nahrungsergänzungsmitteln ist meistens nicht nötig.
- ✓ Transport und Lagerung sind denkbar einfach, auch im Urlaub.
- ✓ Man kann die Futterration auch unterwegs oder beim Sport geben, wenn sich der Hund seine Nahrung erarbeiten soll.
- ✓ Es hat eine lange Haltbarkeit.
- ✓ Hunde mit empfindlichem Magen werden durch die kleineren, aber nährstoffreichen Portionen geschont.

Nachteile Trockenfutter

- Die Zusammensetzung aus Fleisch und Füllstoffen wie Getreide ist bei jeder Sorte verschieden hoch.
- Die Zusammensetzung lässt sich nicht selbst überprüfen.
- Sie können nur schwer auf den individuellen Gesundheitszustand Ihres Hundes reagieren, z.B. wenn er Durchfall hat.
- Viele Sorten sind nicht nur mit Getreide gestreckt, sondern auch mit Zucker, künstlichen Aromen und Geschmackverstärkern versehen.
- Der Flüssigkeitsbedarf ist höher, dementsprechend müssen Hunde, die wenig trinken, dazu animiert werden.

Trockenfutter kann im Magen aufquellen und deshalb unter ungünstigen Umständen zu einer Magendrehung führen, zu denen alle großen Hunde eine größere Neigung haben als kleinere.

Vor- und Nachteile von Nassfutter:

Die Vorteile von Nassfutter lassen sich teilweise aus den oben genannten Punkten zum Trockenfutter ableiten. Wie der Name vermuten lässt, hat Nassfutter einen deutlich höheren Feuchtigkeitsgehalt und wirkt sich daher positiv auf den Flüssigkeitshaushalt des Hundes aus. Nassfutter riecht für Hunde deutlich ansprechender und schmeckt ihnen meistens auch besser. Zudem ist es besser verdaulich. Trockenfutter kann für ältere Hunde recht schwer zu kauen sein, wohingegen Nassfutter leichter zu fressen ist. Hunde, die etwas verfressen sind, bevorzugen Nassfutter aus dem Grund, dass es in größeren Mengen verzehrt werden kann und dadurch den Magen mehr füllt als Trockenfutter. Außerdem ist die Zusammensetzung von Nassfutter in den meisten Fällen artgerechter, da der Fleischgehalt höher ist.

Die Nachteile dürften sich ebenfalls aus den vorangegangenen Abschnitten ergeben. Dadurch, dass größere Mengen an Nassfutter benötigt werden, um den gleichen Energiebedarf zu decken, benötigt es einerseits deutlich mehr Lagerplatz und andererseits fällt auch mehr Verpackungsmüll an. Außerdem ist es weniger lange haltbar und muss zeitig aufgebraucht werden. Meistens ist Nassfutter auch etwas teurer als Trockenfutter.

Nun, da Sie über die Vor- und Nachteile der beiden Futterarten aufgeklärt sind, können Sie Ihr Wissen weiter ausbauen, indem Sie sich mit den Verfahren zur Herstellung der beiden Futterarten befassen. Vielleicht hilft Ihnen auch das bei der Entscheidung, welches Futter Sie am Ende für Ihren Hund auswählen.

Vorteile Nassfutter

- ✓ Es schmeckt nahezu allen Hunden.
- ✓ Nassfutter ist fast immer die günstigste Variante.
- ✓ Es ist einfach zu kaufen und einfach zu lagern.
- ✓ Nassfutter ist eine halbe Ewigkeit lang haltbar.
- ✓ Der Feuchtigkeitsanteil ist hoch.
- ✓ Hunde mit empfindlichem Gebiss können Nassfutter gut kauen.
- ✓ Es kann als Alleinfutter verwendet werden, d.h. sie müssen nichts zufüttern oder zugeben wie Vitamine, Spurenelemente etc.

Nachteile Nassfutter

- × Die Zusammensetzung lässt sich nicht kontrollieren.
- × Geschmacksverstärker und künstliche Aromen finden sich vermehrt im Nassfutter.
- × Der Fleischanteil ist je nach Sorte unterschiedlich.
- × Viele Hunde verweigern andere Sorten Futter, wenn sie einmal an eine Sorte gewöhnt sind.
- × Ist Ihr Hund z.B. Allergiker, lässt sich die Zusammensetzung des Futters nicht individuell anpassen.

Die Herstellung von Trockenfutter:

Die meisten Hersteller von Trockenfutter erhitzen die einzelnen Inhaltsstoffe zunächst einmal. Dadurch werden sie haltbarer und sind besser zu verarbeiten. Hersteller von hochqualitativem Trockenfutter verwenden auch Kaltpressverfahren. Der Vorteil hierbei ist, dass weniger Nährstoffe durch das Erhitzen verloren gehen.

Die Inhaltsstoffe werden in einem weiteren Verfahren gemischt und die Flüssigkeit, falls noch nicht geschehen, wird entzogen. Dadurch entsteht eine mehlige Masse, die im nächsten Schritt zu den Futterbrocken gepresst wird, die Sie am Ende in den Napf geben. Beim Pressen wird das Futtermehl erneut erhitzt, um das Erhalten der Form zu gewährleisten.

Bei diesen Verfahren verlieren die meisten Inhaltsstoffe ihr Aroma und ihren Geschmack. Damit der Hund das Futter am Ende frisst, ist es üblich, die fertigen Futterbrocken mit Geschmacksstoffen zu bearbeiten. Auch die verloren gegangenen Vitamine und Mineralstoffe werden nachträglich auf die Außenseiten der Brocken aufgetragen, damit die Angaben in den Nährstofftabellen der fertigen Packung ansprechend sind. Es ist allerdings umstritten, wie gut diese Nährstoffe vom Hund verstoffwechselt werden können.

Die Herstellung von Nassfutter:

Die Herstellung von Nassfutter verläuft in weniger Arbeitsschritten. Die einzelnen Zutaten werden in der Regel vorgegart, allerdings unter deutlich weniger Hitzeeinfluss als beim Trockenfutter. Enthält das Nassfutter große Einzelteile, so werden diese noch zerkleinert, damit am Ende eine gut portionierbare Futtermasse entsteht. Auch dieser Futtermasse werden meistens weitere Zusatzstoffe in Form von Geliermittel, Vitaminen und Mineralstoffen beigefügt. Nachdem das Futter in die fertige Verpackung, beispielsweise Dosen oder Schalen, gefüllt wurde, wird es noch einmal erhitzt, um das Futter länger haltbar zu machen.

Fleisch, Fisch oder vegan?

Diese Frage stellen sich viele Hundebesitzer, die eine richtige Antwort darauf gibt es jedoch nicht. Hunde sind sowohl Karnivore als auch Omnivore – sie sind sowohl Fleisch- als auch Allesfresser. Theoretisch ist es demnach möglich, einen Hund fleischlos zu ernähren. Eine rein vegane Ernährung ist allerdings sehr komplex und sollte nur in Rücksprache mit dem Tierarzt erfolgen. Dafür benötigen Sie einen strengen Ernährungsplan, den es konsequent zu befolgen gilt. Fakt ist, dass Hunde gerne Fleisch essen. Die meisten Hunde mögen auch Fisch, der zudem eine sehr gute Eiweißquelle ist.

Sie wissen sicherlich, dass ein Hund zu den Fleischfressern zählt. Mittlerweile ist aus ihm aber, dank der Evolution und Domestizierung, ein Allesfresser geworden. Sie können Ihren Vierbeiner sogar vegan oder vegetarisch ernähren. Aus dem Fleischanteil im Futter werden die Aminosäuren gewonnen, die für den Hundekörper wichtig sind. Allerdings können diese Aminosäuren auch aus veganen oder vegetarischen

Lebensmitteln stammen. Wichtig ist nur, dass insgesamt alle Vitamine, Mineralstoffe und sonstigen benötigten Nährstoffe im Futter enthalten sind, die Ihrem Hund ein gesundes Leben ermöglichen. Woher diese letztlich stammen, ist völlig egal.

Im Handel sind fertige Menüs auf veganer oder vegetarischer Basis erhältlich. Diese sind laut einiger Tests aber nicht unbedingt empfehlenswert. Das gilt übrigens auch für fertige Barf-Menüs. Sie haben aber die Möglichkeit, für Ihren Hund selbst die Mahlzeiten zusammenzustellen und zuzubereiten. Bitte informieren Sie sich aber vorher bei Ihrem Tierarzt oder einem Ernährungsberater für Hunde und lassen Sie sich einen individuell auf Ihren Hund zugeschnittenen Futterplan erstellen. Wenn Sie selbst nicht hundertprozentig genau wissen, wie viel Inhaltsstoffe in welchem Nahrungsmittel enthalten ist, können schnell Mangelerscheinungen auftreten.

Die Möglichkeit des BARFen

Nun gibt es unterschiedliche Möglichkeiten der Fütterung. Während der eine voll und ganz auf die Trockenfutter-Fütterung beharrt, lieben andere das BARFen. Sie haben davon noch nicht gehört? Dann lohnt es sich, sich jetzt darüber zu informieren.

Entscheiden Sie, ob es etwas für Sie und Ihren Hund sein könnte. Damit dies besser beleuchtet werden kann, helfen sicherlich auch die Vor- und Nachteile.

Doch was ist BARFen überhaupt? Es beschreibt die Rohfütterung des Hundes, die biologisch und artgerecht erfolgt. Der Begriff stammt aus dem Englischen und steht für „Bones and raw food". Grundlage für das BARFen ist das Fressverhalten der Wölfe. Hier stehen rohes Fleisch, aber auch Fisch, Knochen und Innereien auf dem Speiseplan.

Nicht nur das sollte ausreichend gefüttert werden. Ebenso wertvoll sind Gemüse, Obst, verschiedenste Öle und auch Getreide.

Wichtig ist an dieser Stelle, zu sagen, dass viele Menschen der Meinung sind, BARFen konzentriert sich nur auf rohes Fleisch. Dem ist aber nicht so, sondern hier geht es im Großen und Ganzen um rohes Futter.

Aber wo liegen die Vor- und Nachteile?

Vorteile:

- ✓ Der Zahnstatus Ihres Hundes wird sich bessern
- ✓ Der körperliche Geruch geht zurück, was sicherlich sehr viele Hundehalter freuen wird
- ✓ Das Fell des Vierbeiners glänzt auf natürliche Art und Weise schön
- ✓ Die Kondition steigt, das heißt, Ihr Hund wird mehr Energie haben und noch mehr Power entwickeln
- ✓ Hunde, die von Allergien geplagt sind, werden mit dieser Fütterung weniger Probleme haben. Oft entstehen diese unverträglichen Stoffe nur durch Konservierung und weitere Verarbeitung.
- ✓ Schädliche Zusätze, Geschmacksverstärker und Farbstoffe wird es hier nicht mehr geben.
- ✓ Erkrankungen jeglicher Art treten bei Tieren, die durch das BARFen gefüttert werden, deutlich weniger auf. Es kann auch zur Verbesserung von Beschwerden beitragen, für die Sie sonst keine Lösung gefunden hätten.
- ✓ Das Futter ist frisch.
- ✓ Die meisten Hunde mögen frisches Fleisch.
- ✓ Sie haben die volle Kontrolle über das, was Ihr Hund frisst und können individuell anpassen, beispielsweise bei Trächtigkeit und vielen Krankheiten.
- ✓ Barfer kommen ohne Zusatz von Füllstoffen, Konservierungsstoffen oder künstlichen Aromen aus.
- ✓ Es gibt viel mehr Abwechslung auf dem Futterplan.

Schauen wir uns an dieser Stelle aber auch die Nachteile an. Bedenken Sie bitte, dass sowohl für die Vorteile als auch für die Nachteile noch recht wenige wissenschaftliche Belege vorliegen.

Nachteile:

- × Mangelernährung steht bei Kritikern oft an oberster Stelle, die auch durchaus ernst genommen werden sollte.
- × Schnell schleicht sich eine Einseitigkeit ein. Die Rationen werden von Ihnen selbst bestimmt und zusammengestellt. Ob das alles so richtig ist, kann Ihnen leider niemand sagen.

Tabellen wie auf dem Fertigfutter gibt es hier leider nicht. Ausgewogenheit sollte immer im Blick behalten werden.

- Es kann zu Mangelerscheinungen im Bereich von Vitaminen, Mineralien oder auch Spurenelementen kommen, die auf den ersten Blick gar nicht zu erkennen sind. Es braucht eine stetige Anpassung, die gar nicht so leicht als Laie zu treffen ist.
- BARFen braucht Absprachen mit einem Tierarzt, was aber durch die wenigsten Halter wirklich getan wird. Es ist ein zusätzlicher Aufwand, der nicht von der Hand zu weisen ist.
- Mikroorganismen können sich vermehren, die in rohem Fleisch ganz normal sind. Bakterien können nur durch das Kochen gänzlich aufgehalten werden, was bei BARFen aber nicht angesetzt ist.
- Die Wahrscheinlichkeit, dass Krankheiten ausbrechen, ist recht groß (Minimierung kann durch das Einfrieren gewährleistet werden).
- Barfen erfordert Information und Kenntnis, die Sie sich erarbeiten müssen. Anlesen oder ausgiebig im Barf Shop Ihres Vertrauens informieren ist Pflicht!
- Diese Fütterungsmethode ist zeitintensiv, da Sie frisches Gemüse raspeln oder kochen und jede Mahlzeit zusammengestellt wird.
- Die Kosten sind höher als beim durchschnittlichen Trocken- oder Nassfutter, sogar deutlich, wenn Sie günstiges Fertigfutter kaufen.
- Bei falscher Lagerung können sich eventuell vorhandene Keime ausbreiten.

BARF für magenempfindliche Hunde

Bei besonders empfindlichen Hunden ist es ohnehin immer sinnvoll, die Ernährung gemeinsam mit einem Tierarzt zusammenzustellen. BARF-Nahrungsmittel können zunächst einmal gekocht gefüttert werden. Dann sind sie zwar nicht mehr roh, aber eben leichter zu verdauen und verträglicher.

BARF für ältere Hunde

Bei älteren Hunden kann der Körper etwas mehr Zeit brauchen, um sich an eine BARF-Ernährung zu gewöhnen. Auch werden besonders schwer verdauliche Nahrungsmittel wie Knochen möglicherweise nicht mehr so gut verdaut. Unterstützen Sie Ihren Hund, indem Sie ihm zerkleinerte Knochen füttern. Damit er dennoch genügend Calcium zu sich nimmt, eignen sich fein zerkleinerte Brustknochen, Lammknochen oder Hähnchenhälse.

Vegane Ernährung

Dieses Kapitel führt immer wieder zu vielen Kontroversen bei Hundehaltern. Zur Vollständigkeit haben wir auch die vegane und vegetarische Ernährung aufgenommen. Bitte informieren Sie sich vorher bei ihrem Tierarzt.

Das klingt jetzt vielleicht seltsam: Hunde sind keine kompletten Fleischfresser, auch wenn wir das gerne glauben. Sie können Nährstoffe aus tierischen, aber auch aus pflanzlichen Stoffen gewinnen. Nur Fleisch wäre gar nicht gut für unsere Vierbeiner.

Das heißt, eine vegane Ernährung ist durchaus möglich, aber es sollte auch auf ausreichende Stoffe wie Fette, Proteine, Kohlenhydrate, Vitamine und Mineralstoffe geachtet werden. Mangelerscheinungen dürfen auf keinen Fall die Folge sein.

Eiweiß ist wichtig und unabdingbar für den Stoffwechsel. Herrscht hier ein Mangel, geht auch dieser nur noch schleppend voran.

Futter für den Hund, welches wirklich vegan ist, enthält absolut keine Zusätze von Tieren. Das heißt, Sie werden auf der Zutatenliste weder Zusätze tierischen Ursprungs noch Fleisch, Fisch, Eier oder Ähnliches finden. Hier sind eher Zusätze wie Obst und Gemüse, aber auch Kartoffeln und Reis ersichtlich. Nicht zu vergessen sind aber auch Vitamine und Mineralstoffe, wie schon kurz beschrieben. Das sollte auf jeden Fall auf der Zutatenliste ebenfalls aufgeführt sein, um wirklich ein gutes Futter für Ihren Hund zu besitzen.

Wenn Sie nicht komplett auf Vegan umstellen wollen, können Sie Ihrem Hund durchaus auch Quark geben. Das ist erlaubt und fördert auch die Aufnahme von Proteinen (Eiweiß), was mehr als wichtig ist. Über die reine vegane Ernährung ist es gar nicht immer so leicht, wirklich alles in ausreichendem Maße zuzuführen.

Ist die Mangelerscheinung erst einmal vorhanden, braucht es Zeit und viel Energie, diese wieder auszugleichen. Für Ihren Hund ist das sicherlich alles andere als gut und gesund. Achten Sie bitte sehr gut darauf!

Fernab von Inhaltsstoffen und Co.: Warum sollten Sie Ihren Hund überhaupt vegan ernähren? Wenn sich Ihnen diese Frage stellt, sind Sie damit sicherlich nicht allein. Es gibt durchaus Gründe, die dafür sprechen. Es gibt auch Hunde, die gar nicht anders ernährt werden können, weil sie Vorerkrankungen haben, die diese Form der Ernährung einfach nötig machen.

Die vegane Ernährung eines Hundes ist also durchaus denkbar und machbar. Es gibt einige Vierbeiner, die allergisch auf Fleisch reagieren und bei denen die Ernährung deshalb angepasst werden muss. Möglicherweise sind Sie aber auch selbst Veganer und möchten Ihren Hund ebenso ernähren. Im Prinzip ist es egal, aus welchen Nahrungsmitteln die benötigten Nährstoffe stammen, wichtig ist nur, dass sie in entsprechender Zusammensetzung und in richtiger Menge zugeführt werden, damit keine Mangelerscheinungen auftreten. Informieren Sie sich bei Ihrem Tierarzt oder einem Ernährungsberater für Hunde, damit ein entsprechender Fütterungsplan zusammengestellt werden kann. Übrigens Schwere Näpfe aus Keramik sind geschmacksneutral und geben keine Giftstoffe ab, wenn die Glasur lebensmittelecht ist. Edelstahl ist zu leicht und kann Geschmacksstoffe und je nach Zusammensetzung sogar Schwermetalle freisetzen. Kunststoff gibt meist Weichmacher ab und lässt sich nur schwer reinigen.

Unsere Näpfe sind extra aus Keramik. ®rgladel

1. Allergie auf Hundefutter

Es gibt Halter, die schon alles probiert haben. Jedes Hundefutter, das irgendwo gekauft werden konnte, wurde schon versucht. Für den Anfang lief alles gut, aber dann stellten sich abermals altbekannte Beschwerden ein. Die Allergie ging wieder los und der Zustand des Hundes verschlechterte sich.

Die Umstellung erfolgte zögerlich, aber half: Mit der veganen Ernährung ist nun alles besser. Es gibt durchaus Hunde, die mit solchem Futter besser zurechtkommen. Das ist ein absolutes Plus für die vegane Ernährung und Hundehalter möchten sie an dieser Stelle nicht mehr missen.

2. Ethische Gründe

Doch nicht immer sind es Allergien der Vierbeiner, die eine solche Fütterung wichtig werden lassen. Auch wenn Sie die landwirtschaftliche Tierhaltung in Massen unterbinden wollen, kann vegane Ernährung eine Möglichkeit sein. So unterstützen Sie Ihre Meinung und können etwas für Ihr Denken tun. Auf diese Weise unterstützen Sie nachhaltig den Tierschutz.

An dieser Stelle sollte aber auch gesagt werden: Ist das der Grund, denken Sie immer an Paragraph 2 des Tierschutzgesetzes. Aus diesem geht hervor, dass ein Hund nach seinen Bedürfnissen ernährt werden sollte, was in der Regel Fleisch ist. Sind also nur ethische Gründe vorhanden, sollten Sie nochmals genau darüber nachdenken, ob es dauerhaft eine Lösung ist oder es nicht doch noch Alternativen gibt. Schauen wir uns an dieser Stelle auch hier die Vor- und Nachteile an.

Vorteile:

- ✓ Futter veganer Natur lässt sich von Ihrem Schützling sehr leicht verdauen. Wenn Sie also einen Hund haben, der sehr mit der Verdauung zu kämpfen hat, kann es durchaus eine Alternative sein. Aber das wird Ihr Tierarzt feststellen. Magenbeschwerden, die kurzzeitig auftreten, sind sicherlich noch kein Grund, wenn sie bald wieder vergehen. Ist das nicht der Fall, kann ein Gespräch helfen, um etwas an der Fütterung zu verändern.
- ✓ Wie schon angesprochen, haben Hunde, die vegan ernährt werden, nachweislich weniger mit Allergien zu kämpfen. Sie werden minimiert oder treten gar nicht erst auf. Wichtig ist aber an dieser Stelle auch, dass nachgewiesen werden sollte, dass die Allergien auch wirklich mit dem Futter zusammenhängen. Es gibt Hunde, die ohnehin zu derlei Problemen neigen, die aber gar nicht in der Ernährung zu finden sind. Dann bringt eine vegane Fütterung nicht unbedingt viel. Allergien sind bei dieser Hunderasse leider sehr häufig. Ein Hinweis auf die Ernährung könnte es sein, dass Ihr Hund so gut wie keine Fleischsorte verträgt, ganz egal, welche Sie auch probieren. Immer wieder reagiert er negativ und es kommt zu Anzeichen, die Ihnen gar nicht gefallen.
- ✓ Die Reduzierung des Gewichts kann durchaus eine Folge sein. Auch wenn es viel klingt: Es ist erwiesen, dass jeder zweite Hund in Deutschland zu viel wiegt. Das schließt natürlich auch schon leichtes Übergewicht mit ein. Infolgedessen können sich allerdings auch Krankheiten wie Diabetes entwickeln. Sollte Ihr Hund zu viel Speck auf den Rippen haben, könnte die vegane Ernährung somit durchaus eine Alternative sein, um dem Gewicht den Kampf anzusagen. Hier kann schon eine kurzzeitige Umstellung Erfolg bringen.
- ✓ Forschungen haben gezeigt, dass eine Ernährung ohne Fleisch Entzündungen im Körper eindämmen kann. Größtenteils wurden diese Studien natürlich am Menschen

durchgeführt. Es ist also nicht ganz klar, ob es sich auch beim Hund so auswirkt. Sollte Ihr Hund aber eine solche Erkrankung und Beschwerden haben, ist es durchaus eine Möglichkeit, es zu versuchen. Es ist besser, als dauerhaft auf Medikamente zurückzugreifen.

- ✓ Auch wenn schon kurz angesprochen, sollte es in jedem Fall bei den Vorteilen stehen. Wenn Sie selbst sich gerne und oft für den Tierschutz einsetzen und die Massentierhaltung überhaupt nicht mögen, können Sie so einen wichtigen Beitrag leisten. Wichtig sollte allerdings immer die Gesundheit Ihres Tieres sein, aber wenn Sie sich immer wieder dafür einsetzen, werden Sie das auch sicherlich im Blick haben und genau wissen, was für Ihren Vierbeiner gut ist.

Nun werfen wir auch noch einen Blick auf die *Nachteile*, die bei allen guten Gedanken und gesundheitlichen Aspekten nicht außer Acht gelassen werden dürfen.

- × Problematisch wird es, wenn Ihr Hund das Fleischfressen schon kennt. Eine Umstellung mitten im Leben ist nicht nur schwer, sondern kaum auf Dauer zu schaffen. Wenn Ihr Hund gerne ein Fleischfresser war, wird es schwer sein, ihn an das glatte Gegenteil zu gewöhnen. Sie können es gut meinen, aber nicht jeder Hund versteht es auch so. Es braucht somit sehr viel Geduld und ob es gelingt, kann nur die Zeit zeigen. Eine Umstellung von heute auf morgen wird es in einem solchen Fall nicht geben können.
- × Es ist nicht leicht, die richtige Zusammenstellung der Nahrungsmittel zu gewährleisten. Das erfolgt allein durch Sie und es braucht sehr viel Erfahrung und Fachwissen. Besonders zu Beginn der neuen Ernährung ist das nicht gegeben und es braucht Übung. Es ist wichtig, jeden Tag eine ausgewogene Ernährung zu gewährleisten. Ohne fachmännische Hilfe und Beratung ist das kaum möglich. Bitte nicht allein auf Tabellen und gute Worte aus dem Internet verlassen. Auch kann es nicht sinnvoll sein, sofort komplett umzustellen. Schritt für Schritt lautet hier die

Devise, was aber sehr viel Organisation braucht. Nicht jeder Halter hat dafür die Geduld und auch die nötige Zeit.

- Heranwachsende Hunde brauchen besonders viele wichtige Nährstoffe. Nur so können sie ohne Mangelerscheinungen aufwachsen und es wird ihnen an nichts fehlen. Hier ist die Ausgewogenheit der Ernährung besonders wichtig und es kann für die Zukunft und das Wachstum starke Folgen haben, wenn hier dauerhaft Nährstoffe fehlen. Hier sollte niemals auf eine rein pflanzliche Ernährung umgestellt, sondern immer eine Mischfütterung vorgesehen werden. Alles andere ist in Bezug auf die Entwicklung und das Wachstum eines Junghundes nicht abgestimmt oder zeigt sich oft später mit einem negativen Verlauf.
- Es fehlen weiterhin ausreichende Belege, welche die vegane Ernährung wirklich als „gut" ansehen. Wissenschaftliche Tests und Forschungen werden zwar immer wieder und stetig betrieben, aber sie reichen noch lange nicht aus, um sich ein abschließendes Bild zu machen. Diese Ernährung erfolgt somit auf eigene Verantwortung und sollte genau überdacht werden.

Ihre Entscheidung ist gefallen! Sie möchten es mit der veganen Ernährung versuchen. Die Gründe dafür spielen jetzt erst einmal keine Rolle. Sie haben die Wahl getroffen und es kann losgehen. Dann können Ihnen sicherlich die folgenden Hinweise helfen und Ihnen aufzeigen, worauf Sie besonders achten sollten.

1. Tipp: Absprache mit dem Tierarzt

Aus medizinischer Sicht kennt niemand Ihren Hund besser als der Tierarzt, im Idealfall schon seit er klein ist. Er weiß, ob Ihr Vierbeiner nennenswerte Allergien hat, die eine solche Ernährung auch befürworten würden. Doch nicht nur das: Auch das Gewicht und sonstige Verhaltensweisen sowie Vorerkrankungen spielen eine Rolle und können durch den Arzt besser beurteilt werden als durch den Hundehalter.

Hier ist es wichtig, wirklich das Gespräch zu suchen. Wenn es Ihnen schon eine Weile auf der Seele brennt, eignet sich der jährliche Tierarztbesuch sehr gut dazu. Es muss vielleicht nicht unbedingt zwischendurch ein Termin gemacht werden, es sei denn natürlich, Ihr Hund hat gesundheitliche Probleme, die Sie so wieder in den Griff bekommen möchten.

2. Tipp: Alleinfutter

Für eine gute und vegane Ernährung eignet sich ein Alleinfutter am besten. Nicht jeden Tag etwas Neues, sondern immer nur dieses eine. Hier sind alle Nährstoffe enthalten, die Ihr Hund braucht und die in der EU auch vorgeschrieben sind.

Es ist wichtig, dass auf diesem Futter alle Nährstoffe aufgelistet sind, die Ihr Hund braucht. Wenn Sie dann immer bei dem gleichen Alleinfutter bleiben, machen Sie alles richtig und können in dieser Hinsicht auf der sicheren Seite sein.

3. Tipp: Langsame Umstellung

Wie schon gesagt, ist es wichtig, die Umstellung so langsam wie möglich anzugehen, nicht von heute auf morgen und schon gar nicht unter Druck. Es braucht Zeit! Besonders schwer kann es sein, wenn Ihr Hund schon Fleischfresser war. Er wird neugierig sein, aber ob es ihm gefällt, wird die Zeit entscheiden.

Am besten ist es, wenn Sie erst kleine Mengen der veganen Ernährung zufügen und dafür etwas Fleisch weglassen. Das wird er vielleicht gar nicht merken. Es gibt aber auch sehr achtsame Hunde, die diese Umstellung sofort mitbekommen und das auch zeigen. Wie die Reaktion aussieht, werden Sie schnell erfahren.

Kommt es gut an, können Sie noch einen Schritt weitergehen und noch mehr Fleisch entfernen, um es durch die vegane Ernährung zu ersetzen. Kommt Ihr Hund an seine Grenzen, bleiben Sie erst einmal bei der aktuellen Menge oder gehen Sie einen Schritt zurück, bis er wieder mit der Fütterung zufrieden ist.

Bedenken Sie immer, dass die Umstellung nicht um jeden Preis erfolgen sollte. Die Gesundheit des Tieres ist wichtiger und Ihr Hund braucht in jedem Fall seine ausreichende Menge an Nährstoffen und Mineralien.

Kleiner Hinweis: Nur weil Ihr Hund an einer bestimmten Stelle nicht mehr weiterwollte, heißt es nicht, dass es mit der Zeit keine positiven Entwicklungen mehr gibt. Einfach etwas abwarten.

4. Tipp: Die ersten zwei Monate

Ob Ihr Hund die neue Ernährung wirklich gut verträgt, merken Sie nicht gleich. Es braucht, wie die Umstellung an sich auch, Zeit.

Hier gilt ein Zeitfenster von zwei Monaten. Achten Sie dabei genau auf die Kotmenge und darauf, wie sich dieser von der Konsistenz her verändern. Das mag nicht immer angenehm sein, ist aber für die Gesundheit des Hundes sehr wichtig. Auch das Fell kann sehr viel aussagen. Ist es weiterhin schön, ist alles in Ordnung, nehmen Sie aber hier Veränderungen wahr, kann es an der Umstellung liegen.

Wenn Sie möchten, können Sie hier ein Tagebuch mit täglichen Aufzeichnung führen. So merken Sie besonders schnell, ob sich Veränderungen einstellen, und können dementsprechend handeln.

5. Tipp: Check-up

Beobachten und Aufmerksamkeit sind gut, aber reichen durch Sie selbst nicht unbedingt aus. Es ist also unbedingt ratsam, nach einer gewissen Zeit einen Tierarzt aufzusuchen, um eventuelle Veränderungen festzustellen oder auch nicht.

Hier ist ein Check-up erforderlich. Ihr Tierarzt wird auch Blut abnehmen, wenn es nötig ist, und kann auf diese Weise schnell einen Nährstoffmangel nachweisen, wenn er denn vorhanden ist.

Es mag vielleicht auf den ersten Blick überflüssig erscheinen, besonders dann, wenn es Ihrem Hund gut geht. Aber oftmals gibt es Veränderungen, die wir nicht sehen.

Wenn alles in Ordnung ist, sind Sie auf der sicheren Seite und können weitermachen. Nebenbei können Sie sich noch einen fachmännischen Rat einholen.

Die Pflege

Um eine angemessene Pflege Ihres Hundes kommen Sie nicht umhin, wenn Sie ihn gesund und agil halten wollen. Ihr Vierbeiner soll mit einem schönen und glänzenden Fell aufwarten und über saubere Sinnesorgane verfügen. Wie Sie am besten vorgehen, erfahren Sie jetzt.

DIE PFLEGEROUTINE

Damit sich Ihr Hund bei der Fellpflege wohl fühlt und kein unangenehmes Gefühl dabei bekommt, sollten Sie ihn schon als Welpe daran gewöhnen. Bürsten Sie also hin und wieder sein Fell gut durch. Am besten machen Sie dies immer nach einem Spaziergang oder generell nach einem Aufenthalt an der frischen Luft. Gerade dann könnten sich Fremdkörper oder Parasiten festgesetzt haben, die sonst ins Haus geschleppt werden. Wiederholen Sie immer zum gleichen Zeitpunkt diese Pflege des Felles, weiß Ihr Liebling mit der Zeit schon im Voraus, dass nun eine Pflegemaßnahme folgt.

Die Vorteile einer solchen regelmäßigen Pflegeroutine liegen klar auf der Hand. Ihr Vierbeiner ist immer „gut gekleidet", denn Verfilzungen und Verunreinigungen werden rechtzeitig von Ihnen beseitigt. Parasiten wie Flöhe oder Zecken haben kaum eine Chance, sich im Fell Ihres Lieblings heimisch zu fühlen. Sollten einmal Probleme mit der Haut auftreten, so werden Sie auch dieses schnell erkennen und dementsprechend behandeln lassen können. Und dann sorgen Sie noch für eine gute Bindung zwischen Ihnen und Ihrem Hund.

Dies ist sehr wichtig, denn nur mit einem guten Vertrauensverhältnis können Sie eine Pflegeroutine entstehen lassen. Ihr Hund wird Sie in sein Maul schauen lassen, ohne sich zu wehren. Auch die Ohren und die Nase können Sie problemlos reinigen. Selbst das Kürzen der Krallen lässt Ihr Vierbeiner über sich ergehen.

Je öfter und regelmäßiger Sie also alle Pflegemaßnahmen durchführen, desto „normaler" wird es für Ihren Liebling. Er wird diese gemeinsame Zeit mit Ihnen sehr genießen. Letztendlich sorgen Sie mit diesem Procedere dafür, dass sich Ihr Hund überall bereitwillig anfassen lässt, auch von Ihrem Tierarzt.

FELLPFLEGE BEIM CAVALIER

Planen Sie für die Fellpflege Ihres Cavaliers etwa zehn Minuten täglich ein. Wie schon in der Pflegeroutine beschrieben, führen Sie diese nach jedem Spaziergang durch.

Damit Ihr kleiner Freund immer gut gepflegt erscheint, benötigen Sie einen Metallkamm von guter Qualität. Dieser sollte über eine feine und eine grobe Seite verfügen. Weiterhin brauchen Sie eine mit Naturhaarborsten ausgestattete Bürste, die obendrein mit Perlonstiften versehen ist. Zudem sollte auch eine Bürste mit Drahtborsten vorhanden sein.

Weil Ihr King ein sehr kleiner Hund ist, stellen Sie ihn am besten auf einen höheren Gegenstand. So müssen Sie sich nicht zu ihm herunterbeugen und Ihr Rücken bleibt geschont.

Beginnen Sie die Fellpflege an den Ohren Ihres Vierbeiners. Nehmen Sie den Metallkamm mit der groben Seite und kämmen Sie das Haar erst außen, dann innen gut durch. Anschließend wiederholen Sie das Procedere mit der feinen Seite des Kammes.

Mit der Naturhaarbürste bearbeiten Sie jetzt das komplette Fell Ihres Spaniels. Achten Sie darauf, dass Sie immer in Wuchsrichtung bürsten. Entgegengesetztes Bürsten ist für Ihren Hund sehr unangenehm.

Zum Schluss bürsten Sie das Fell an den Beinen gut durch. Dafür nehmen Sie nun die Bürste mit den Drahtborsten.

FELLPFLEGE BEIM COCKER SPANIEL

Beim Cocker Spaniel müssen Sie viel Zeit einplanen. Die Pflege des Felles ist äußerst aufwendig. Das lange Haarkleid muss täglich gebürstet und nach jedem Spaziergang müssen jeglicher Dreck und Fremdkörper entfernt werden, damit keine Verfilzungen entstehen.

Für das Bürsten nehmen Sie am besten eine Drahtbürste, damit Sie entstehende Verfilzungen gut herausbürsten können. Fangen Sie an den

Ohren an und arbeiten Sie sich über das Körperfell bis zur Rute durch. Zum Schluss bürsten Sie das Fell an den Läufen gut durch.

Um besser an Ihrem Hund „arbeiten" zu können, platzieren Sie ihn auf einem Tisch. Üben Sie es schon mit Ihrem Welpen, denn für das spätere, notwendig werdende Trimmen ist es unerlässlich, dass er ruhig und vertrauensvoll auf einem höheren Möbelstück steht.

Ist Ihr Cocker dem Welpenalter entsprungen, sollte er bis zu viermal im Jahr getrimmt werden. Dies geschieht unter den Ohren, im Nacken, an den Pfoten und am Kopf. Niemals aber sollte er komplett geschoren werden, denn es würde einige Jahre dauern, bis sein Fell wieder komplett hergestellt ist.

Fragen Sie Ihren Züchter, ob er Sie in die Kunst des Trimmens einweisen kann. Sie haben aber auch die Möglichkeit, einen Hundefriseur aufzusuchen. Achten Sie darauf, dass Sie während der Behandlung zugegen bleiben können, und passen Sie auf, dass Ihr Vierbeiner nicht geschoren wird. Einige Trimmsalons haben die Angewohnheit, den Besitzer wegzuschicken und den Hund später wieder abzuholen. Lassen Sie sich nicht darauf ein und suchen Sie sich in diesem Fall einen anderen Salon.

Die Ohren sollten Sie übrigens nach jeder Mahlzeit reinigen. Leider sind sie so lang, dass sie gerne im Napf herumhängen und dann mit Futterresten verunreinigt sind. Vielleicht denken Sie über die Anschaffung eines erhöhten Fressplatzes nach, damit die Schlappohren sauber bleiben.

PFOTENPFLEGE & MANIKÜRE

Während der Pflegeroutine, die Sie täglich durchführen, begutachten Sie auch die Pfoten Ihres Spaniels. Spreizen Sie die Zehen auseinander, damit Sie Fremdkörper und Schmutz erkennen und beseitigen können. Werfen Sie auch einen Blick auf die Ballen Ihres Hundes. Sie sollten sich in einem weichen und elastischen Zustand befinden. Bei Rissen oder Trockenheit können Sie eine Fettcreme verwenden, um die Geschmeidigkeit wiederherzustellen.

Bei dieser Maßnahme schauen Sie auch auf die Krallen Ihres Vierbeiners. Sind sie zu lang, müssen sie gekürzt werden. Dafür gibt es eine spezielle Krallenschere. Achten Sie darauf, dass Sie nicht zu viel abschneiden, denn die Krallen sind durchblutet.

Sollten Sie sich das Kürzen nicht selbst zutrauen, wenden Sie sich vertrauensvoll an Ihren Tierarzt. Er wird das Schneiden gerne übernehmen und es Ihnen auch zeigen, wenn Sie es wünschen.

OHRENPFLEGE

Sowohl der Cavalier King Charles Spaniel als auch der English Cocker Spaniel verfügen über sehr lange Schlappohren mit viel Fell drumherum. Deshalb ist es bei beiden Rassen äußerst wichtig, die Lauscher öfter zu kontrollieren.

Bei dieser Art der Ohren ist es nicht ausgeschlossen, dass es durch das feuchtwarme Klima zu Infektionen und Entzündungen kommen kann. Sie können solche Veränderungen erkennen. Das Innere der Ohren ist dann zum Beispiel feucht und Sie könnten einen unangenehmen Geruch wahrnehmen. Ihr Vierbeiner wird häufig den Kopf schütteln oder sich an den Ohren kratzen. Zudem könnte er schmerzempfindlich reagieren, sobald Sie die Ohren berühren. Suchen Sie mit Ihrem Liebling einen Tierarzt auf, damit die Ursache gefunden und behandelt werden kann.

Für die routinemäßige Reinigung der Ohren nehmen Sie ein weiches und leicht feuchtes Tuch. Wickeln Sie es um Ihren Finger und wischen Sie vorsichtig die Ohrmuscheln aus. Achten Sie darauf, dass Sie nicht zu tief in das Ohr gelangen. Nehmen Sie niemals Wattestäbchen für die Reinigung, denn damit schieben Sie den Schmutz weiter hinein. Sollte Ihr Hund währenddessen den Kopf schütteln, könnten Sie ihm zudem erhebliche Verletzungen zufügen.

ZAHNPFLEGE

Eine gute und ausgewogene Ernährung sorgt auch für den Erhalt eines gesunden Gebisses. Dennoch kann es immer passieren, dass die Zähne „krank" werden. Deshalb sollten Sie regelmäßig einen Blick in das Maul Ihres Hundes werfen, um Veränderungen schnell zu erkennen.

Während des Zahnwechsels können Sie Ihren Liebling mit entsprechenden Kauartikeln unterstützen, denn er wird ein erhöhtes

Kaubedürfnis haben. Stellen Sie ihm auch später noch diverse geeignete Kaugegenstände zur Verfügung, dann minimieren Sie die Entstehung von Zahnstein und anderen Ablagerungen.

Wenn das Gebiss vollständig entwickelt ist, können Sie Ihren Spaniel an das Zähneputzen heranführen. Gewöhnen Sie ihn in kleinen Schritten daran, dann wird er sich nicht weiter daran stören. Verwenden Sie für diese Zahnpflege eine spezielle Hundezahnpasta, denn Ihre eigene ist für den Vierbeiner nicht geeignet.

Lassen Sie das Zähneputzen in Ihre Pflegeroutine einkehren, indem Sie einmal in der Woche zur Zahnbürste greifen und die Zähne reinigen.

BADEZEIT

Wahrscheinlich werden Sie irgendwann Ihren Hund einmal in die Wanne befördern müssen. Bedenken Sie aber bitte, dass dies nicht zu oft geschehen sollte, denn sonst werden die natürlichen Öle, die sich im Fell befinden, herausgespült und mit der Zeit würde die Haut austrocknen.

Für ein Schaumbad müssen Sie unbedingt ein spezielles Hundeshampoo verwenden, denn die Haut des Hundes verfügt über einen andern pH-Wert als die Menschenhaut.

Verfrachten Sie nun Ihren Hund vorsichtig in die Badewanne oder die Dusche. Brausen Sie ihn mit warmem Wasser so lange ab, bis er komplett nass ist. Jetzt massieren Sie das Shampoo gut ein. Es darf aber nichts in die Augen, die Ohren und das Maul eindringen. Zum Schluss spülen Sie den Schaum wieder aus dem Fell heraus.

Ihr Hund wird sich anschließend mehrmals schütteln, um das überschüssige Wasser aus seinem Fell zu befördern. Im Sommer können Sie ihn draußen trocknen lassen, im Winter sollten Sie zu mehreren Frotteetüchern greifen und ihn gut abtrocknen. Vielleicht können Sie ihn auch an einen Föhn gewöhnen. Diesen verwenden Sie mit der niedrigsten Stufe, damit Sie Ihrem Liebling keine Verbrennungen zufügen.

Weitere nützliche Tipps folgen nun:

Jeder Hund braucht gute Pflege. Dann sind Sie ihm ganz nah und Ihre Nähe liebt er ohnehin.

Dennoch kann es sein, dass er gewisse Dinge nicht so gerne hat. Wer mag schon gerne gebürstet oder gebadet werden? Doch vielleicht ist das bei dieser Rasse gar nicht nötig.

Fragen über Fragen. Natürlich wollen Sie alles richtig machen und sich sicher sein, dass es Ihrem Hund auch wirklich gut geht. Das ist gar nicht so schwer. Die folgenden Punkte zeigen Ihnen, wie es geht und wie die optimale Pflege für Ihren Hund aussieht.

1. Das richtige Kämmen

Es ist wichtig, dass Sie Ihren Hund regelmäßig kämmen. Das lange Fell neigt schnell zu Verfilzungen und ist das erst einmal passiert, hilft oftmals nur noch das Schneiden. Das wird aber weder Sie noch Ihren Hund freuen.

Wie oft sollten Sie sich der Fellpflege widmen? Optimal wäre es, wenn Sie sich dafür ein- bis zweimal die Woche Zeit nehmen. Hier ist es wichtig, dass Sie keine Eile haben. Kämmen Sie in aller Ruhe das Fell Ihres Vierbeiners, damit Sie auch wirklich alle Verknotungen erwischen.

Damit aber noch nicht genug. Bei diesem Hund ist es von Vorteil, wenn Sie mindestens zwei Kämme verwenden. Arbeiten Sie sich durch alle Fellschichten, diese können auch unterschiedlich stark sein. Wählen Sie für die dichten Bereiche einen groben Kamm und für die feineren eher feine Kämme.

Wie schon gesagt, ist hier wirklich Ruhe gefragt. Nicht alle Hunde mögen das Kämmen, auch ihr Hund könnte da unterschiedliche Meinungen vertreten. Aber das werden Sie recht schnell herausfinden.

Entweder läuft Ihr Schützling weg oder er legt sich genüsslich neben Sie und genießt die besondere Streicheleinheit. Im Großen und Ganzen spielt es aber keine Rolle, wie er darauf reagiert: Die Fellpflege, wenigstens einmal in der Woche, muss in jedem Fall sein, ob der Hund das möchte oder nicht. Hier müssen Sie sich durchsetzen, andernfalls hilft nur noch eines: Abschneiden! Sicher keine Option, die auch Ihr Hund gutheißen würde.

2. Die Augenkontrolle

Wie Sie schon erfahren haben, sind besonders Hunde anfällig für Augenerkrankungen. Die angeführten Erkrankungen (z. B. Grauer Star) sind natürlich genetisch gegeben und können nicht unbedingt verhindert werden.

Es ist aber wichtig, dass Sie anderen Störungen im Sehbereich vorbeugen, damit nicht weitere Schäden entstehen können. Schauen Sie jeden Tag in die Augen Ihres Hundes und achten Sie besonders auf Verkrustungen. Diese können Sie vorsichtig mit einem feuchten Tuch oder etwas Wasser entfernen. Es ist meistens nichts weiter als das, was wir als „Schlafsand" bezeichnen würden. Ihr Hund kann sich diesen aber nicht selbst entfernen. Vielleicht stört er auch nicht einmal. Bleibt dieser dauerhaft und immer wieder in den Augen, kann es aber durchaus zu Entzündungen kommen, die wiederum andere Erkrankungen beschleunigen oder unterstützen können.

Andere Verschmutzungen, bedingt durch das Spielen im Freien, können ebenfalls entstehen und bei Nichtbeachtung zu Problemen führen.

Selbstverständlich müssen Sie nicht jede Stunde hinter Ihrem Hund stehen und in seine Augen schauen. Es reicht völlig aus, wenn Sie das morgens oder abends machen. Finden Sie hier einen Rhythmus, den Sie gut in den gemeinsamen Alltag einbringen können.

Achten Sie auch darauf, was Ihrem Hund bei der Reinigung guttut. Bitte nicht mit Tropfen oder ähnlichen Mitteln behandeln, sollten Sie unsicher sein. In einem solchen Fall ist es immer besser und angesagt, einen Arzt aufzusuchen. Er kann Ihnen genau sagen, ob es eine weitere Behandlung braucht oder Sie bei der Reinigung etwas anders machen können.

3. Blick in die Ohren

Ein täglicher Blick in die Schlappohren des Hundes ist mehr als wichtig. Hunde, die Hängeohren haben, sind ohnehin immer stärker für Verschmutzungen und Krankheiten anfällig.

Wichtig ist für Sie, zu wissen, dass Sie die Ohren nicht unbedingt jeden Tag reinigen müssen. Aber ein Blick sollte schon riskiert werden. Nehmen Sie Ihren Hund an Ihre Seite und schauen Sie kurz in seine Ohren. Einfach das Ohr anheben und überprüfen, ob etwas seltsam aussieht.

Vielen Haltern fällt hier ab und an schon ein seltsamer Geruch auf. Dann ist es an der Zeit, das Ohrenschmalz (oder andere Verunreinigungen) zu entfernen. Eines sollten Sie aber nie vergessen: Manche Halter möchten alles mehr als richtig machen und denken, was für einen Menschen gut ist, kann auch für einen Hund nicht schlecht sein. Bitte greifen Sie, auch wenn Sie diese Gedanken haben, nicht zu Ohrenstäbchen oder anderen spitzen

Reinigungswerkzeugen. Sie wissen nicht, wann Ihr Hund sich bewegt und ein Zucken im falschen Augenblick kann zu Verletzungen führen, deren Auswirkungen niemand einschätzen kann.

Versuchen Sie stattdessen, mit einem nassen Tuch den Schmutz zu entfernen und dabei so vorsichtig wie möglich vorzugehen. Reden Sie dabei beruhigend auf den Vierbeiner ein und halten Sie ihn sanft fest.

Die Ohrenreinigung ist sicherlich keine angenehme Sache, weder für Sie noch für Ihren Hund. Sie ist aber dennoch sehr wichtig und sollte nicht aufgeschoben werden. Wenn Sie es ein paar Tage nicht schaffen, sollte nichts passieren. Aber dann ist es wichtig, wieder einen Blick zu riskieren.

In den Schlappohren des Hundes sammelt sich recht schnell viel an. Wenn Sie zu lange warten, kann es schnell zu einer Entzündung kommen, die dann wiederum beim Arzt behandelt werden muss.

Schmutz, Ohrenschmalz oder Geruch: Geben Sie diesen Unreinheiten keine Chance und verhelfen Sie Ihrem Hund zu einem guten Gehör ohne Schmerzen.

4. Die Maul-Kontrolle

Das klingt vielleicht seltsam, aber auch Hunde können Zahnprobleme bekommen. Wie sich das anfühlt, haben Sie vielleicht selbst schon einmal erfahren müssen. Das sind große Schmerzen und an Spielen und Fressen ist da gar nicht mehr zu denken.

Welche Möglichkeiten haben Sie? Das klingt unglaubwürdig, aber es gibt durchaus Halter, die Ihrem Hund die Zähne putzen. Verwenden Sie dazu aber bitte nicht die Zahncreme aus dem normalen Handel. Wenn Sie das auch probieren möchten, fragen Sie bitte den Tierarzt. Er kann Ihnen eine Empfehlung geben, Ihnen ab- oder zuraten und auch sagen, mit welchem Mittel und welcher Bürste Sie die Zahnpflege unterstützen können.

Sollte das aber für Sie keine Option sein, muss Ihr Hund dennoch nicht auf saubere und gepflegte Zähne verzichten. Es gibt heute schon durchaus eine große Auswahl an Kauknochen, die den gleichen Effekt haben. Oftmals finden Sie hier auf der Verpackung Worte wie „Dental-„ oder „Denta-Sticks". Schauen Sie sich im Geschäft um. Sie müssen hierfür auch nicht in eine Zoohandlung. Meistens sind diese Produkte schon in jedem Discounter erhältlich.

Sie brauchen sich auch keine Gedanken machen, dass Ihr Hund die Sticks vielleicht nicht mag, weil sie einen seltsamen Geschmack haben könnten. Eines ist sicher: Ihr Hund wird Sie lieben, denn von der pflegenden Wirkung wird er nichts schmecken. Mit der Zeit wird er es aber merken und nicht nur Ihr Hund, sondern auch Sie können sich über gesunde Zähne freuen.

Wie oft Sie diese Sticks verwenden sollten, lesen Sie am besten auf der Verpackung nach. Das ist von Hersteller zu Hersteller unterschiedlich.

Sie sind noch immer nicht überzeugt? Auch kein Problem, denn es gibt noch eine Möglichkeit, die Ihnen sicherlich mehr Überzeugung schenkt. Geben Sie Ihrem Vierbeiner regelmäßig einen Knochen, egal, ob es sich um einen Fleisch- oder Büffelhautknochen handelt. Diese haben einen ähnlichen Effekt. Die Tiere nagen an der harten Oberfläche und können so Schmutz und Beläge von den Zähnen entfernen. Dazu sagt Ihr Vierbeiner sicherlich nicht Nein.

5. Zeckenkontrolle, Flöhe und Milben

Ganz gleich, ob Sie einen Spaziergang gemacht haben oder nicht: Kontrollieren Sie das Fell Ihres Hundes täglich nach Zecken oder anderen „Bewohnern". Sie haben nun schon gehört, welche Krankheiten durch die Tiere ausgelöst werden können.

Aber seien Sie nicht zu besorgt, wenn Sie ein solches Tier finden sollten. Das heißt nicht, dass Ihr Hund sich sofort eine schlimme Erkrankung zugezogen hat. Krankheiten, die durch Zecken und andere Tiere übertragen werden, sind zwar möglich, aber nicht der Regelfall. Sollten aber dennoch Veränderungen an Ihrem Vierbeiner auffallen, wissen Sie beim Arzt schon, worauf Sie verweisen können. Aber das ist wirklich nicht die Regel.

Doch wie können Sie das Fell am besten untersuchen? Sie können dafür einfach die Finger nutzen und Stück für Stück den Körper des Hundes absuchen. Haben Sie etwas gefunden? Dann heißt es, genau nachzuschauen. Meistens sind die Zecken recht groß und können mit den Fingern vorsichtig herausgedreht werden. Achten Sie darauf, dass Sie wirklich alles erwischen und nichts in der Haut steckenbleibt. Gelingt es Ihnen mit den Fingern nicht, können Sie auch eine Pinzette oder Zeckenzange zur Hand nehmen. Zweiteres gibt es in jeder Apotheke.

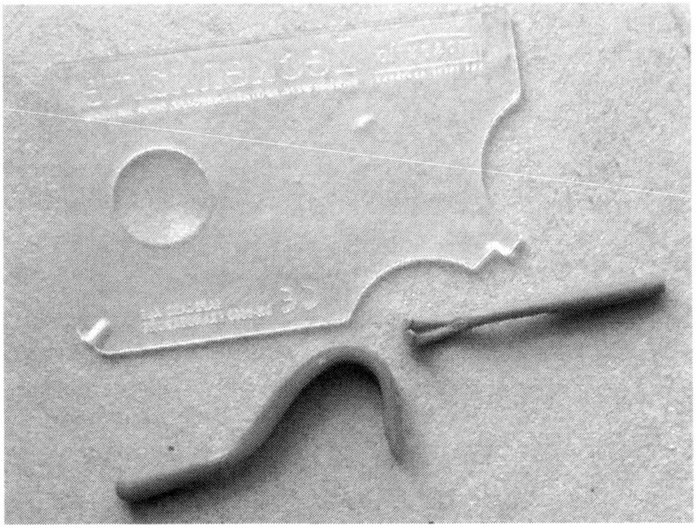

Unsere Zeckenausrüstung, ©rgladel

Wollen Sie aber nicht mit den Händen suchen, können Sie auch zu einem Kamm greifen. Hierfür gibt es ganz Spezielle. Mit einem normalen Kamm werden Sie nicht unbedingt Erfolg haben. Fragen Sie in der Zoohandlung nach einem Flohkamm. Dieser ist sehr fein und sorgt dafür, dass Sie auch wirklich alles finden. Selbst den kleinsten Floh können Sie damit aufspüren, daher auch der Name.

Probieren Sie ruhig aus, was Ihnen am besten gefällt. Viel wichtiger ist es aber vielleicht auch, was Ihr Hund dazu sagt. Mag er das eine nicht, kann vielleicht das andere helfen. Wichtig ist nur, dass Sie sich nicht überzeugen lassen, nicht mehr nach Flöhen und Zecken zu suchen. Besonders nach einem großen Spaziergang ist das Absuchen des Fells mehr als wichtig.

Kleiner Hinweis: Wenn Sie tatsächlich eine Zecke gefunden haben und diese entfernen konnten, müssen Sie sie vernichten. Bitte nicht nur ins Gras werfen und vergessen. Nur weil das Tier schon eine Zeit in dem Hund gesteckt hat, heißt es nicht, dass es das nicht noch einmal kann. Auch wenn es nicht schön aussieht: Einfach zertreten oder anderweitig von dannen befördern. Das ist in jedem Fall besser als ein weiterer Zeckenbiss und somit kommt Ihr Vierbeiner auch nicht auf den Gedanken, das kleine Krabbeltier vielleicht doch noch zu fressen.

Milben kommen leider bei einem Hund doch sehr häufig vor. Sie sind den Spinnentieren zuzuordnen und lauern meist auf Wiesen und Feldern im Gras. Nur allzu schnell hat sich Ihr Vierbeiner welche eingefangen, wenn er denn durch das Gras läuft.

Es gibt in Europa verschiedene Arten von Milben, so zum Beispiel die Demodex-Milben, die Grasmilben, die Raubmilben, die Ohrmilben, die Grabmilben sowie die Räude-Milben. Einige gehen auch auf den Menschen über und können Krankheiten, wie die Krätze, übertragen.

Einige Symptome sind bei jeder Art von Milben gleich, aber es gibt auch spezifische, anhand derer erkannt werden kann, um welche Milbenart es sich handelt.

Allgemein kann ein sehr starker Juckreiz auftreten. Ihr Hund wird sich pausenlos kratzen. Es kann zu einer Schuppenbildung auf der Haut kommen und das Fell kann ausfallen. Durch das ständige Kratzen entstehen wunde Stellen und Ekzeme. Weiterhin kann es durch die offenen Stellen zu Entzündungen und weiteren Infektionen kommen.

Bei einem Befall mit Ohrmilben sind die Symptome auch nur an den Ohren zu erkennen.

Ein schneller Termin beim Tierarzt ist nun unumgänglich, denn einige Milbenarten können sehr ansteckend sein und auch auf den Menschen übergehen. Andere Haustiere sollten ebenfalls auf einen Befall untersucht und dementsprechend behandelt werden.

Ihr Veterinär wird Ihnen Medikamente mitgeben, die den Juckreiz eindämmen. Vielleicht empfiehlt er Ihnen auch ein spezielles Shampoo oder ein Puder. Damit müssen Sie Ihren Vierbeiner dann nach Anweisung behandeln. Denken Sie auch an das Hundebettchen, denn auch hier können sich die Milben aufhalten.

Sollten Sie in Ihrem Garten Herbstgrasmilben haben, so mähen Sie ihn öfter als normal und entsorgen Sie den Rasenschnitt. Lassen Sie Ihren Hund nur im Gras herumtollen, wenn dieses nass ist. Dann halten sich dort nicht so viele Milben auf.

Gegen Milben vorbeugen ist nicht einfach, aber wenn Ihr Hund schon von vornherein ein gesundes und starkes Immunsystem hat, ist ein Befall weniger risikoreich. Deshalb gönnen Sie Ihrem Vierbeiner eine gute und ausgewogene Ernährung und lassen Sie ihm eine ausreichende Bewegung zukommen. Suchen Sie nach jedem Spaziergang das Fell Ihres Hundes nach Parasiten ab. So können Sie schon reagieren, bevor sich der Befall bemerkbar macht. Manchmal wird geraten, den Hund nach jedem Freigang zu waschen, damit eventuell vorhandene Plagegeister ausgespült werden. Dies ist aber für die Haut und das Fell Ihres Lieblings nicht sehr förderlich. Aber sein Halsband oder das Geschirr sollten Sie regelmäßig gründlich saubermachen, ebenso die Hundedecken aus dem Körbchen. Bei Grab- oder Demodexmilben können Sie verdünnten Apfelessig anwenden. Achten Sie aber darauf, dass diese Mischung nicht in die Augen Ihres Hundes oder auf offene Wunden gelangt. Möglich wäre auch die Anwendung von Kokosöl. Bei einigen Milbenarten werden damit die Atemlöcher verstopft und sie sterben somit ab. Halten Sie aber immer Rücksprache mit Ihrem Tierarzt, wenn Sie solche Hausmittel anwenden möchten. Nicht immer ist dies der richtige Weg und ratsam.

Sollten Sie eine ungewöhnliche Unruhe bei Ihrem Vierbeiner feststellen und sehen, dass er sich bestimmte Stellen oft ableckt oder daran knabbert und sich viel kratzt, dann suchen Sie sein Fell nach Flöhen ab. Wahrscheinlich wird ein Flohbefall die Ursache dafür sein. Flöhe sind zwar sehr klein, nur etwa 4 mm groß, aber dennoch gut zu erkennen. Sie sind meist schwarz, an der Seite flach und können sehr weit springen. Um einen Flohbefall sicher festzustellen, nehmen Sie einen feinen Floh-Kamm und fahren damit durch das Fell Ihres Hundes. Sind Flöhe vorhanden, finden Sie diese oder aber deren Hinterlassenschaften in Form von kleinen schwarzen Krümeln im Kamm wieder. Wenn Sie nun diese schwarzen Krümel in einem feuchten Taschentuch zerreiben, wird es sich rötlich-braun färben. Dann handelt es sich um Flohkot.

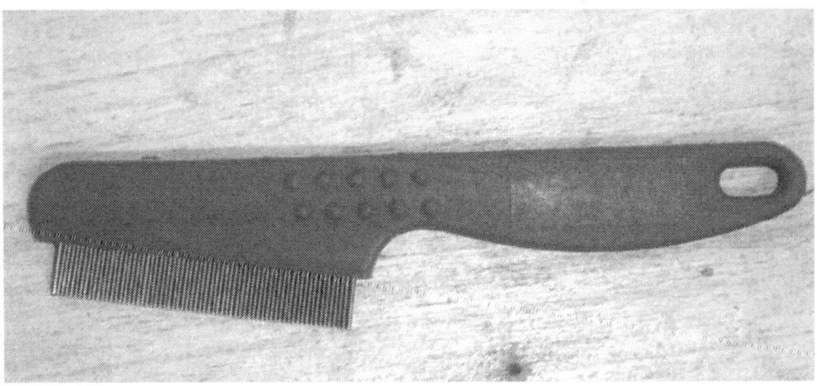

Unser Flohkamm als nützliches Hilfsmittel, ©rgladel

Nun müssen Sie schnell etwas gegen die Flöhe unternehmen, denn sie werden sich nicht nur im Fell Ihres Vierbeiners einnisten, sondern auch in seinem Körbchen und überall dort, wo sich Ihr Hund aufhält. Zudem können durch das ständige Kratzen und Lecken Infektionen an der Haut entstehen und die Flöhe können außerdem noch andere Krankheiten übertragen. So wäre es denkbar, dass Ihr Vierbeiner durch die Flöhe eine Hirnhautentzündung oder das Fleckfieber bekommen könnte. Auch eine allergische Reaktion auf die Flohbisse kann auftreten und, worüber sich kaum Gedanken gemacht wird, durch die Flöhe können Würmer übertragen werden. Dies alles ist auch für den Menschen nicht ungefährlich. Deshalb führen Sie bei einem Flohbefall auch immer eine Wurmkur durch.

Es gibt verschiedene Flohbekämpfungsmittel im Handel oder beim Tierarzt zu kaufen. Welches das richtige für Ihren Hund ist, können Sie mit Ihrem Tierarzt besprechen. Es stehen Pipetten zur Verfügung, sogenannte Spot-Ons, deren Inhalt in den Nacken des Tieres geträufelt wird. Dies ist sogar prophylaktisch möglich, damit der Hund erst gar keine Flöhe bekommt. Auch Sprays können hilfreich sein, allerdings müssen Sie darauf achten, dass es auf einem Tier angewendet werden kann. Weiterhin gibt es Flohhalsbänder, die einen für Flöhe tödlichen Wirkstoff enthalten. Wenn Sie es lieber ohne Chemie versuchen möchten, so probieren Sie einmal Kieselerde bzw. Kieselgur aus. Dieses sehr feine Puder können Sie im Fell Ihres Hundes verteilen. Auch für das Hundebettchen lässt es sich anwenden und Ihr Tier verbreitet dieses Pulver selbstständig überall dort, wo es sich aufhält. Es dauert zwar etwas länger, bis der Flohbefall besiegt ist, aber es wirkt dafür sehr langanhaltend. Wichtig bei jeder Art der verschiedenen Anwendungen ist es, dass Sie alle im Haushalt befindlichen Tiere gegen Flöhe behandeln. Sonst besteht die Gefahr, dass sie von einem Tier auf das andere springen und somit niemals vollständig ausgerottet werden.

Leider macht der Floh keinen Unterschied, ob er sich als Wirt einen adulten Hund oder einen Welpen aussucht. Bei Welpen ist aber mit Flohmitteln vorsichtig umzugehen, denn das Immunsystem ist noch nicht voll ausgereift. Sprechen Sie hier unbedingt mit Ihrem Tierarzt, welches Antiflohmittel Sie gefahrlos anwenden können, ohne Ihrem kleinen Liebling damit zu schaden.

Für die Umgebung des Hundes gibt es ebenfalls verschiedene Sprays, aber nicht immer werden auch die Floheier und -larven abgetötet. Sie sind meist in Ritzen und dunklen Ecken Ihrer Wohnung vorhanden. Deshalb sollten Sie jetzt täglich zum Staubsauger greifen. Dadurch schlüpfen die

Larven eher und Sie können mit Antiflohmitteln bekämpft werden. Sollte die Wohnung zu sehr betroffen sein, können Sie sogenannte „Fogger" einsetzen. Allerdings können Sie Ihr Zuhause dann mehrere Stunden nicht mehr betreten und müssen alle Einrichtungs-gegenstände akribisch säubern. Eine sehr umständliche Methode, aber einige Hundehalter schwören darauf.

Nun fragen Sie sich bestimmt, woher Ihr Hund überhaupt die Flöhe hat. Dies ist schnell passiert, wenn Sie mit Ihrem Vierbeiner draußen unterwegs sind. Die kleinen Plagegeister lauern im Gras oder im Fell anderer Hunde, mit denen Ihrer gespielt hat. Die Puppen und Larven eines Flohs können sogar mehrere Monate ohne Nahrung überleben und landen dann irgendwann im Fell Ihres Vierbeiners. Und dann müssen Sie noch bedenken, dass ein Floh über einen halben Meter weit springen kann. Leider sind unsere Winter auch nicht mehr so bitter kalt, als dass eine Flohpopulation abstirbt, und wenn sich erst welche in der Wohnung befinden, haben sie es hier besonders leicht, sich schnell zu vermehren. Ein Weibchen kann in wenigen Wochen viele hundert Eier produzieren, die irgendwann vom Hund abfallen und sich so in der gesamten Wohnung verteilen. Deshalb ist eine Bekämpfung auch innerhalb der eigenen vier Wände so wichtig. Aus den Eiern schlüpfen nach kurzer Zeit die Flohlarven. Diese sind überwiegend in dunklen Ritzen oder in Kleidung und Textilien sowie in Teppichen zu finden. Die Larven sind sehr robust und nur schwer zu entfernen. Im nächsten Zyklus verpuppt sich die Larve und kann so viele Wochen und Monate überleben. Selbst Chemikalien machen der Puppe kaum etwas aus. Nun kommt der adulte Floh zum Vorschein und ist bereit, neue Eier zu legen. Einer regelrechten Flohplage Herr zu werden, ist sehr schwer. Deshalb tun Sie sich den Gefallen und kontrollieren Sie Ihren Hund regelmäßig auf Parasiten.

6. Ernährung und Bewegung

Es ist wichtig, dass Sie jeden Tag auf die Ernährung Ihres Vierbeiners achten. Falls er Sie also nach dem Frühstück mit großen Augen ansieht und nach mehr verlangt, geben Sie nicht nach. Er wird satt sein, auch wenn er es für den Moment noch nicht merkt. Das ist wie beim Menschen: Essen wir schnell und denken nicht weiter darüber nach, haben wir nach der Mahlzeit auch noch Hunger. Erst später stellt sich das ein, was wir Sättigungsgefühl nennen. Das ist bei Ihrem Vierbeiner nicht anders.

Wichtig ist also, dass Sie sich an die bestimmten Futtermengen halten. Natürlich darf es zwischendurch als Belohnung auch ein Leckerli geben, aber auch hier ist die Menge wichtig. Bitte nicht zu viel, sonst verschwindet auch schnell der Belohnungseffekt.

Weiterhin wichtig ist ausreichend Bewegung. Ein Hund, der gut frisst, braucht auch Bewegung. Besonders für den Hund ist das wichtig, da er ohnehin den Jagdtrieb in sich trägt. Sollte er mit Ihnen in einer Wohnung leben, gehen Sie mindestens zwei- bis dreimal am Tag mit ihm nach draußen. Das wird er lieben.

Hat er ausreichend Platz und ein großes Grundstück zur Verfügung, sollte auch schon einmal täglich ausreichen, aber er wird auch nicht „Nein" sagen, wenn Sie eine zweite Runde mit ihm drehen. Finden Sie heraus, was ausreichend ist, und bewegen Sie ihn so viel es geht. Sollte es aus bestimmten Gründen nicht möglich sein, könnten Sie auch täglich eine große Spielrunde mit ihm absolvieren. Das ist in der Wohnung sicherlich nicht einfach, aber auf einem Grundstück kein Problem. Wichtig ist nur, dass er sich bewegt. Dann fühlt sich Ihr Hund so richtig wohl.

Kurzum: Ein Gleichgewicht zwischen Bewegung und gesunder Ernährung ist für Ihren Hund das Beste, was es gibt. Diese Rasse neigt schneller zu Übergewicht als andere Hunde. Sollte hier etwas auffällig sein, wird Ihr Tierarzt es Ihnen sagen. Spätestens dann muss etwas getan werden.

7. Überprüfung der Pfoten

Es mag für manche Halter überflüssig erscheinen, aber das Überprüfen der Pfoten, besonders im Winter, sollte täglich erfolgen.

Wenn Sie viel mit Ihrem Hund spazieren gehen, kann es in der kalten Jahreszeit passieren, dass sich Reste von Streusalz unter den Pfoten und an den Krallen sammeln. Mit der Zeit kann es schmerzen und zu kleinen Verletzungen führen. Führen Sie nach der Wanderung eine Überprüfung durch und reinigen Sie bei Bedarf vorsichtig die Ballen.

Wenn Sie möchten, können Sie die Pfoten Ihres Vierbeiners auch regelmäßig cremen. Dabei spielt die Jahreszeit nur eine untergeordnete Rolle. Im Winter wird es gut für ihn sein, aufgrund des Salzes. Im Sommer ist er sicherlich viel auf heißen Untergründen unterwegs. Es ist dann sicherlich eine Wohltat, wenn seine Pfoten kurz gecremt werden.

Verwenden Sie dafür eine sanfte Creme ohne viel Zusatzstoffe und Parfum. Haben Sie so etwas nicht im Haus, können Sie auch beim nächsten Besuch den Tierarzt fragen. Auch in der Tierhandlung ist sicherlich ein Rat möglich. Die Zeit drängt nicht.

Wichtiger ist es, dass Sie die Pfoten und Krallen täglich kontrollieren, damit es dort durch verschiedene Untergründe nicht zu Entzündungen kommt.

Bei der Fellpflegeroutine kontrollieren Sie auch die Pfoten Ihres Hundes. Schauen Sie nach, ob sich Fremdkörper und/oder Schmutz festgesetzt haben, denn dies kann Ihrem Vierbeiner Schmerzen bereiten.

Achten Sie darauf, dass die Ballen der Pfoten glatt und weich sind. Weisen sie Risse auf oder hinterlassen einen trockenen Eindruck, so behandeln Sie die Pfoten mit Vaseline, Melkfett oder einer speziellen Creme.

Sollte Ihr Vierbeiner über eine äußerst lange Behaarung an den Pfoten verfügen, kann es sinnvoll sein, das Fell hier zu stutzen. So ist die Gefahr geringer, dass sich Fremdkörper festsetzen. Zudem können Sie sie schneller ausfindig machen und entfernen.

Es kann erforderlich werden, die Krallen Ihres Hundes zu kürzen, wenn sich diese nicht auf natürlichem Weg abnutzen. Hier müssen Sie sehr vorsichtig sein, denn die Krallen eines Hundes sind durchblutet. Schneiden Sie hier zu viel ab, entstehen Blutungen und Schmerzen. Sollten Sie sich das Krallenschneiden nicht zutrauen, so wenden Sie sich vertrauensvoll an Ihren Tierarzt. Die Pfotenpflege ist besonders im Winter und bei sehr heißen Temperaturen im Sommer wichtig, denn dann sind die Pfoten von Hunden ganz besonders stark beansprucht. Ein paar Dinge können Sie aber immer für die Pflege der Hundepfoten tun. Halten Sie das Fell an den Pfoten kurz genug, damit sich keine Verfilzungen bilden können. Darin können sich Splitter, kleine Steinchen oder sogar Milben sammeln, die dem Hund Schmerzen verursachen können. Es gibt spezielle Fellscheren mit einer abgerundeten Spitze, sodass Sie den Hund nicht aus Versehen piksen. Auch die Fußballen benötigen eventuell besonderer Pflege, wenn Ihr Hund dazu neigt, trockene Ballen zu haben. In diesem Fall können sich kleine Risse bilden, die Schmerzen und Entzündungen verursachen können. Massieren Sie täglich ein fetthaltiges Pfotenbalsam in die Ballen ein. Dadurch bildet sich ein Schutzfilm, der das Einreißen der Ballen verhindert. Bei extremen Temperaturen, sei es Hitze oder Kälte, kann es sinnvoll sein, Ihrem Hund

Schuhe anzuziehen. Viele Hunde müssen sich daran erst einmal gewöhnen, solche Schuhe können aber ein wichtiger Schutz für die Pfoten sein.

Zur Pflegeroutine sollte auf jeden Fall eine ordentliche Kontrolle der Pfoten gehören. Achten Sie auf kleine Verletzungen und Risse sowie auf mögliche Fremdkörper und Schmutz, die sich zwischen den Zehen verfangen können. Reinigen Sie die Pfoten regelmäßig mit lauwarmem Wasser. Dadurch lösen sich Fremdkörper, die sich unbemerkt in den Zwischenräumen ansammeln können.

8. Krallen

Werfen wir an diesem Punkt nochmals einen kurzen Blick auf die Krallen. Hier geht es nicht nur um Verletzungen. Viele Halter schenken diesem Bereich keine große Bedeutung und das ist vielleicht auch gar nicht so verwunderlich. Es herrscht die allgemeine Meinung, dass die Krallen des Hundes sich von selbst kürzen. Er ist viel unterwegs, auch auf hartem Untergrund, das sollte somit kein Problem sein. Doch so ist es nicht immer.

Sie können Glück haben, es schadet aber nicht, wenn Sie auch hier regelmäßig nachschauen. Haben Sie das Gefühl, dass die Krallen zu lang oder eingewachsen sind, können Sie diese ruhig kürzen. Das Problem wird nur sein, ob Ihr Hund während dieser Prozedur stillhält. Trauen Sie sich das nicht zu, fragen Sie den Tierarzt. Er kann es Ihnen zeigen und beim nächsten Mal schaffen Sie es sicherlich schon allein.

Vergessen Sie auch nicht die Wolfskralle!

8.1. Krallen schneiden

Der beste Zeitpunkt zum Schneiden der Krallen ist entweder nach einem Spaziergang oder nach der Spielzeit. Dann ist Ihr Hund müde und er lässt diese Prozedur gelassener über sich ergehen.

Das Krallenschneiden bei Hunden ist genauso wichtig wie das Schneiden der Fingernägel bei Ihnen. Krallen wachsen ständig nach und werden irgendwann zu lang sein, wenn sie sich durch Bewegung nicht genug abnutzen.

Bei einigen Hunden geht das Abnutzen der Krallen automatisch, bei anderen wiederum nicht. Große und schwere Hunde haben weniger Probleme mit langen Krallen als kleine und leichte Vierbeiner. Außerdem ist noch die Härte der Krallen ausschlaggebend, ob sie sich gut abnutzen oder eben nicht.

Die richtige Länge der Krallen ist aber wichtig für gesunde Beine. Sind sie zu lang, wird der Fußballen nach oben gedrückt und es kann zu Fehlstellungen der Knochen und Bänder kommen. Außerdem besteht die Gefahr, dass sich Ihr Hund die Krallen abreißt oder sie brechen ab. Dies kann zu erheblichen Schmerzen führen. Durch die korrekte Länge der Krallen kann Ihr Hund die Pfote gut abrollen lassen und er kann dann deutlich besser laufen. Und zu guter Letzt leidet Ihr Fußboden weniger, wenn Ihr Hund die Krallen schön hat.

Doch woran erkennen Sie nun, ob die Krallen zu lang sind? Diese sollten zum Fußboden einen Abstand von etwa zwei Millimetern haben. Das ist schwierig zu messen... nehmen Sie ein Blatt Papier und versuchen Sie, dieses unter die Pfote bis zum Ballen Ihres Vierbeiners zu schieben. Gelingt Ihnen das nicht, sind die Krallen zu lang und müssen gekürzt werden.

Nun müssen Sie ein wenig Geschick aufbringen, wenn Sie Ihrem Hund die Krallen selbst schneiden möchten. Sie dürfen auf keinen Fall zu viel abschneiden, denn dann entsteht eine Blutung und Ihr Liebling hat Schmerzen.

In den Krallen sind Blutgefäße vorhanden. Bei hellen Krallen halten Sie einmal eine Taschenlampe dagegen, dann können Sie diese gut erkennen. Nur der Teil der Kralle, der nicht durchblutet ist, darf abgeschnitten werden.

Sind die Krallen dunkel gefärbt, haben Sie nur die Möglichkeit, sich langsam mit einem Nagelknipser vorwärts zu tasten. Schneiden Sie immer nur minimal kleine Stücke der Kralle ab, bis Sie auf einen kleinen schwarzen Punkt stoßen. Dann haben Sie das Blutgefäß erreicht und müssen aufhören. Vielleicht gelingt es Ihnen, mit der Lampe Ihres Handys die Blutgefäße in der dunklen Kralle zu erkennen. Eine solche Lampe scheint sehr hell. Wenn Sie diese Prozedur öfter durchgeführt haben, werden Sie mit der Zeit ein Gefühl dafür entwickeln und automatisch wissen, wie weit Sie die Krallen kürzen können.

Denken Sie auch an die Wolfskrallen an den Hinterbeinen Ihres Hundes. Die Wolfskralle ist die fünfte Zehe und hat normalerweise keinen Bodenkontakt. Sie kann, wenn sie nicht regelmäßig gekürzt wird, in die Haut hineinwachsen. Zudem besteht die Gefahr des Hängenbleibens.

Nun soll es also losgehen mit dem Krallenschneiden. Als Erstes sammeln Sie alle Utensilien zusammen, die Sie dafür brauchen. Dieses wäre in erster Linie natürlich die Krallenschere und, falls Ihnen doch ein Missgeschick passieren sollte, ein Stück Seife oder ein Blutungsstiller für

Hunde sowie eine spezielle Hundesocke. Einen geeigneten Blutungsstiller können Sie im Fachhandel oder bei Ihrem Tierarzt sowie im Internet beim „großen A" erwerben.

Das Schneiden der Krallen geht am leichtesten, wenn Ihr Vierbeiner liegt. Hat er ein stabiles Vertrauen zu Ihnen, wird er ruhig und entspannt sein. Sind Sie selbst aufgeregt, weil Sie zum ersten Mal die Krallen schneiden, so wird auch Ihr Hund unruhig sein.

Halten Sie nun seine Pfote fest in Ihrer Hand. Am besten beleuchten Sie Ihr Arbeitsumfeld, damit Sie gut sehen können. Durchleuchten Sie auch die Krallen Ihres Vierbeiners, um die Blutgefäße zu erkennen. Sie selbst dürfen auch gerne ein Vergrößerungsglas oder eine Tischlupe benutzen, damit Sie alles noch besser im Blick haben.

Sollte Ihr Hund die Pfote wegziehen wollen, so halten Sie sie gut fest. Schneiden Sie die Kralle im rechten Winkel zur Wuchsrichtung ab und immer nur ein kleines Stückchen, damit die innenliegenden Blutgefäße intakt bleiben. Ihr Krallenschneider wird vermutlich einen Abstandshalter haben, aber bitte verlassen Sie sich nicht ausschließlich auf diesen, sondern schauen Sie immer selbst genau hin.

Wenn Ihr Liebling die ganze Prozedur ruhig und gelassen mitgemacht hat, loben Sie ihn ausgiebig und verwöhnen ihn mit seinen Lieblingsleckerlis. Nun kann es auch bei bester Übung natürlich einmal passieren, dass Sie doch zu weit geschnitten haben. Dafür haben Sie sich das „Notfallset" bereitgelegt. Denn wenn es erst einmal geschehen ist und die Kralle blutet, müssen Sie schnell handeln.

Stecken Sie die blutende Kralle in das weiche Stück Seife. Die Blutung sollte nun zügig zum Stillstand kommen und die Seife bildet eine Schutzschicht. Ziehen Sie jetzt die Hundesocke über die Pfote, damit die Seife daran haften bleibt. Sie können natürlich auch den erwähnten Blutungsstiller statt der Seife anwenden. Etwa eine Woche darf Ihr Vierbeiner jetzt mit dieser Socke herumlaufen, um die verletzte Kralle zu schützen, damit keine Entzündung entsteht. Selbstverständlich kontrollieren Sie den Zustand der Pfote mehrmals täglich. Wenn Sie unsicher sind, suchen Sie bitte mit Ihrem Hund einen Tierarzt auf. Sicher ist das Krallenschneiden für Laien nicht ganz einfach. Hierzu bedarf es Übung und Feingefühl. Sollten Sie sich nicht sicher sein, ob Sie das alleine hinbekommen, so holen Sie sich Hilfe bei Ihrem Tierarzt. Während der routinemäßigen Untersuchungen kann dieser auch das Schneiden der

Krallen übernehmen. Vielleicht können Sie es sich auch von ihm zeigen und beibringen lassen, so dass Sie für das nächste Mal gewappnet sind.

9. Baden nur selten

Wie stehen Sie zum Baden des Hundes? Hier gibt es ganz unterschiedliche Meinungen. Es gibt Hundebesitzer, die großen Wert auf das Bad des Tieres legen. So verschwinden unangenehme Gerüche und dem Tier geht es besser.

Ganz so ist es leider nicht. Ein Hund ist nun einmal ein Hund und er hat einen Geruch, wie es üblich ist. Das heißt: Ihn zu baden, damit er später besser riecht, hat keinen Sinn. Ganz abgesehen davon wird es nicht lange dauern und er riecht wieder nach Hund. Das ist ganz normal.

Bei Vierbeinern mit längerem Fell kann es Sinn machen, ihn einmal im Jahr zu baden. Möchten Sie das öfter tun, bitte nur mit klarem Wasser. Das macht ihm sicherlich mehr Spaß, wie immer wieder mit Shampoo eingeseift zu werden.

Hier sollten Sie besonders aufpassen. Bitte kein gewöhnliches Shampoo verwenden. Es gibt heute eine große Auswahl an Hundeshampoo, welches wirklich auf die tierischen Bedürfnisse abgestimmt ist. Hierzu finden Sie sicherlich schon in der Tierhandlung eine Antwort. Sollte Ihr Vierbeiner Hautprobleme haben, fragen Sie lieber beim Tierarzt nach, ob es überhaupt Sinn macht und wenn ja, mit welchem Mittel.

Für Sie als Hundehalter gilt somit: Baden Sie Ihren Hund nur, wenn es sein muss, und reden Sie bei Problemen immer mit einem Fachmann. Ein Schaumbad zur Geruchsbekämpfung macht keinen Sinn und sollte gut überlegt sein. Die Pflege eines Hundes scheint ganz schön zeitaufwendig zu sein. Das ist aber nicht der Fall. Mit ein wenig Übung geht es Ihnen leicht von der Hand und es braucht nur noch ein paar Minuten, bis alles erledigt ist. Gewisse Dinge sind auch nicht jeden Tag zu erledigen, wie z. B. das Baden. Auch bei der Krallenkontrolle werden Sie mit der Zeit eine Routine entwickeln, die Ihnen aufzeigen kann, dass Sie nicht täglich nachschauen müssen.

Wichtig ist an dieser Stelle, dass Sie die Pflege Ihres Vierbeiners gewissenhaft durchführen, es aber auch nicht übertreiben. Es reicht, wenn Sie sich ein paar Minuten am Tag Zeit nehmen. Zu viel wird auch Ihrem Hund nicht gefallen, denn schließlich ist er ein Hund und legt sicherlich nicht so großen Wert auf gutes Aussehen, wie wir es manchmal gerne möchten. Es ist ein gutes Zusammenspiel auf beiden Seiten erforderlich und das ist sicherlich kein Problem: für Sie und Ihren Hund!

10. Krankenversicherung

Natürlich wollen Versicherungsgesellschaften einen Gewinn machen. Daher zahlen Sie in der Regel, über das Leben des Hundes verteilt, mehr Versicherungsbeiträge als Sie der Tierarzt kosten würde. Aber so leicht sollten Sie sich die Entscheidung nicht machen.

Sofern Sie nicht über ein Guthaben verfügen, das Ihnen erlaubt, jederzeit auch eine sehr hohe Tierarztrechnung zu übernehmen, spielt der Zeitfaktor eine Rolle. Eine Tierkrankenversicherung übernimmt bereits nach wenigen Monaten alle Kosten. Der Rat lieber jeden Monat einen dem Beitrag entsprechenden Betrag anzusparen, nützt Ihnen nichts, wenn Ihr Hund in jungen Jahren einen schweren Unfall erleidet. Keine Tierklinik lässt sich darauf ein, dass Sie die Behandlung in kleinen Raten über 10 Jahre bezahlen.

Außerdem können Sie das Pech habe, dass Ihr Hund kränkelt und viele teure Behandlungen anfallen. In diesen Fällen ist die Versicherung um ein Vielfaches billiger. Schauen Sie sich die Tarife aber genau an.

Zunächst gibt es die Unterscheidung zwischen einer Krankenvoll-, Operationskosten- und Unfallversicherung.

Die **Krankenvollversicherung** übernimmt alle erforderlichen Tierarzt-kosten, aber meist nur einen Anteil an den Kosten von Impfungen. Reine Untersuchungen beispielsweise für ein Gesundheitszeugnis übernehmen einige Gesellschaften nicht.

Die Tarife sind relativ teuer. Meist gibt es eine Altersbegrenzung beim Abschluss. Teilweise gelten Leistungsobergrenzen beziehungsweise wird ein Selbstbehalt pro Jahr oder pro Diagnose vereinbart. In der Regel ist der Versicherungsschutz davon abhängig, dass ihr Hund bestimmte Impfungen bekommt. Außerdem tritt die volle Leistungspflicht in der Regel erst nach einer Wartezeit ein. Behandlungen, die durch einen Unfall, der nach Vertragsabschluss stattfand, erforderlich werden, übernehmen die Gesellschaft meist sofort nach.

Eine **Operationskostenversicherung** ist deutlich billiger, aber oft werden nur die reinen Operationskosten übernommen. Manche Tarife beinhalten auch die Kostenübernahme von Vor- und Nachuntersuchungen sowie für Medikamente. Wartezeiten und Leistungsobergrenzen sind ebenfalls möglich. Allerdings ist ein Abschluss oft auch für ältere Tiere möglich.

Bei der **Unfallversicherung** übernehmen die Versicherungen ausschließlich Behandlungskosten, die durch einen Unfall erforderlich werden. Die Tarife sind sehr günstig, es gibt keine Wartezeit und keine Altersbegrenzung.

Achtung: Die Gebührenordnung für Tierärzte (GOT) erlaubt, dass der Arzt bis zum Dreifachen des Grundwertes einer Leistung abgerechnet. Oft übernehmen die Gesellschaften lediglich den einfachen Satz. Daher kann es vorkommen, dass Ihnen auch bei einer Vollversicherung nur ein Teil der Arztrechnung erstattet wird.

Was	**Kosten / Jahr**
Hundesteuer	100 - 150 Euro
Hundehalterhaftpflichtversicherung	50 - 100 Euro
Tierkrankenversicherung	120 - 300 Euro
Beitrag Hundeverein	50 - 100 Euro
Futter	1.200 - 2.000 Euro
Summe	**1.520 - 2.650 Euro**

11. Tipps zur Anschaffung

- ✓ Nehmen Sie Kontakt mit dem passenden Hundeverein auf. Diese Vereine nennen Ihnen seriöse Züchter und vermitteln manchmal auch erwachsene Tiere.
- ✓ Schauen Sie sich die Homepage der Züchter an. Diese beschreiben in der Regel auch ihre Zuchtziele. Nehmen Sie nur Kontakt mit Züchtern in Ihrer Nähe auf, deren Einstellung zur Rasse zu Ihren Vorstellungen passt.

- ✓ Denken Sie daran, dass die Nachfrage nach Welpen das Angebot übersteigt. Sie bewerben sich um eines der Tiere des Züchters. Er gibt es nur her, wenn er Ihnen vertraut.
- ✓ Werden Sie misstrauisch, wenn der Züchter die Hunde „wie ein Stück Butter" verkauft. Er sollte Interesse daran haben zu erfahren, wie der Hund bei Ihnen leben wird.
- ✓ Gute Züchter erlauben Ihnen, die Welpen zu besuchen und bieten Ihnen auch die Möglichkeit, das Muttertier zu sehen. Die Hundefamilie sollte in die Familie des Züchters integriert sein.
- ✓ Besuchen Sie niemals mehrere Züchter an einem Tag, denn so könnten Sie Krankheiten von einem Zwinger auf den nächsten übertragen.
- ✓ Fallen Sie nicht mit der ganzen Familie beim Züchter ein oder bringen gar Haustiere mit. Das verursacht Stress, der Hündin und Welpen schadet.
- ✓ Bestehen Sie auf Papieren, die ein Gütesiegel des VDHs (Internationaler Dachverband) oder des SV e.V. tragen. Diese bekommen nur Hunde von Züchtern, die sich strikt an die Regeln halten, welche zum Wohl der Tiere aufgestellt wurden.
- ✓ Erkundigen Sie sich, wenn Sie einen ausgewachsenen Hund kaufen bei den Nachbarn des Verkäufers. Ein schlechtes Zeichen ist, wenn die Nachbarschaft froh ist, wenn der Hund verschwindet. Sehen Sie vom Kauf ab, wenn Sie erfahren, dass der Hund vermutlich zugebissen hat.
- ✓ Bestehen Sie grundsätzlich auch beim Kauf eines ausgewachsenen Tieres auf Papieren. Prüfen Sie, ob der Chip des Hundes die gleiche Nummer trägt, die in den Papieren vermerkt ist. Wer legal einen Hund besitzt, hat zumindest ein Impfbuch.

Die Gesundheit

Selbstverständlich ist es während eines gesamten Hundelebens nicht auszuschließen, dass die eine oder andere Erkrankung zum Vorschein tritt. Meist wird es sich hoffentlich um „Kleinigkeiten" handeln, die schnell wieder auskuriert sind. Einige Krankheiten sind aber nicht so schnell wieder vorbei. Informieren Sie sich in den folgenden Kapiteln, was Ihrem Liebling alles passieren könnte (aber keinesfalls muss).

RASSETYPISCHE ERKRANKUNGEN KING CHARLES SPANIEL

Was in vieler Hinsicht den kleinen Cavalier zu einem perfekten und sehr beliebten Begleithund macht, lässt ihn auf der gesundheitlichen Seite leider etwas zurückstehen. Zuchtbedingt kann diese Rasse mit vielen genetischen Defekten belegt sein, die ein nicht immer hundegerechtes Leben ermöglichen und leider auch manchmal mit dem Tod enden.

Mitral-Valve-Disease (MVD), Herzklappenfehler

Bei dieser Erkrankung ist die Vorhofklappe zwischen der linken Vorkammer und der linken Hauptkammer betroffen. Das Bindegewebe ist geschwächt und es kommt daher zu einem „Aufrollen" der Klappensegel. Daraus resultiert sich eine Insuffizienz, eine Undichtigkeit, des Herzens, und das Blut wird in beide Richtungen transportiert.

Im fortgeschrittenen Stadium kann es zu einer Blutstauung über dem linken Vorhof bis in die Lunge kommen. Ein Herzversagen und somit der Tod des Hundes sind nicht ausgeschlossen.

In einigen Fällen ist gleichzeitig auch der rechte Vorhof des Herzens betroffen. Hier staut sich dann das Blut in der Bauchhöhle und im Brustkorb. In diesem Fall besteht ebenso eine Lebensgefahr für den betroffenen Hund.

Dies ist die am häufigsten diagnostizierte Herzkrankheit bei Hunden, die überwiegend kleine Rassen, meist im Alter von sieben bis acht Jahren, betrifft. Der Cavalier King Charles Spaniel kann aber schon im Alter von 1,5 bis 2 Jahren daran erkranken.

Anfangs verläuft diese Krankheit ohne Symptome, denn der Hundekörper ist in der Lage, die Probleme zu kompensieren. Im späteren Verlauf ist dies nicht mehr möglich und es treten die ersten Anzeichen auf. Deshalb wird ein solcher Herzklappenfehler meist erst sehr spät erkannt.

Die Symptome äußern sich in einem Husten, begleitet von einer unnatürlich schnellen Atmung oder sogar einer Atemnot. Der betroffene Hund kann ohne ersichtlichen Grund das Bewusstsein verlieren. In einigen Fällen zeigt der Bauch einen deutlich vergrößerten Umfang. Im Endstadium treten dann ein Leistungsabfall und eine Abmagerung des Hundes auf.

Die genannten Anzeichen verschlechtern sich innerhalb kürzester Zeit, sofern keine Behandlung stattfindet. Ist also ein unerklärlicher Husten nicht nach kurzer Zeit wieder rückläufig oder Ihr Hund hechelt ununterbrochen, könnte ein Herzklappenfehler die Ursache sein.

Die genaue Entstehung dieser Krankheit ist bis jetzt unbekannt, es wird jedoch angenommen, dass eine genetische Ursache zugrunde liegt. Der Befund wird über das Abhören der Herzgeräusche und eine Röntgenaufnahme des Herzens gestellt.

Das Krankheitsbild schreitet zumindest bei kleinen Hunderassen recht langsam voran. Nach der Diagnose sollte der Vierbeiner regelmäßig vom Tierarzt untersucht werden, damit bei Bedarf die Symptome behandelt werden können, um die Lebensqualität sicherzustellen. Eine Heilung ist ausgeschlossen. Die Krankheit wird in unterschiedliche Stadien eingeteilt und dementsprechend erfolgt eine Therapie der Symptome. Da allerdings die ersten Anzeichen eines Herzklappenfehlers meist erst im fortgeschrittenen Alter auftreten, kann der Hund in der Regel dennoch eine normale Lebenszeit genießen.

Wurde bei Ihrem Hund eine Mitral-Valve-Disease festgestellt, müssen Sie natürlich einiges beachten. Ein aufkommender Husten, der sich nicht bessert, und/oder eine zunehmende Atemfrequenz geben Anlass, den Tierarzt aufzusuchen.

Eine Überanstrengung sollten Sie ebenfalls vermeiden. Ihr Hund darf sich so weit belasten, wie er es selbst möchte. Bricht er eine Übung ab, weil er müde geworden ist, so gewähren Sie ihm diese Ruhepause. Schweres

Training und die Aussetzung von großer Hitze sollten ebenso vermieden werden.

Syringomyelie (SM)

Hierbei handelt es sich um eine erblich bedingte Rückenmarkserkrankung. Das Rückenmark verläuft, wie Sie sicher wissen, in der Wirbelsäule und leitet die „Botschaften" der Sinnesrezeptoren, des Gehirnes, der Muskeln und der Drüsen weiter. Leidet ein Hund unter Syringomyelie, so haben sich Hohlräume im Rückenmark gebildet, die mit einer Flüssigkeit gefüllt sind. Dadurch werden mit der Zeit die Nerven erheblich geschädigt und die „Botschaften" können nicht mehr weitergegeben werden.

Erste Anzeichen für diese Erkrankung können unerklärliche Kratzattacken am Nacken oder am Kopf sein. Dabei wird aber nicht wirklich gekratzt, denn der Hund berührt seine Haut währenddessen kaum bis gar nicht. Es handelt sich also um ein sogenanntes „Scheinkratzen", welches allerdings ein recht typisches Krankheitsbild darstellt. In Momenten des Stresses, egal, ob negativ oder positiv, tritt dieses Scheinkratzen besonders auf. Schon die Vorfreude auf einen Spaziergang kann es auslösen.

Weiterhin kann sich eine große Berührungsempfindlichkeit in diesen Bereichen entwickeln. Jegliche Art von äußeren Reizen scheint dem betroffenen Hund äußerst unangenehm und schmerzhaft zu sein. Teilweise wird sogar die eigene Fellpflege eingestellt oder der Hund versucht, diese Körperstellen mittels Wasser zu kühlen.

In den Vorderbeinen können sich Verspannungen, aber auch Lähmungen bilden. Auch an den Hinterbeinen kann es zu Störungen kommen und vereinzelt zeigen sich Lähmungen in der Zunge.

Es können starke Nervenschmerzen auftreten, die zu neurologischen Ausfällen führen. Meist ist eine Verspannung der Wirbelsäule zu erkennen. Sie ist ausschließlich zur bekratzten Seite ausgerichtet. Das Gangbild ist dementsprechend seitlich verkrümmt. Dieser Zustand kann dauerhaft sein, aber auch nur nach einer Kratzattacke auftreten.

Das Scheinkratzen und das verzerrte Gangbild bleiben meist die einzigen Hinweise auf eine sich entwickelnde Syringomyelie.

Leider belegen einige Studien, dass der Cavalier sehr häufig unter dieser Krankheit leidet. Fast die Hälfte der untersuchten Hunde wies eine Syringomyelie auf und mit zunehmendem Alter stieg die Rate sogar auf ca. 70 %.

Dennoch ist dieses Krankheitsbild bei vielen Tierärzten noch recht unbekannt, denn selbst in der entsprechenden Fachliteratur lässt sich kaum etwas darüber nachlesen.

In der Regel kommen die ersten Symptome nach dem sechsten Lebensmonat zu Tage. Je nachdem, wie schwer diese Krankheit ausgelegt ist, können aber auch einige Jahre ins Land ziehen. Je älter der Hund jedoch wird, desto mehr zeigen sich die Anzeichen und sind sie besonders schwer, bleibt leider nur die Erlösung. Mit gelegentlichen „Kratzattacken" kann ein solcher Hund aber dennoch sehr alt werden.

Die sichere Diagnose kann mittels eines MRT erfolgen. Eine Anamnese und die gründliche klinische Untersuchung tragen dazu bei.

Eine Therapie kann medikamentös oder chirurgisch erfolgen. Bei einer OP wird eine Dekompression vorgenommen, um Bewegungsstörungen und Schmerzen zu beseitigen und somit die Lebensqualität, wie es eben möglich ist, wiederherzustellen. Jedoch ist ein endgültiger Erfolg eines solchen Eingriffes nicht sichergestellt.

Eine Therapie mit Medikamenten ist auf drei Punkte ausgelegt: Schmerzlinderung, Verminderung der Liquorproduktion (Körperflüssigkeit) und Vermeidung von Entzündungen. Hier kommen verschiedene Medikamente zum Einsatz, die der erkrankte Hund wohl für den Rest seines Lebens einnehmen muss.

Chiari-Malformation (CM)

Auch die sogenannte CM bezeichnet eine Erkrankung des Nervensystems. Diese tritt sogar noch häufiger auf als die Syringomyelie. In Fall einer Chiari-Malformation hat das Kleinhirn nicht genug Platz und deshalb wird ein Teil des Gehirns durch das sogenannte Hinterhauptloch gestoßen. Durch dieses Loch führen normalerweise die Verbindungen zwischen Rückenmark und Gehirn. Da sich jedoch nun auch noch die Teile des Gehirns hier befinden, werden diese Verbindungen erheblich gestört. Das Nervenwasser kann nicht ungehindert zum Rückenmark fließen, dadurch könnte es sich im Großhirn aufstauen, was wiederum zu einem innerlichen Wasserkopf führen könnte. Dies ist allerdings ein sehr langsam fortschreitender Prozess und deshalb nicht auf die Schnelle erkennbar.

Leider sind fast alle Cavaliere von diesem Defekt betroffen. Schuld daran ist auch hier die Zucht, denn diese möchte einen kindlichen, runden und niedlich aussehenden Kopf haben. Wahrscheinlich kommt es deshalb zu dieser Missbildung, denn das Gehirn hat im Verhältnis zum Schädel einfach nicht die passende Größe.

Die Aussage, dass fast alle Cavalier King Charles Spaniels mit diesem Defekt ausgestattet sind, ist ebenfalls einer Studie zu verdanken. Alle Untersuchungen endeten mit dem gleichen Ergebnis, nämlich, dass etwa 97 % der untersuchten Hunde an einer Chiari-Malformation litten.

Die Lebensqualität ist deutlich eingeschränkt und es können erhebliche Leiden auftreten. Der betroffene Hund wird zum Beispiel sehr schnell müde. Ein weiteres Indiz für diese Krankheit ist das Reiben des Kopfes auf dem Fußboden und eine Unannehmlichkeit, den Kopf zu drehen. Es können weiterhin Schmerzen im Rücken auftreten, welche wiederum zu einer Beeinträchtigung im Treppensteigen führen können. Es kommt zu einer Berührungsempfindlichkeit, welche sich in Schmerzlauten des Hundes äußern kann. Ein solcher Schmerzschrei kann aber auch plötzlich auftreten, ohne dass das Tier angefasst wurde. Es kommt mit der Zeit zu neurologischen Ausfällen, weil die Nerven einer dauerhaften Quetschung ausgesetzt sind. Vorübergehend kann es zum Schielen kommen und leider auch zu einer unerklärlichen Aggression. In Fachkreisen wird derzeit geklärt, ob dieser Defekt auch zur Entstehung einer Syringomyelie führen kann.

Obwohl fast alle Cavalier King Charles Spaniels diese Schädelmissbildung aufweisen, so zeigen längst nicht alle deutliche Symptome. Inwiefern solche Hunde ohne irgendwelche Anzeichen ein gerechtes Leben führen, kann nicht eindeutig wiedergegeben werden, denn ohne Symptome gibt es nun einmal auch keine klinische Untersuchung.

Zu diesem Umstand sollten einmal die zusätzlichen Symptome eines Menschen betrachtet werden, die ein Hund schwerlich äußern kann. Diese wären starke Kopfschmerzen, die durch Husten oder Niesen noch begünstigt werden. Es treten Sehstörungen und Schwindel auf, oft begleitet durch Gleichgewichtsstörungen und vorübergehendem Verlust des Gehörs. All diese Anzeichen kann Ihnen ein Hund kaum mitteilen, Sie könnten sie allenfalls durch ein entsprechendes Verhalten erkennen.

Nun bedeutet aber die Diagnose einer Chiari-Malformation nicht gleich, dass es auch zu einer schweren Erkrankung kommt. Es kommt auf die konkrete Lage des Kleinhirns an, ob sich schwerwiegende Folgen entwickeln oder nicht. Solche anatomischen Veränderungen können nur mit einem MRT sicher diagnostiziert werden. Der untersuchende Tierarzt sollte eine große Erfahrung in der Lagerung des Hundes haben, damit ein Befund eindeutig erhoben werden kann.

Die Behandlung ist gleichzusetzen mit der Therapie einer Syringomyelie. Entweder kommt eine OP in Betracht oder es werden Medikamente verabreicht.

RASSETYPISCHE ERKRANKUNGEN COCKER SPANIEL

Auch der Cocker Spaniel kann unter verschiedenen Krankheiten leiden, die für diese Rasse typisch sind. Das bedeutet, dass bestimmte Erkrankungen häufiger vorkommen als bei anderen Rassen.

Vestibularsyndrom

Es gibt verschiedene Arten dieser Krankheit: das zentrale, das periphere und das idiopathische Vestibularsyndrom. Bei allen Varianten ist das Gleichgewichtsorgan im Innenohr betroffen. Bei einer Erkrankung können die räumliche Orientierung und die Koordination von Bewegungsabläufen verloren gehen. Diese Störungen verursachen das sogenannte Vestibularsyndrom.

Das zentrale Vestibularsyndrom wird meist durch Entzündungen oder Infektionen hervorgerufen. Die Ursache für das periphere Vestibularsyndrom findet sich dagegen in direkter Nähe zum Innenohr. Das idiopathische Syndrom ist häufiger bei älteren Hunden auftretend. Hier können Durchblutungsstörungen oder eine zu starke Medikamentendosis verantwortlich sein.

Die Symptome können recht unterschiedlich ausfallen und auch der Schweregrad kann von leicht bis schwer variieren. Bei einem leichten Verlauf wird das Vestibularsyndrom manchmal gar nicht erkannt. Es können aber auch schwere Symptome, wie neurologische Ausfallerscheinungen, auftreten.

Der betroffene Hund leidet unter Gleichgewichtsstörungen und kann seine Bewegungen nicht mehr koordinieren. In einigen Fällen kann der Vierbeiner kaum mehr selbständig laufen. Weiterhin kann sich diese Krankheit durch unkontrollierte Augenbewegungen, Schielen, Schiefhalten des Kopfes und Orientierungsprobleme bemerkbar machen. Auch Erbrechen und Übelkeit sind möglich. Diese Symptome entstehen durch aufkommende Schwindelanfälle.

Die Diagnose wird über eine gründliche Anamnese und eine Untersuchung der Ohren gestellt. Der Tierarzt versucht, neurologische Ausfälle festzustellen, und wird eventuell auch ein MRT und verschiedene Bluttests durchführen.

Die Prognose bei einem peripheren Vestibularsyndrom ist recht gut, denn sie kann durchaus behandelt werden. Meist trägt der Vierbeiner keine dauerhaften Schäden davon.

Die Symptome des idiopathischen Vestibularsyndromes gehen in der Regel von allein wieder zurück. Oftmals muss hier nicht einmal eine großartige Behandlung stattfinden. Es könnte allerdings auch zu einem Rückfall kommen.

Hin und wieder kann es dazu kommen, dass der betroffene Hund nach Genesung den Kopf dauerhaft schief hält. Dieser Umstand ist aber für die weitere Lebensqualität unerheblich.

Das zentrale Vestibularsyndrom hingegen hat weniger gute Prognosen auf eine vollständige Heilung. Dieses wird in der Regel durch schwerwiegende Krankheiten ausgelöst und eine Therapie ist hier deutlich schwieriger.

Cockerwut

Bei einigen Hunderassen tritt hin und wieder ein unerwünschtes Aggressionsverhalten auf. So auch beim Cocker Spaniel. Hier ist dann auch von der Cockerwut oder der Spanielwut die Rede. Es wird angenommen, dass besonders Vierbeiner mit rötlichem Fell betroffen sind. Die Symptome äußern sich in grundlosen und nicht provozierten, anfallsartigen Aggressionsausbrüchen.

Es gibt zwei verschiedene Meinungen zu diesem Krankheitsbild. Einerseits wird es als epilepsieartige Erkrankung angesehen, andererseits wird eine Verhaltensstörung vermutet. Was nun genau der Auslöser für eine solche unbegründete Wut des Hundes darstellt, ist bisher noch nicht genau erwiesen.

Einige Hinweise deuten darauf hin, dass die Genetik eine große Rolle spielt. Jedoch fließen auch sämtliche Umweltfaktoren in die Entwicklung des Hundes ein. Eine Therapie mit entsprechenden Medikamenten und zudem eine spezifische Erziehung des Hundes könnten mit der Aussicht auf eine Besserung dieser unerwünschten Aggressionsanfälle hinzielen.

Um die Gefahr einer Cockerwut vorzubeugen, können Sie spezielle Übungen mit Ihrem Hund absolvieren. Diese erhöhen die Frusttoleranz und das Impuls- sowie das Aggressionsverhalten werden gedämpft. Zudem erleidet der Hund weniger Stresssituationen. Wenn Sie zusätzlich klare Regeln und Routinen im Alltag aufstellen, fühlt sich der Vierbeiner in einer sicheren Umgebung, was dann kaum einen Anlass für Aggressionen bietet. Das allgemeine Zusammenleben mit dem Hund wird um einiges einfacher, wenn Sie ihm eine stabile Umgebung schaffen, sich viel mit ihm beschäftigen und ihm Liebe und Spaß im Leben schenken.

ALLGEMEINE ERKRANKUNGEN

Wahrscheinlich werden Sie und Ihr Hund nicht davor verschont bleiben, den einen oder anderen Parasiten mit nach Hause zu bringen. Dies hat nichts mit mangelnder Hygiene zu tun. Flöhe und Co. lauern nun einmal dort, wo sich Ihr Vierbeiner gerne herumtreibt. Noch ein Grund mehr für die tägliche Pflegeroutine, denn so werden Sie die ungebetenen Gäste schnell aufspüren. Nun sollen sie aber ebenso schnell wieder verschwinden. Wie Sie das machen, erfahren Sie in den nachfolgenden Kapiteln.

Während eines ganzen Hundelebens werden Sie auch Durchfälle und Erbrechen bei Ihrem Liebling erleben. Diese Vorkommnisse können ganz harmloser Natur sein, es könnte sich aber auch eine ernsthafte Krankheit dahinter verbergen, denn diese Symptome gehören zu vielen Krankheitsbildern dazu. Nun liegt es an Ihnen, hier den Unterschied zu erkennen, damit Sie Schlimmeres verhindern können. Lesen Sie weiter und Sie erhalten viele Informationen zum Thema Durchfall, Erbrechen und Vergiftung.

Flöhe

Ein Befall mit Flöhen kann für Ihren Hund äußerst unangenehm werden. Bemerken Sie die kleinen Plagegeister nicht rechtzeitig, kann innerhalb kürzester Zeit schon eine sehr große Population zustande gekommen sein.

Wirklich gefährlich sind Flöhe nicht für Ihren Vierbeiner, allerdings sorgen Sie für einen erheblichen Juckreiz. Dieser wiederum kann zu Entzündungen und Reizungen der Haut führen. Zudem können durch Flöhe auch Würmer übertragen werden, weshalb neben der Behandlung des Flohbefalls auch immer eine Wurmkur verabreicht werden sollte. Möglich wäre auch, eine sogenannte Flohspeichelallergie zu entwickeln. Diese wird auch als Flohdermatitis (FAD) bezeichnet. In einem solchen Fall kann schon ein einziger Biss des Flohs zum Auslösen eines heftigen Juckreizes genügen.

Das erste Symptom, welches Sie bemerken werden, ist ein unaufhörliches Kratzen. Wenn Sie nun näher nachschauen, werden Sie wahrscheinlich kleine rote Punkte auf der Haut Ihres Hundes finden. Liegt schon ein starker Befall mit Flöhen vor, zeigen sich auch größere Hautveränderungen und Reizungen.

In diesem Fall werden Sie die kleinen Krabbeltierchen aber auch schon optisch wahrnehmen. Um ganz sicherzugehen, sollten Sie das Fell Ihres Vierbeiners mit einem Flohkamm bearbeiten. Rieseln beim Kämmen kleine schwarze Krümel zu Boden oder bleiben solche im Flohkamm hängen, handelt es sich mit größter Wahrscheinlichkeit um Flohkot. Zerreiben Sie die Krümel in einem feuchten Papiertaschentuch, wird es sich rötlich-braun verfärben. Dies liegt an dem zuvor vom Floh aufgenommenen Blut seines Wirtes, welches nun verdaut wieder ausgeschieden wurde.

Nun müssen die Flöhe aber schnellstmöglich wieder weg. Die ausgewachsenen Flöhe werden mit sogenannten Spot-Ons bekämpft. Sie können auch ein spezielles Spray anwenden, dieses muss aber dafür geeignet sein, direkt auf dem Tier eingesetzt zu werden. Weiterhin haben Sie die Möglichkeit, ein Flohhalsband zu verwenden. Denken Sie auch an die zuvor erwähnte Wurmkur, da eine Übertragung von Bandwürmern nicht ausgeschlossen ist. Leben noch andere Tiere in Ihrem Haushalt, so sollten auch diese gegen einen Flohbefall behandelt werden.

Da nur ein kleiner Teil der Flohpopulation wirklich auf dem Hund anzutreffen ist, müssen Sie auch die Umgebung behandeln. Hier befinden sich aber nicht nur die Flöhe, sondern auch deren Eier und Puppen. Als Erstes müssen Sie mehrmals gründlich staubsaugen. Vor allem in den dunklen Bereichen Ihrer Wohnung, wie die Ecken, Fußbodenritzen oder -spalten, und die Teppichunterseiten müssen Sie reinigen. Alle waschbaren Textilien sollten Sie bei mindestens 60 °C in der Waschmaschine säubern. Zu guter Letzt haben Sie auch hier die Möglichkeit, ein sogenanntes

Umgebungsspray anzuwenden. Dieses tötet zuverlässig alle übrig gebliebenen Stadien des Flohs ab.

Immer wieder werden auch einzelne Hausmittel angepriesen. Bei einem spärlichen Flohbefall mögen sie vielleicht hin und wieder eine Wirkung erzielen. Dennoch ist es nicht empfehlenswert, solche Experimente einzugehen. Bleibt auch nur ein Floh übrig, wird er in wenigen Tagen wieder eine Plage ausgelöst haben.

Zum Glück ist es dank der zahlreichen Möglichkeiten nicht schwierig, einen Flohbefall wieder zu beseitigen. Sie müssen nur gründlich genug vorgehen, damit auch wirklich jeder Parasit, die Eier sowie die Puppen vernichtet werden. Damit es in Zukunft nicht wieder dazu kommt, können Sie prophylaktisch ein Spot-On oder ein Flohhalsband anwenden.

Würmer

Auch ein Befall mit Würmern ist schneller geschehen, als Sie denken. Hat Ihr Liebling zum Beispiel gerade einen Flohbefall überstanden, ist es nicht unwahrscheinlich, dass er nun mit Bandwürmern zu kämpfen hat. Sie haben schon erfahren, dass in diesem Fall immer eine Wurmkur durchgeführt werden sollte.

Eine Infektion kann aber auch durch das Beschnuppern der kontaminierten Hinterlassenschaften anderer Lebewesen erfolgen. Ebenso können sich Wurmeier in einer Pfütze befinden, aus der Ihr Hund gerade getrunken hat.

Da es viele verschiedene Wurmarten gibt, sind auch die Symptome sehr unterschiedlich.

Liegt ein Befall mit **Bandwürmern** vor, so kann es zu einer Mangelversorgung kommen, weil die Würmer dem Hund Nährstoffe entziehen. Verdauungsprobleme sind dann keine Seltenheit. Das Fell wird struppig und glanzlos. Der betroffene Vierbeiner leidet unter Müdigkeit und das Immunsystem wird geschwächt. Wenn der Wurmbefall schon sehr weit fortgeschritten ist, kann es zu Verstopfungen und sogar zu einem Darmverschluss kommen. Oft entsteht ein heftiger Juckreiz am Darmausgang. Diesem versucht der Hund, durch das sogenannte „Schlittenfahren“ entgegenzuwirken, indem er mit seinem Hinterteil über den Fußboden rutscht.

Eine Therapie findet mittels einer Wurmkur statt. Die Wirkstoffe werden nach 24 Stunden wieder ausgeschieden, deshalb ist auch keine

Prophylaxe möglich. Tierärzte raten oft, den Hund in regelmäßigen Abständen zu entwurmen, damit es nicht zu einem unerkannten und somit sehr starken Befall kommt.

Die Gattung der **Hakenwürmer** kann durch Verschlucken, aber auch über die Haut vom Hund aufgenommen werden. Sie verweilen dann in der Darmschleimhaut, um sich vom Blut ihres Wirtes zu ernähren.

Hat sich ein Hund mit Hakenwürmern infiziert, kann dies daran zu erkennen sein, dass sich Blut in den Hinterlassenschaften befindet. Bei einer Infizierung über die Haut entstehen meist an den entsprechenden Stellen Entzündungen oder das Gewebe weist Schädigungen auf. Bei einem sehr starken Befall kann es zu einem erheblichen Blutverlust kommen, der das Leben des Hundes gefährdet.

Auch in diesem Fall kommen herkömmliche Wurmmittel zum Einsatz. Bei einem starken Befall müsste eventuell eine Wiederholung der Wurmkur nach vier Wochen stattfinden. Ihr Tierarzt informiert Sie gerne über die regelmäßige Anwendung von Wurmkuren.

Ein Befall mit **Peitschenwürmern** kann zu Verdauungsproblemen, aber auch zu einem erhöhten Blutverlust führen. Bei einer sehr starken Population können sich Blut und sogar Teile der Darmschleimhaut in den Hinterlassenschaften des infizierten Hundes befinden. Weiterhin kann Durchfall auftreten. Mit der Zeit kommt es zu einer Blutarmut und infolgedessen zu Müdigkeit und einer Auszehrung des Körpers.

Die heute eingesetzten Wurmkuren zeigen eine große Wirksamkeit gegen Peitschenwürmer. Denken Sie über eine regelmäßige Entwurmung alle drei Monate nach, damit es erst gar nicht zu einem starken Befall kommen kann.

Spulwürmer können vor allem dem Hundenachwuchs großen Schaden zufügen. Ist die Mutter bereits infiziert, können sich die Welpen schon im Mutterleib anstecken. Spätestens aber über die Milch findet die Weitergabe der Würmer statt. Ein adultes Tier infiziert sich mit dieser Wurmart in der Regel durch das Verschlucken der Eier.

Spulwürmer scheiden sehr viele Eier aus, um ihre Gattung zu erhalten. Deshalb besitzen sie auch eine äußerst hohe Widerstandsfähigkeit. Sie kommen in Parks und sogar auf Spielplätzen vor, eine effektive Beseitigung durch eine Desinfektion ist nicht möglich.

Ein Befall mit Spulwürmern sorgt im fortgeschrittenen Stadium für einen Nährstoffmangel. Daraus folgt eine Schwächung des Immunsystems, glanzloses und struppiges Fell sowie Müdigkeit und Abgeschlagenheit. Des

Weiteren kann es zu einer Verstopfung kommen. Daraus resultiert sich wiederum Erbrechen und gegebenenfalls ein blutiger Durchfall. Selbst die Larven des Spulwurmes sind schon in der Lage, verschiedene Organschäden hervorzurufen.

Auch hier helfen kommerzielle Wurmmittel, die Sie bei Ihrem Tierarzt bekommen. Lassen Sie Ihren Hund regelmäßig entwurmen, damit Sie ihm diese Leiden ersparen.

Hat sich Ihr Vierbeiner mit **Lungenwürmern** infiziert, wird meist erst einmal von einer Atemwegserkrankung ausgegangen, denn anfangs leidet der Patient unter Husten. Jedoch können diese Würmer einen erheblichen Schaden anrichten und sogar zum Tod führen.

Weitere Indizien, die für einen Befall mit Lungenwürmern sprechen, sind Nasenbluten und unerklärliche blaue Flecken auf der Haut. Hat dieser Parasit erst einmal das zentrale Nervensystem erreicht, sind auch Verhaltensauffälligkeiten zu beobachten. Weiterhin kann es zu Entzündungen der Augen, Durchfall und Erbrechen, Bauchschmerzen und in der Folge auch zu einer Abmagerung des Hundes kommen.

Eine Therapie findet mittels entsprechender Medikamente oder Spot-Ons statt. Wenn ein Befall mit Lungenwürmern nicht behandelt wird, kann er zum Tod des Hundes führen.

Eine Infizierung mit dem **Gurkenkernbandwurm** kann durch einen Flohbefall verursacht werden, denn während der Fellpflege kann es vorkommen, dass der Hund einige Flöhe verschluckt. Dieser Parasit siedelt sich dann im Verdauungstrakt an.

Symptome kommen meist erst durch einen starken Befall zu Tage. So könnte sich ein Durchfall entwickeln, der von Darmkrämpfen begleitet wird. Auch ein wechselnder Appetit kann vorkommen. Oft zeigen infizierte Hunde auch das sogenannte „Schlittenfahren", um dem Juckreiz am After entgegenzuwirken.

Mit den herkömmlichen Wurmmitteln lässt sich der Gurkenkernbandwurm beseitigen. Eine regelmäßige Entwurmung des Hundes alle drei Monate wird empfohlen.

Der **Herzwurm** kann die stattliche Länge von bis zu 30 cm erreichen. Anfangs siedelt er in den Blutgefäßen der Lunge, um sich im adulten Alter im Vorhof des Herzens oder in dessen Gefäßen aufzuhalten.

Eine Infizierung findet durch den Stich unterschiedlicher Arten von Moskitos statt. Diese sind aber eher in südeuropäischen Ländern am Mittelmeer anzutreffen.

Anfänglich leidet der betroffene Hund unter Husten und Atemnot, da sich die Herzwürmer in der Lunge befinden. Im weiteren Verlauf zeigt der Patient eine allgemeine Schwäche, weil ihm wichtige Nährstoffe entzogen werden. Infolgedessen kommt es zu einer Gewichtsreduktion. Der Vierbeiner leidet unter einer Teilnahmslosigkeit und wird schnell müde.

Hat sich der Wurm im Herzen angesiedelt, kommt es hier zu erheblichen Problemen. Ein Herzversagen ist nicht auszuschließen. Weiterhin könnten die Leber und die Nieren geschädigt werden. Wird ein Befall mit Herzwürmern nicht oder erst spät behandelt, kann er einen tödlichen Ausgang nehmen.

Planen Sie mit Ihrem Hund einen Aufenthalt im Mittelmeerraum, so informieren Sie sich bei Ihrem Tierarzt über eine Prophylaxe. Wenn es zu einer Infizierung gekommen ist, kann eine Therapie meist nicht ohne Komplikationen stattfinden.

Zecken

Gewöhnen Sie sich an den Gedanken, dass Ihr Hund Ihnen die eine oder andere, wohl aber eher mehrere, Zecken mit nach Hause bringen wird. Ihr Liebling wird gerne im Unterholz und auf Wiesen unterwegs sein und genau hier lauern diese Parasiten auf potenzielle Wirte. Leider sind sie nicht ganz ungefährlich, denn sie können durch einen Biss Krankheiten übertragen.

Hat die Zecke einen Wirt gefunden, sucht sie sich eine Stelle auf dem Körper, an der die Haut nicht besonders dick ist. Hier kann sie gut zubeißen, um sich vom Blut ihres Opfers zu ernähren, indem sie ihr Beißwerkzeug durch die Haut sticht. Damit der Wirt den Stich nicht bemerkt und die Zecke abschüttelt, werden gerinnungshemmende und betäubende Substanzen in die Wunde abgegeben. Hier kommt es nun zu einer Ansammlung von Zellflüssigkeiten, Lymphe und Blut, die Nahrung der Zecke, an der sie sich sogleich zu laben beginnt.

Leider können Zecken anfangs nur schlecht ausfindig gemacht werden, denn sie sind mit etwa zwei bis vier Millimetern Größe noch sehr klein. Erst, wenn sie sich „vollgefressen“ haben, nehmen sie eine gut erkennbare Größe von bis zu 15 Millimetern an. Bis es aber so weit ist, kann sie den Wirt schon mit Krankheitserregern infiziert haben. Deshalb warten Sie nicht ab, um die Zecke vielleicht später besser entfernen zu können, sondern erledigen Sie es sofort, nachdem Sie sie entdeckt haben. In der

Regel findet die Ansteckung mit den Erregern nach etwa 12 bis 48 Stunden statt.

Diese Spinnentiere können eine Borreliose, eine Ehrlichiose, eine Babesiose, eine Anaplasmose, eine Hepatozoonose und eine Frühsommer-Meningoenzephalitis (FSME) übertragen. Sie als Mensch können durch einen Zeckenbiss ebenso an Borreliose und FSME erkranken. Kontrollieren Sie deshalb auch Ihren Körper.

Die Winter in Deutschland sind mittlerweile so mild, dass die Parasiten auch während dieser Jahreszeit aktiv sein können. Haben Sie Zecken auf Ihrem Hund gefunden, so wird es sich wahrscheinlich entweder um den Holzbock, die Auwaldzecke oder die braune Hundezecke handeln.

Eine Zecke durchläuft drei Entwicklungsstadien. Das Weibchen kann bis zu 3.000 Eier legen. Dies geschieht im Herbst. Diese Eier entwickeln sich über den Winter zu Larven, die dann schon über sechs Beinchen verfügen. Zu diesem Zeitpunkt braucht die heranwachsende Zecke das erste Mal eine Mahlzeit, um sich danach häuten zu können.

Dieses Entwicklungsstadium wird „Nymphe" genannt. Nach der Häutung sind schon acht Beine vorhanden und die Nymphe sucht sich nun einen größeren Wirt. Nach einer erneuten Blutmahlzeit häutet sie sich abermals.

Nun hat die Zecke das Erwachsenenalter erreicht und kann sich einen passenden Partner zur Paarung suchen. Bevor es jedoch zur Eiablage kommt, muss sie sich erneut nähren und deshalb einen Wirt suchen.

Sind Ihnen nun einige Zecken auf Ihrem Hund aufgefallen, so nehmen Sie eine spezielle Zeckenzange oder eine Pinzette zur Hand, um sie möglichst vollständig zu entfernen. Dazu greifen Sie mit Ihrem Werkzeug zwischen Hundehaut und Zeckenkopf und ziehen die Zecke vorsichtig heraus, ohne sie zu zerquetschen. Sichtbare Veränderungen auf der Haut Ihres Vierbeiners sollten nach einigen Tagen abklingen. Bemerken Sie aber Verhaltensveränderungen oder Ihr Hund wird krank und fiebrig, dann suchen Sie umgehend Ihren Tierarzt auf. Dies gilt auch, wenn Sie die sogenannte „Wanderröte" entdecken.

Einige Symptome können auch erst nach Wochen oder Monaten auftreten. Merken Sie sich deshalb gut, ob und wann Sie bei Ihrem Vierbeiner Zecken gefunden und entfernt haben.

Zur Prophylaxe können Sie verschiedene Spot-Ons verabreichen. Im Handel stehen Ihnen zudem Ungezieferhalsbänder zur Verfügung und Ihr Tierarzt kann Ihnen spezielle Tabletten aushändigen.

Verzichten Sie bitte auf sogenannte „Hausmittelchen". Sie werden auf die unterschiedlichsten Möglichkeiten stoßen, wenn Sie sich mit diesem Thema beschäftigen. So gibt es Bernsteinketten, die vor einem Zeckenbefall schützen sollen. Hin und wieder wird zu Kokosöl geraten, mit dem Sie Ihren Hund einsalben können, und sogar die Gabe von Knoblauch wird empfohlen (Achtung: Knoblauch ist für Hunde giftig!). In der Regel sind solche Hausmittel nicht wirksam und könnten eher der Gesundheit des Hundes schaden.

Verlassen Sie sich besser auf sich selbst und kontrollieren Sie nach jedem Spaziergang das Fell Ihres Lieblings, auch dann, wenn Sie eine gute Vorsorge einsetzen.

Milben

Ein Befall mit Milben kann sehr lästig sein, denn sie können erhebliche Symptome verursachen. Zum Glück können Milben aber keine Krankheitserreger übertragen, wie es bei Flöhen oder Zecken der Fall ist. Die Anzeichen für einen Milbenbefall können recht verschieden ausfallen, da es mehrere Arten dieser Tierchen gibt.

Die **Herbstgrasmilbe** ist zwar recht klein, allerdings auffällig rot gefärbt. Während des Sommers bis in den Herbst hinein wartet dieser Parasit im Gras auf potenzielle Wirte.

Diese Milbe durchläuft, ähnlich wie die Zecke, drei Entwicklungsstadien, an deren Anfang natürlich das Ei steht. Daraus entwickelt sich die Larve weiter bis zur Nymphe. Erst dann ist die Milbe erwachsen. Im adulten Alter besteht ihre Nahrung aus pflanzlichen Materialien, eine Larve ist allerdings auf die Lymphflüssigkeit eines Wirtes angewiesen.

Zu finden ist sie meist zwischen den Zehen, am Kopf und am Bauch des Hundes. Es kann zu einem starken Juckreiz mit Hautveränderungen kommen.

Die **Raubmilbe** befällt unterschiedliche Wirte, selbst den Menschen. Eine Ansteckung kann durch den direkten Kontakt stattfinden, jedoch auch über die Umgebung oder das Spielzeug.

Diese Milbenart lebt auf der Haut seines Wirtes und entwickelt sich auch dort. Beim Hund findet ihre Bewegung zwischen den einzelnen Haaren statt, während sie sich von der Gewebsflüssigkeit ernährt. Was folgt, ist ein erheblicher Juckreiz, der von Hund zu Hund recht unterschiedlich ausfallen kann.

In der Regel sind kleine Hautschuppen erkennbar, die den Raubmilben sehr ähnlich sehen. Sie sind also im Fell des Hundes gut getarnt. Die Erkenntnis über einen Raubmilbenbefall findet meist mit Hilfe eines Mikroskops statt.

Die **Ohrmilben** leben vorzugsweise im äußeren Gehörgang des Hundes. Manchmal finden sie sich auch in der näheren Umgebung der Ohren. Sie lösen einen äußerst starken Juckreiz aus und es entstehen schmerzhafte Entzündungen. In den Ohren des Hundes entwickelt sich eine schwarze Substanz, die wie der Kaffeesatz in Ihrer Kaffeemaschine aussieht.

Auch ein Befall mit **Räude- oder Grabmilben** ist hochansteckend. Ein kurzer direkter Kontakt mit einem infizierten Tier oder dessen Umgebung genügt, um sich diesen Parasiten einzufangen.

Die weibliche Milbe gräbt sich in die Haut ihres Wirtes, um dort ihre Eier, aber auch ihre Hinterlassenschaften abzulegen. Währenddessen ernährt sie sich von der Gewebsflüssigkeit und von den Hautzellen des Hundes. Dieses Graben in die Haut und die Hinterlassung von „Fremdkörpern" führen zu einem sehr starken Juckreiz.

Wenn Sie bei Ihrem Vierbeiner rötliche Flecken an den Ellenbogen und am Bauch feststellen, könnte ein Befall mit dieser Milbenart vorliegen. Durch das ständige Kratzen verliert er das Fell und die Haut wird schuppig. Mit der Zeit verdicken diese Stellen vollständig.

Eine Diagnose findet mittels eines Hautabstriches statt. Jedoch könnte auch eine Fehldiagnose erfolgen, denn schon sehr wenige Milben lösen diesen heftigen Juckreiz aus und bleiben dann unerkannt. Meist wird deshalb bei einem starken unerklärlichen Juckreiz prophylaktisch gegen Räudemilben behandelt, um zu sehen, ob sich dann eine Verbesserung des Zustandes einstellt. Ist dies der Fall, so wird eine tatsächliche Infektion als erwiesen angesehen.

Die **Haarbalgmilbe** lebt in Symbiose mit ihrem Wirt. Nahezu jedes Lebewesen beherbergt diesen Bewohner, auch Sie. Wie der Name dieses Parasiten schon vermuten lässt, lebt sie in den Haarfollikeln und Talgdrüsen. Hier ernährt sie sich vom Zellabfall und der Gewebsflüssigkeit ihres Wirtes. Auch die Fortpflanzung findet hier statt. Außerhalb dieser Umgebung kann die Haarbalgmilbe nicht überleben.

Ist sie nun in einer normalen Population vorhanden, stört sie den Hund nicht weiter. Es gibt keine Symptome, die auf einen Befall hinweisen könnten. Diese Milben „entsorgen" sogar ihre Hinterlassenschaften in eigenen Zellen, um keine allergischen Reaktionen wie einen Juckreiz hervorzurufen. Liegt jedoch ein besonders starker Befall vor, kann es zu der sogenannten „Demodikose" kommen. In den meisten Fällen ist dann das Immunsystem des Hundes geschwächt.

Zu einer Infektion mit der Haarbalgmilbe kommt es gleich nach der Geburt des Hundes. Während der kleine Welpe bei seiner Mutter trinkt, wandert die Milbe von ihr auf den Nachwuchs über.

Um eine sichere Diagnose für einen Milbenbefall zu stellen, wird meist ein oberflächliches Geschabsel von der Haut genommen. Dies kann dann unter dem Mikroskop untersucht werden. Bei einem Verdacht auf Ohrmilben wird ein Abstrich aus den Ohren genommen.

Eine Therapie sollte nicht nur am erkrankten Hund stattfinden, sondern auf alle im Haushalt befindlichen Lebewesen ausgeweitet werden. Eine erneute Ansteckung ist sonst nicht ausgeschlossen. Damit wirklich alle Entwicklungsstadien der Milbe vernichtet werden, ist eine mehrfache Behandlung notwendig. Verfügt Ihr Hund über ein sehr langes Fell, könnte ein Scheren den Erfolg der Therapie begünstigen. Nebenbei werden natürlich auch die Begleitsymptome wie Entzündungen oder Hautreizungen behandelt.

Aber nicht nur der Hund muss behandelt werden, sondern auch Ihre Wohnung. In regelmäßigen kurzen Abständen sollten Sie alles absaugen und feucht durchwischen. Verwenden Sie hierfür am besten ein sogenanntes „Kontaktinsektizid". Alle Gegenstände, mit denen Ihr Vierbeiner in Berührung kam, müssen penibel gereinigt und desinfiziert werden, damit die Milben keine Überlebenschance haben.

Eine Vorbeugung gegen einen Milbenbefall kann durch eine Zeckenprophylaxe erfolgen. Wenn Sie Ihrem Hund regelmäßig geeignete Spot-Ons verabreichen, kann in den meisten Fällen eine Infektion mit Milben vermieden werden. Einzige Ausnahme ist die Haarbalgmilbe, denn sie gehört zur gesunden Hautfauna dazu. Eine Vorbeugung ist deshalb nicht möglich.

Durchfall

Sie werden im gesamten Hundeleben sicher nicht umhinkommen, den einen oder anderen Durchfall bei Ihrem Liebling erleben zu müssen. Wenn es zu einem solchen kommt, ist in der Regel irgendetwas mit dem Verdauungssystem nicht in Ordnung. Meist handelt es sich jedoch zum Glück um minderschwere Fälle und ist völlig harmlos. Manchmal jedoch kann auch etwas Ernsteres dahinterstecken, deshalb sollten Sie Ihren Vierbeiner in der nächsten Zeit gut beobachten und vielleicht auch die Hinterlassenschaften etwas genauer analysieren. Dies wird sicher nicht zu Ihren Lieblingsbeschäftigungen werden, aber so können Sie durchaus schon selbst feststellen, ob Ihr Hund dringend behandelt werden muss oder nicht.

Sieht nun der Kot Ihres Vierbeiners etwas dünner als üblich aus, handelt es sich schon um einen Durchfall. Beobachten Sie, wann und wie oft Ihr Hund sich erleichtern muss und ob sich die Konsistenz wieder ins Normale ändert. Dann brauchen Sie nicht weiter zu handeln. Sollte sich der Durchfall aber verschlimmern, die Hinterlassenschaften also immer flüssiger werden und über mehrere Tage anhalten, oder sollte sich der allgemeine Zustand Ihres Hundes ins Negative verändern, so suchen Sie selbstverständlich Ihren Tierarzt auf, damit die Ursache gefunden werden kann.

Ein Durchfall ist bereits dann vorhanden, wenn Ihr Hund öfter als gewöhnlich seinen Kot absetzen muss. In der Regel dauert es bis zu 24 Stunden nach der Nahrungsaufnahme, bis das Futter verdaut wieder ausgeschieden wird.

Zudem liegt eine veränderte Beschaffenheit vor. Diese kann breiig, flüssig oder schleimig sein, auch farblich könnte eine Veränderung vorhanden sein. Weiterhin könnte sich Blut darin befinden.

Die Ursachen können recht vielfältig sein, ist der Durchfall doch meist eine Begleiterscheinung anderer Krankheiten. Es handelt sich also eigentlich um ein Symptom und nicht um eine eigenständige Krankheit. In der Regel liegt aber ein Problem im Magen-Darm-Trakt vor, einhergehend oft auch mit Blähungen, Bauchschmerzen und Erbrechen. Zeigt sich Ihr Vierbeiner ansonsten gesund, beobachten Sie das Geschehen erst einmal. Spätestens nach drei Tagen sollte sich der Zustand aber bessern.

Eine Diarrhö kann entweder akut oder chronisch sein. Ist der Durchfall nach 24 Stunden wieder abgeklungen, war es eine akute Diarrhö.

Dauert er jedoch länger als zwei Wochen, wird von einer chronischen Diarrhö gesprochen. Weiterhin müssen Sie in der Lage sein, zu erkennen, ob es sich tatsächlich um ein chronisches Ereignis handelt oder ob es sich um Symptome mit wechselnden Ausscheidungen handelt, sich also Durchfall und normaler Kotabsatz abwechseln.

Ein akuter Durchfall ist vorhanden, wenn Ihr Hund ganz plötzlich, ohne vorherige Anzeichen, eine Störung im Magen-Darm-Trakt hat und deshalb breiig bis dünnflüssig ausscheidet. Sind keine weiteren Beeinträchtigungen zu erkennen und die Diarrhö verschwindet spätestens nach drei Tagen wieder, können Sie beruhigt sein. Wahrscheinlich handelt es sich um eine natürliche Reinigung des Darmes. Möglicherweise könnte aber auch ein Befall mit Parasiten vorliegen. Hat Ihr Vierbeiner kürzlich Medikamente oder eine Impfung verabreicht bekommen? Auch das könnte ursächlich für einen akuten Durchfall sein, ebenso aber auch eine Umstellung der Ernährung, die zu schnell erfolgt ist. In allen Fällen beobachten Sie Ihren Vierbeiner und gehen mit ihm zum Tierarzt, wenn entweder der Durchfall nicht rückläufig wird oder aber sich sein Allgemeinzustand verschlimmert. Bieten Sie ihm eine Schonkost an, nachdem Sie ihn einen Tag fasten gelassen hatten.

Um einen chronischen Durchfall handelt es sich, wenn er länger als zwei Wochen anhält oder aber nach dem Abklingen innerhalb kurzer Zeit erneut auftritt. Eine chronische Diarrhö kann viele Ursachen haben, deshalb ist es hier auch schwieriger, eine Diagnose zu stellen. Er kann seinen Ursprung im Dickdarm oder im Dünndarm haben. Scheidet Ihr Vierbeiner einen schleimigen Kot ohne Futterreste aus, findet sich das Problem wahrscheinlich im Dickdarm. Wird das Futter allerdings überwiegend unverdaut wieder ausgeschieden und Ihr Hund wird sichtlich dünner, könnte eine Störung im Dünndarm ursächlich sein. Dann wird sich wahrscheinlich auch Blut im Stuhlgang befinden und die Menge der Ausscheidungen ist unüblich groß. In solchen Fällen sollten Sie immer Ihren Tierarzt zurate ziehen.

Ein chronischer Durchfall kann zum Beispiel in Stress- oder Angstsituationen auftreten. Es könnte aber auch eine Unverträglichkeit auf bestimmte Nahrungsmittel vorhanden sein. Zu guter Letzt könnten auch Bakterien für eine gestörte Darmflora sorgen und somit einen chronischen Durchfall auslösen. Es sollte auf jeden Fall eine Nahrungsumstellung auf ein spezielles Futter erfolgen und Ihr Veterinär wird Ihnen entsprechende

Medikamente bereitstellen, die den Darm-Trakt wieder auf Vordermann bringen.

Wenn Sie Ihren Liebling recht gut kennen und wissen, wie er sich normalerweise verhält, könnten Sie einen aufkommenden Durchfall vielleicht schon an bestimmten Signalen, die Ihr Hund aussendet, erkennen.

Zu den typischen Voranzeichen einer Diarrhö gehören Nervosität, Trägheit und ein allgemeines Unwohlsein. Vielleicht leidet Ihr Hund schon unter einer Appetitlosigkeit und verweigert die Nahrungsaufnahme. Der Darm könnte Geräusche von sich geben, die eigentlich nicht zu hören sind, und Ihr Hund zeigt ein übermäßiges Bedürfnis, nach draußen zu wollen.

Weitere Symptome könnten sich in Bauchschmerzen mit einhergehenden Magenkrämpfen äußern. Ihr Vierbeiner leidet unter Blähungen und zeigt ein auffälliges Zittern. Zudem könnten noch Fieber und Erbrechen hinzukommen. All diese Vorkommnisse deuten darauf hin, dass es in Kürze zu einem Durchfall kommt und Ihr Hund sich möglicherweise sehr oft erleichtern muss. Gehen Sie deshalb rechtzeitig mit ihm an die frische Luft, damit Ihre Wohnung nicht verunreinigt wird.

Durchfall ist immer sehr ernst zu nehmen, denn der Körper verliert dadurch viel Flüssigkeit, was in der Folge zu einer Dehydrierung führen kann. Sorgen Sie deshalb dafür, dass immer frisches Wasser bereitsteht, und animieren Sie Ihren Hund auch gegebenenfalls zum Trinken. Mischen Sie zum Beispiel stark verdünnte Fleischbrühe unter das Trinkwasser. Achten Sie darauf, dass sich in der Brühe kein Salz, Glutamat oder Hefeextrakt befindet.

Bis der Durchfall wieder abgeklungen ist, sollten Sie auf die Gabe von Leckerlis und Kauartikeln verzichten. Reichen Sie dem Patienten eine Schonkost, damit sich Magen und Darm regenerieren können. Hierbei handelt es sich dann um leicht verdauliche Nahrungsmittel wie Hühnchen oder Pute mit Reis oder Kartoffeln. Gönnen Sie Ihrem Hund viel Ruhe und reduzieren Sie die Länge der Spaziergänge. Ein kurzes Gassigehen ist in diesem Fall völlig ausreichend.

Einer Diarrhö können Sie bis zu einem gewissen Punkt vorbeugen. Um auslösende Faktoren zu verhindern, sorgen Sie für eine ausgewogene und gesunde Ernährung, damit sich eine gute Darmflora entwickeln kann. Vermeiden Sie vor allem bei einer geplanten Futterumstellung, diese zu schnell durchzuführen.

Ausreichend Bewegung an der frischen Luft wirkt sich immer günstig auf die Gesundheit Ihres Vierbeiners aus.

Säubern Sie täglich die Futternäpfe Ihres Vierbeiners. Hier bilden sich schnell Bakterien, die zu einem Durchfall führen können. Übriggebliebene Futterreste entsorgen Sie nach kurzer Zeit. Überdenken Sie die Ration Ihres Hundes und füttern Sie gegebenenfalls mehrere kleinere Mahlzeiten am Tag.

Erbrechen

Auch bei einem Erbrechen handelt es sich um ein Symptom, welches bei vielen verschiedenen Krankheitsbildern zu finden ist. Die wirkliche Ursache herauszufinden, kann daher schon zur Detektivarbeit werden.

Wenn Ihr Hund sich erbricht, wird ein Schutzreflex ausgelöst. Irgendetwas befindet sich im Körper, was dort nicht hingehört und schnellstmöglich wieder rausmuss. Um diesen Prozess in Gang zu setzen, müssen die Bauchmuskeln, das Zwerchfell und die Atmung eine gute Zusammenarbeit leisten.

Bevor es jedoch zum Erbrechen kommt, wird Ihr Vierbeiner unter Übelkeit leiden. Das bemerken Sie an seiner plötzlichen Unruhe, einem vermehrten Schlucken und Schmatzen sowie an einem übermäßigen Speicheln. Der starke Speichelfluss sorgt dafür, dass die Speiseröhre beim Erbrechen etwas vor der Magensäure geschützt wird.

Nun wird Ihr Vierbeiner anfangen, zu würgen. Das Zwerchfell und die Bauchmuskeln ziehen sich zusammen, wobei der Kehlkopf und das Maul aber reflexgesteuert geschlossen bleiben. Dadurch kommt es zu einem Unterdruck, der für den Rückfluss des Mageninhaltes in die Speiseröhre sorgt.

In der Schlussphase fließt das Erbrochene schließlich aus dem geöffneten Maul des Hundes heraus. Damit nichts in die Luftröhre gelangen kann, bleibt der Kehldeckel geschlossen.

Wie schon erwähnt, kann es unterschiedliche Auslöser für ein Erbrechen geben. Viele Organe im Körper sind mit dem „Brechzentrum" im Gehirn verbunden und können dementsprechende Signale aussenden. Auch das zentrale Nervensystem ist in der Lage, den Brechreiz zu aktivieren. Deshalb liegt bei einem Erbrechen nicht immer unbedingt eine Magenverstimmung vor und es kann sich deshalb auch um ein Begleitsymptom einer anderen Krankheit handeln.

Dies könnte zum Beispiel eine Tumorerkrankung sein. Vielleicht ist Ihr Vierbeiner aber auch nervös, weil ihm beim Autofahren schwindelig wird. Das kann schnell zu einem Erbrechen führen. Möglicherweise ist Ihr Hund auch durch einen unangenehmen Geruch zum Brechen animiert worden. Selbst eine Entzündung der Ohren kann ein solches Phänomen auslösen. Selbstverständlich könnten aber auch eine Futtermittelunverträglichkeit, eingenommene Medikamente oder aber im schlimmsten Fall auch Giftstoffe, die zu einer Vergiftung führen, ursächlich sein. Weiterhin könnte Ihr Hund einen Fremdkörper verschluckt haben, der sich nun wieder den Weg nach draußen sucht. Ebenso sorgen Leber- oder Nierenerkrankungen für ein Erbrechen und auch Parasiten sollten nicht ausgeschlossen werden.

Die wirkliche Ursache für das Erbrechen herauszufinden, kann demnach sehr schwer sein. Der Tierarzt wird Ihnen viele Fragen stellen, um sich ein Bild machen zu können. Überlegen Sie deshalb, ob Ihr Hund weitere Symptome wie Durchfall oder Fieber hat. Zudem ist es für ihn wichtig, zu wissen, wie lange das Erbrechen schon anhält, damit er abwägen kann, ob es sich hier schon um einen chronischen Verlauf handelt. Weiterhin möchte Ihr Veterinär wissen, wie das Erbrochene aussieht.

Anschließend wird Ihr Vierbeiner gründlich untersucht und auch gegebenenfalls geröntgt oder einer Ultraschalluntersuchung unterzogen. So können Fremdkörper oder gar Tumore erkannt werden, die für das Erbrechen verantwortlich sein könnten. Weiterhin kann eine Blutuntersuchung Aufschluss darüber geben, ob eine Infektion vorhanden ist. Zusätzlich kann eine Kotprobe analysiert oder eine Endoskopie durchgeführt werden.

Bei einem einmaligen kurzen Erbrechen brauchen Sie sich nicht weiter zu sorgen. Beobachten Sie Ihren Hund, ob es ihm ansonsten gut geht, und geben Sie ihm vielleicht für einige Tage eine Schonkost. Achten Sie darauf, dass er ausreichend Wasser zu sich nimmt, um nicht innerlich auszutrocknen.

Bei weiteren Symptomen gehen Sie umgehend zum Tierarzt. Dieser wird nach einer gestellten Diagnose entsprechende Maßnahmen einleiten und Sie über den weiteren Verlauf aufklären.

Ein wenig vorbeugen können Sie, damit das Risiko eines Erbrechens minimiert werden kann. Achten Sie zum Beispiel darauf, dass Ihr Vierbeiner seine Mahlzeit langsam zu sich nimmt, sie also nicht hinunterschlingt. Organisieren Sie gegebenenfalls einen speziellen Napf, der ein Schlingen verhindert.

Seien Sie ebenso achtsam bei einer unkontrollierten Aufnahme von Fremdkörpern oder scheinbar fressbaren Dingen, wenn Sie mit Ihrem Hund unterwegs sind. Lassen Sie ihn auch nicht aus Pfützen trinken, denn hier könnten viele Bakterien enthalten sein, die eine Magen-Darm-Infektion begünstigen. Dies gilt auch für salzhaltiges Meerwasser oder chlorhaltiges Poolwasser. Für Unstimmigkeiten im Magen kann auch die Aufnahme von Schnee ursächlich sein. Deshalb sollte Ihr Hund keinen Schnee fressen.

Wenn Sie diese wenigen Dinge beachten, tragen Sie einen großen Anteil zur Vorsorge bei und Ihr Hund wird vielleicht vor dem einen oder anderen Erbrechen verschont bleiben.

Vergiftung

Schnell kann sich Ihr Vierbeiner eine Vergiftung zuziehen, sei es durch unachtsames Herumliegenlassen von Nahrungsmitteln, die für die Fellnase ungenießbar sind, oder aber durch die Aufnahme eines sogenannten Giftköders. Leider kommt es in der letzten Zeit immer häufiger dazu, dass Personen aus bestimmten Gründen solche Köder auslegen, um Tieren damit einen erheblichen Schaden zuzufügen. Diese sind dann meist mit Rattengift oder Ähnlichem, aber auch mit Rasierklingen, bestückt.

Damit Ihr Liebling nun nicht unkontrolliert irgendetwas vom Fußboden aufnimmt und in sich hineinschlingt, können Sie mit ihm ein Antigiftködertraining absolvieren. Informieren Sie sich in einer in Ihrer Nähe befindlichen Hundeschule darüber. Hier werden Ihnen auch Ratschläge und Tipps an die Hand gegeben, die Sie zu Hause praktizieren können.

Wenn Sie darüber Kenntnis erlangen, dass in dem Gebiet, in dem Sie sich mit Ihrem Hund häufiger aufhalten, Giftköder ausgelegt wurden, so führen Sie ihn hier immer an der Leine. Sie können auch mit einem speziellen Giftködertraining wahrscheinlich nicht immer kontrollieren und aufpassen, dass Ihr Liebling nicht doch einmal etwas in sich hineinschlingt, denn es liegt nun einmal in der Natur eines Hundes, gefundenes Fressen auch aufzunehmen.

Vor „Vergiftungsunfällen“ im eigenen Heim können Sie Ihren Vierbeiner aber schützen. Sie haben schon in einem vorherigen Kapitel einiges über Lebensmittel erfahren, die ungenießbar und zum Teil sogar giftig für Ihren Hund sind. Solche Nahrungsmittel sollten Sie zum Beispiel niemals offen herumliegen lassen. Auch Ihre Tabletten, Reinigungsmittel und Pflegemittel bewahren Sie bitte in einem geschlossenen Schrank auf.

Bei aller Vorsicht kann es natürlich trotzdem dazu kommen, dass Ihre Fellnase etwas frisst, was ihr nicht bekommt. Nun geht es darum, eine Vergiftung zu erkennen und zu wissen, wie Sie in diesem Fall handeln müssen.

Je nachdem, welcher Giftstoff und wie viel davon aufgenommen wurde, werden Sie eine Vergiftung meist sofort, spätestens aber nach einigen Stunden erkennen. Eine Ausnahme bilden hier allerdings das Rattengift und ähnliche Bekämpfungsmittel. Diese sind dafür ausgelegt, erst nach einigen Tagen ihre Wirkung zu zeigen.

Mögliche Anzeichen einer Vergiftung sind ein Zittern am ganzen Körper und vermehrtes Speicheln, begleitet von Durchfällen und Erbrechen. Es könnte sich in den Ausscheidungen Blut befinden. Der betroffene Hund zeigt entweder eine starke Aufregung oder eine Teilnahmslosigkeit. Weiterhin zeigen sich Veränderungen an der Mundschleimhaut und/oder den Pupillen. Es kann zu Kreislaufproblemen kommen, die in einem Kollaps mit Verlust des Bewusstseins enden. Erhebliche Probleme mit der Atmung sind keine Seltenheit.

Dies sind nur einige der möglichen Symptome einer Vergiftung. Bei dem geringsten Verdacht suchen Sie umgehend einen Tierarzt auf, denn jetzt zählt jede Minute. Berichten Sie schon am Telefon von Ihrem Verdacht einer Vergiftung und teilen Sie auch die Art des Giftstoffes mit, sofern Sie wissen, was Ihr Hund zu sich genommen hat. So kann der Tierarzt in der Zwischenzeit Vorkehrungen für die Behandlung treffen.

Sie selbst können nicht viel ausrichten, außer Ihrem Hund zur Seite zu stehen. Beruhigen Sie ihn bestmöglich und versuchen Sie, eine Probe des aufgenommenen Giftstoffes zu sichern.

Hat Ihr Vierbeiner bereits das Bewusstsein verloren, so lagern Sie ihn auf der Seite. Positionieren Sie seinen Kopf so, dass Flüssigkeiten aus dem Maul herauslaufen können, damit keine Erstickungsgefahr besteht.

Niemals sollten Sie versuchen, ein Erbrechen künstlich herbeizuführen. Dies ist bei Hunden ohnehin kaum möglich und zudem wäre es äußerst gefährlich, wenn die giftigen Substanzen erneut die Speiseröhre passieren und diese zusätzlich reizen würden. Experimentieren Sie auch nicht mit Hausmittelchen herum. Milch oder Öle können die Aufnahme des Giftstoffes beschleunigen und Sie erreichen dann das Gegenteil. Befinden sich giftige Substanzen im Fell Ihres Hundes, so scheren Sie die entsprechenden Bereiche, bevor Sie den Tierarzt aufsuchen.

Ob nun eine Therapie erfolgversprechend ist, hängt von der Art des Giftes ab und davon, wie lange die Einnahme schon zurückliegt. In der heutigen Veterinärmedizin stehen aber schon viele Möglichkeiten zur Verfügung, um dem betroffenen Vierbeiner zu helfen und ihm somit das Leben zu bewahren.

Anfangs werden auf jeden Fall der Kreislauf stabilisiert und die vorhandenen Symptome behandelt. Währenddessen werden auch Maßnahmen ergriffen, um den Giftstoff wieder aus dem Körper herauszubekommen oder zumindest eine weitere Aufnahme in den Körper zu verhindern bzw. zu minimieren.

Wurde das Gift oral aufgenommen, könnte ein Brechmittel zum Einsatz kommen oder aber ein Abführmittel verabreicht werden. Manchmal ist auch ein Einlauf nötig, um die Prozedur zu beschleunigen. Auch eine Magenspülung wäre denkbar. Des Weiteren gibt es Medikamente, die in der Lage sind, die im Körper befindlichen Giftstoffe zu binden. Hinzu kommen wahrscheinlich Infusionen, um das Gift aus dem Körper zu schwemmen.

In vielen Fällen besteht eine gute Aussicht auf Erfolg, wenn Sie selbst die Vergiftung rechtzeitig erkannt haben. Je schneller eine Therapie stattfindet, desto höher sind die Überlebenschancen, selbst bei einer Einnahme von Rattengift.

WICHTIGE IMPFUNGEN

Sie kennen dieses Procedere sicherlich, wenn Sie eigene Kinder haben. Ganz oft hören Sie, Ihr Sprössling muss wieder geimpft werden. Es ist zur Selbstverständlichkeit geworden, dass alle notwendigen Impfungen durchgeführt werden. Doch wie ist es bei Ihrem Hund? Muss auch hier geimpft werden und wenn ja, gegen was?

Vorweg sei erwähnt, dass es in Deutschland nicht zur Pflicht gehört, den Hund impfen zu lassen. Wenn Sie absolut dagegen sind, müssen Sie es nicht tun. Dennoch wird es dringend empfohlen, bestimmte Immunisierungen durchführen zu lassen, denn nur so ist es möglich, gefährliche Krankheiten auszurotten oder zumindest eine Ausbreitung zu minimieren. Denken Sie hier nur einmal über die gefürchtete Kinderlähmung bei uns Menschen nach. Diese Krankheit und noch einige andere konnten nur mithilfe von Impfungen in Deutschland ausgerottet werden.

Auch für Ihr geliebtes Haustier stehen verschiedene Impfungen zur Verfügung, die Sie unbedingt verabreichen lassen sollten. Diese wären gegen Parvovirose, Staupe und Leptospirose. Weiterhin werden Impfungen gegen Tollwut und Hepatitis empfohlen, obgleich sie nicht mehr zu den sogenannten Pflichtimpfungen gehören. Meist sind diese Vakzine aber ohnehin in den Kombipräparaten vorhanden und werden deshalb immer noch verabreicht.

Vom Züchter Ihres Vierbeiners werden Sie einen Impfpass ausgehändigt bekommen, in dem die ersten Impfungen der Grundimmunisierung verzeichnet sind. Lassen Sie sich von Ihrem Tierarzt beraten, wann die nächsten Termine anstehen.

Warum impfen lassen?

Wie bei uns Menschen ist auch das Impfen bei Hunden oder Haustieren allgemein sehr wichtig. Nur so lassen sich gefährliche Krankheiten ausrotten oder zumindest minimieren. In erster Linie schützen Sie Ihren Liebling vor diesen Krankheiten, jedoch gibt es auch Hunde, die nicht geimpft werden können oder dürfen.

Welpen zum Beispiel werden frühestens mit acht Wochen das erste Mal geimpft. Bis dahin genießen Sie einen Immunschutz, den sie von ihrer Mutter mitbekommen haben, wenn sie denn selbst geimpft wurde. Ohne diese Impfungen kann die Hündin natürlich auch keinen Immunschutz weitergeben.

Dann wiederum gibt es Hunde, die aufgrund verschiedener Erkrankungen keine Impfungen empfangen können. Deshalb ist es wichtig, dass die Artgenossen in der näheren Umgebung einen Impfschutz vorweisen können. So ist eine Ansteckung auf den ungeimpften Hund so gut wie ausgeschlossen. Hier kommt dann die sogenannte Herdenimmunität zum Tragen.

Diese Herdenimmunität sorgt im Übrigen auch dafür, dass gefährliche Krankheiten, wie zum Beispiel die Staupe, nicht übermäßig ausbrechen, auch wenn einige Tiere nicht dagegen geimpft sind, weil es die Besitzer einfach ablehnen. Solche „Impfgegner“ sind leider keine Seltenheit, aber hier sollte sich vor Augen geführt werden, dass ein Impfschutz, der nur noch bei jedem zweiten Hund gegeben ist, nicht mehr ausreicht, um eine Ausbreitung von Krankheiten zu verhindern. Mindestens 70 % der Hunde müssen geimpft sein und regelmäßig Auffrischungen erhalten, damit die Herdenimmunität zum Wirken kommt.

Sie schützen also nicht nur Ihren eigenen Vierbeiner vor diesen Krankheiten, sondern im Endeffekt die gesamte Population. Aber nicht nur diese, denn einige Erreger befallen auch den Menschen, also Sie. Mit den Impfungen verhindern Sie demnach auch die Ausbreitung bestimmter Krankheiten innerhalb der Menschheit.

Die Grundimmunisierung

Die erste Impfung der Grundimmunisierung hat der Züchter bereits in der achten Lebenswoche des Welpen durchführen lassen. Hier werden Vakzine gegen Staupe (S), Parvovirose (P), Leptospirose (L) und Hepatitis (H) verabreicht.

Ist der Welpe 12 Wochen alt, werden diese Impfungen noch einmal durchgeführt, allerdings ergänzt um eine Impfung gegen Tollwut (T).

Mit 15 Wochen wird alles, außer die Tollwutimpfung, noch einmal aufgefrischt.

Befindet sich der Welpe im 15. Lebensmonat, werden alle Impfungen, auch die Tollwutimpfung, noch einmal durchgeführt und somit ist die Grundimmunisierung abgeschlossen.

Dieser Impfplan wird von der Ständigen Impfkommission Veterinärmedizin (StIKo Vet) empfohlen und sollte so durchgeführt werden. So soll sichergestellt werden, dass ein Welpe auf jeden Fall genug Antikörper gegen diese Krankheiten bilden kann und deshalb vor diesen geschützt ist.

Lassen Sie sich von Ihrem Tierarzt beraten. Er wird Sie auch gerne an die Termine zum Impfen erinnern, damit der Impfschutz immer aktuell bleibt

Was bewirkt eine Impfung?

Das Impfen bei Hunden wird immer wieder heiß diskutiert und nicht wenige Hundehalter sind absolut dagegen. Wenn auch Sie noch nicht 100-

prozentig davon überzeugt sind, so sollten Sie sich dennoch einmal darüber informieren, was eine Impfung bewirkt und warum sie wirklich wichtig ist.

Diese verabreichten Vakzine sollen Ihren Hund vor gefährlichen und hochansteckenden Krankheiten schützen. Jedoch wird nicht nur Ihr Vierbeiner damit geschützt, sondern auch solche, die nicht geimpft werden können oder dürfen. Dies kann aus verschiedenen Gründen der Fall sein. Vielleicht leidet das Tier unter Vorerkrankungen, die ein Impfen nicht möglich machen, oder aber das Immunsystem ist derart geschwächt, dass eine Impfung keinen Sinn machen würde. Ist nun aber Ihr Vierbeiner gegen diese Ansteckungen geschützt, so kann er auch keine anderen Artgenossen infizieren und schützt deshalb auch den ungeimpften Hund.

Beim Impfen werden abgetötete oder abgeschwächte Viren oder Teile davon dem Organismus zugeführt. Es sind zu wenige, um die Krankheit ausbrechen zu lassen, aber das körpereigene Immunsystem wird dazu aufgefordert, sich mit diesen Erregern auseinanderzusetzen und dementsprechend Antikörper zu bilden.

Damit der Schutz nun möglichst lange erhalten bleibt, ist das Immunsystem in der Lage, sogenannte „Gedächtniszellen" zu produzieren. Sie speichern das Aussehen der entsprechenden Erreger und streifen nun wie eine „Gesundheitspolizei" durch den Körper. Finden Sie erneut diese Viren, können sie sofort sehr viele Antikörper dagegen bilden, die sich sogleich mit der Vernichtung beschäftigen.

Das Immunsystem Ihres geimpften Hundes weist also einen deutlichen Vorsprung zu ungeimpften Artgenossen auf, denn es kennt den Erreger bereits und kann sofort handeln. Das Virus hat meist gar keine Gelegenheit mehr, sich großartig auszubreiten und den Hund krank zu machen.

Trotzdem gibt es durch die Impfungen keinen absoluten Schutz vor Ansteckung oder Erkrankung. Jedoch wird das Risiko erheblich minimiert und in sehr vielen Fällen wird dadurch eine Infektion oftmals noch nicht einmal erkannt.

Nebenwirkungen

Die empfohlenen Impfungen sind für den Schutz der gesamten Hundepopulation äußerst wichtig. Dennoch hat diese Angelegenheit auch ihre Schattenseiten und es könnten Nebenwirkungen entstehen. In der Regel sind diese harmlos und verschwinden nach kurzer Zeit wieder.

Dennoch sollten Sie sich alles Ungewöhnliche, was mit der vorangegangenen Impfung im Zusammenhang stehen könnte, notieren und es Ihrem Tierarzt beim nächsten Besuch mitteilen. Hierbei handelt es sich meist um Schmerzen, Rötungen und Schwellungen an der Einstichstelle, Müdigkeit und leichtes Fieber. Vereinzelt können auch allergische Reaktionen auftreten. Diese gängigen Nebenwirkungen sollten Sie aber in Kauf nehmen, denn im Vergleich zu einer schwerwiegenden Krankheit sind diese zu vertreten.

Alle in Deutschland zugelassenen Impfstoffe sind auf ihre Verträglichkeit untersucht worden. Eine Studie hat gezeigt, dass es nur in 0,0065 % aller durchgeführten Impfungen zu einer schweren Nebenwirkung kommt. Es ist also von einer sehr hohen Sicherheit auszugehen und Sie brauchen nicht zu befürchten, dass Ihr Liebling einen großen Schaden davonträgt.

Zu einer schwereren Impfreaktion zählen Durchfall, Erbrechen, Juckreiz und Abszesse. Diese treten recht selten auf, sind aber typische Nebenwirkungen einer Impfung, die meist durch im Impfstoff enthaltene Hilfsstoffe verursacht werden.

Diese Hilfsstoffe sorgen für eine stärkere Immunantwort des Körpers und somit können entsprechende Antikörper schneller produziert werden. Da von Hersteller zu Hersteller unterschiedliche Hilfsstoffe verwendet werden, kann im Fall einer Impfreaktion zu einem anderen Hersteller gewechselt werden. Mittlerweile sind sogar Impfstoffe ohne solche Hilfsstoffe verfügbar, allerdings ist hier auch der Schutz weitaus geringer.

Pflichtimpfungen

Wie schon erwähnt, müssen Sie Ihren Hund nicht impfen lassen. Eine Pflicht dazu besteht in Deutschland nicht, allerdings die Pflicht der Fürsorge sollte Sie dazu veranlassen, Ihren Vierbeiner nicht ungeschützt durchs Leben gehen zu lassen. Deshalb sollten Sie ihn gegen folgende Krankheiten impfen lassen:

Staupe

Die Staupe ist sehr ansteckend und deshalb äußerst gefährlich. Für den Menschen aber zum Glück nicht. Eine Übertragung kann durch den direkten

Körperkontakt, aber auch über die Gegenstände, mit denen ein infizierter Hund Kontakt hatte, stattfinden.

Diese Viren siedeln vor allem in den Atemwegen, dem Magen-Darm-Trakt oder im Nervensystem. Die Symptome einer Staupeerkrankung sind recht unterschiedlich und vielfältig.

Es kann zu Durchfall, Erbrechen und Fieber kommen. Daneben können Nasenausfluss und Husten auftreten, auch Lähmungen sind möglich. Kommt es zu einem sehr schweren Verlauf, kann diese Krankheit tödlich enden.

Eine Impfung gegen Staupe wurde 1960 eingeführt und bis dahin verloren sehr viele Hunde ihr Leben an dieser Krankheit. Eine heilende Medikation gegen Staupe steht bis heute nicht zur Verfügung. Die Impfung ist der einzige Schutz davor.

Parvovirose

Die Parvovirose wird auch als „Hundeseuche" bezeichnet. Dieses Virus ist nicht minder gefährlich als das Staupevirus, denn es ist ebenso hochansteckend, jedoch für Menschen ungefährlich. Die Ansteckung findet durch den Umgang mit einem infizierten Lebewesen oder durch das Beschnuppern oder Belecken kontaminierter Hinterlassenschaften statt.

Als mögliche Symptome können Fieber, Durchfall (manchmal mit Blut durchsetzt) und Erbrechen auftreten. Kommt es zu einem schweren Krankheitsverlauf, kann es auch zu Problemen mit dem Herzen oder einer Entzündung der Bauchspeicheldrüse kommen.

Bestimmte Medikamente zur Heilung stehen nicht zur Verfügung. Die einzige Möglichkeit ist die Verabreichung von Antibiotika. Dennoch stehen die Chancen einer Genesung recht gut, wenn eine Therapie frühzeitig erfolgt. Eine Impfung schützt Ihren Hund vor dieser Krankheit.

Leptospirose

Die Leptospirose ist auch als „Stuttgarter Hundeseuche" bekannt. Die krankheitserregenden Bakterien können auch den Menschen infizieren, deshalb handelt es sich hier um eine Zoonose. Es gibt viele verschiedene Arten (über 260) mit noch mehr Unterarten der Leptospiren, deshalb gibt es auch mehr als 150 unterschiedliche Säugetierarten, die von ihnen befallen werden können.

Jede Art hat einen Hauptwirt, der die Bakterien mit dem Urin ausscheidet. So können sich wiederum andere Lebewesen durch eine orale Aufnahme, durch Beschnüffeln, durch vorhandene Wunden, durch den Austausch von Körperflüssigkeiten oder durch den Kontakt der Schleimhäute mit dieser Krankheit infizieren. Ein feuchtwarmes Klima begünstigt die Verbreitung dieser Erreger noch zusätzlich.

Ein Hund, der sich nun gerne im Schlamm suhlt oder in Pfützen badet, sowie Vierbeiner, die gerne mit der Nase am Boden herumlaufen, sind besonders gefährdet, sich mit Leptospirose anzustecken.

Der Hauptwirt erkrankt meist nicht oder nur leicht an Leptospirose, da dieser Erreger schon fast dauerhaft vorhanden ist. Ein Nebenwirt kennt diesen Erreger dagegen nicht und erkrankt meist schwer.

Die Symptome einer Leptospirose sind sehr unterschiedlich. Es können Durchfall, Fieber und Erbrechen auftreten. Eine Appetitlosigkeit und eine Teilnahmslosigkeit sind möglich. Wenn die Leber betroffen ist, kann eine Gelbsucht auftreten, die sich durch die Gelbfärbung des Urins bemerkbar macht. Es kommt zu einem übermäßigen Durstgefühl mit einem ebenso übermäßigen Harndrang. Weiterhin kann es zu Hustenanfällen und Atembeschwerden kommen.

Die Ausbreitung im Körper des Hundes geschieht rasend schnell und kein Organ wird dabei verschont. Das Gewebe wird erheblich geschädigt und viele Entzündungen können dadurch entstehen. Wird diese Krankheit rechtzeitig erkannt und behandelt, können bestimmte Medikamente diese Bakterien aufhalten.

Eine sichere Diagnose kann über die Untersuchung von Blut- und Urinproben gestellt werden. Dabei wird getestet, wie viel und ob überhaupt Antikörper gegen Leptospirose vorhanden sind. Auch unter einem Mikroskop sind diese Bakterien erkennbar.

Diese Krankheit ist meldepflichtig. Damit eine weitere Ausbreitung im Körper des Hundes und somit auch die Ansteckungsgefahr eingeschränkt werden, werden als erste Maßnahme Penicillin und Antibiotika verabreicht. Daneben werden alle auftretenden Symptome behandelt. Die Wahrscheinlichkeit, dass der betroffene Hund trotz Therapie verstirbt, ist nicht gering.

Ist der Hund durch eine Impfung geschützt, kann das Immunsystem entsprechende Antikörper bilden und somit die Bakterien rechtzeitig eliminieren, bevor ernstzunehmende Organschäden auftreten.

Hepatitis

Eine Erkrankung an Hepatitis ist in Deutschland sehr selten geworden. Deshalb zählt diese Impfung auch nicht mehr zu den Pflichtimpfungen, die unbedingt verabreicht werden müssen.

Eine mögliche Infektion findet durch den Austausch von Körperflüssigkeiten oder durch das Beschnuppern und Belecken von kontaminierten Hinterlassenschaften statt. Für den Menschen ist dieser Erreger nicht gefährlich, er kann sich nicht damit anstecken.

Hat sich der Hund mit Hepatitis angesteckt, so kann es zu Durchfall und Erbrechen kommen. Da diese Krankheit zu einer ansteckenden Entzündung der Leber führt, zeigen sich auch Veränderungen an den Augen und es kommt zu einer Gelbsucht, da die Leber nicht mehr in der Lage ist, Giftstoffe zu filtern. Der infizierte Vierbeiner verbreitet das Virus mit der Ausscheidung seines Urins in die Umwelt und gefährdet somit andere Lebewesen. Dies ist auch dann der Fall, wenn der Hund keine Symptome einer Hepatitis zeigen sollte, was nicht ungewöhnlich ist.

Geimpft wird gegen Hepatitis mithilfe eines Kombipräparates. Somit ist der Hund vor einer Infektion geschützt.

Tollwut

Bei der Tollwut handelt es sich um eine sogenannte „Zoonose“, was bedeutet, dass sie auch auf den Menschen übertragbar ist. Meist findet die Infektion über einen Biss statt. Von hier aus startet das Virus seine Reise bis ins Gehirn seines Opfers und sorgt für erhebliche Verhaltensveränderungen.

Diese zeigen sich häufig in plötzlich auftretender Aggressivität oder Scheuheit vor dem Menschen. Im weiteren Verlauf kann es zu Lähmungen und Krämpfen kommen, die schließlich zum Tod des Hundes führen.

Bis jetzt gibt es keine Therapie gegen die Tollwut und auch durch eine Impfung ist nicht immer sichergestellt, dass es zu keiner Ansteckung kommt. Sollte Ihr Vierbeiner also einen Biss von einem tollwütigen Tier erleiden, muss er noch am selben Tag sowie drei Tage später eine Impfung gegen die Tollwut erhalten, damit das Immunsystem entsprechende Antikörper aufbauen kann. Ist Ihr Hund allerdings ungeimpft, besteht nur noch ein geringeres Zeitfenster, um diese Immunisierungen durchzuführen. Ob es jedoch auch dazu kommt, entscheiden die Behörden.

Diese Krankheit muss gemeldet werden und einem Amtstierarzt obliegen dann die weiteren Entscheidungen, wie vorgegangen werden soll. Ist der Hund ungeimpft, reicht schon der Verdacht über eine mögliche Infektion mit Tollwut aus, um diesen einschläfern zu lassen. Gegen diese Entscheidung des Amtstierarztes sind auch Sie als Eigentümer des Hundes machtlos.

Ein nachweislich lückenlos geimpfter Hund wird in Quarantäne geschickt, also nicht sofort eingeschläfert.

Die Diagnose auf Tollwut kann immer noch nicht am lebenden Tier gestellt werden. Erst nach der Einschläferung kann durch die Untersuchung der Gehirnmasse festgestellt werden, ob es sich tatsächlich um die Tollwut gehandelt hat.

Der Impfstoff gegen Tollwut gehört mittlerweile nicht mehr zu den Pflichtimpfungen, denn Deutschland gilt inzwischen als tollwutfrei. Dennoch können diese Viren durch Tiere aus dem Ausland eingeschleppt werden. Möchten Sie mit Ihrem Hund grenzüberschreitend verreisen, müssen Sie ihn gegen Tollwut impfen lassen.

Diese Impfung sollten Sie aber dennoch durchführen lassen, allein aus dem oben beschriebenen Grund der Einschläferung bei Verdacht auf Tollwut.

Wiederholungsimpfungen

Damit der Impfschutz, der durch die Grundimmunisierung erfolgt ist, auch aufrechterhalten bleibt, muss er nach einer gewissen Zeit wieder aufgefrischt werden. Diese Zeitintervalle sind je nach Hersteller des verwendeten Impfstoffes recht unterschiedlich.

Gegen die **Staupe** wird in einem Abstand von drei Jahren geboostert. Studien haben sogar eine längere Schutzwirkung von etwa sieben Jahren bis sogar lebenslänglich belegt.

Auch gegen **Parvovirose** wird nach drei Jahren nachgeimpft. Liegt eine ausreichende Grundimmunisierung vor, so ist auch hier der Impfschutz mindestens bis zu sieben Jahre gegeben.

Es gibt viele Erreger, welche die **Leptospirose** auslösen. Für die in Deutschland häufigsten vier Stämme kann geimpft werden. Die Immunisierung muss in jährlichen Abständen aufgefrischt werden. Eine Ansteckung wird zwar nicht unbedingt verhindert, aber der Krankheitsverlauf ist dann weniger stark ausgeprägt. Bei bestimmten

Hundegruppen wird auch eine halbjährliche Wiederholungsimpfung empfohlen.

Bei der **Tollwut** sind Folgeimpfungen alle drei Jahre nötig. Hier kommt es aber dennoch auf die Herstellerangaben an. Empfiehlt dieser eine Wiederholung nach einem Jahr, so sollte dies auch entsprechend eingehalten werden. Für Reisen ins Ausland wird in der Regel auch eine jährliche Boosterung verlangt.

Gegen die **Hepatitis** wird in einem dreijährigen Zeitintervall nachgeimpft. Wissenschaftliche Studien sind sich einig, dass dieser Zeitraum ausreichend ist, denn diese Krankheit kommt in Deutschland kaum noch vor.

Der Titertest

Von den sogenannten Titertests haben Sie sicherlich im Zusammenhang mit Urlaubsreisen schon einmal etwas gehört. Oftmals wird ein solcher Test für den Tollwutschutz verlangt, wenn Sie mit Ihrem Hund grenzüberschreitend verreisen möchten.

Mit diesem Test wird sichergestellt, dass ein Impfschutz ausreichend vorhanden ist. Mittels einer Blutuntersuchung wird analysiert, wie viele Antikörper vorhanden sind. Somit sagt der Titertest aus, ob ein ausreichender Impfschutz vorhanden ist oder eben nicht. Nicht nur für die Tollwut kann er durchgeführt werden, sondern auch für Staupe, Hepatitis und Parvovirose.

Ein solcher Test ist etwas kostspieliger als eine Impfung und sollte sich herausstellen, dass nicht genügend Antikörper vorhanden sind, wird geimpft. Diese Kosten fallen dann zusätzlich für Sie an. Sie könnten Ihrem Hund aber damit vielleicht einige Impfungen ersparen, die ja letztendlich auch Nebenwirkungen hervorrufen könnten. Auf jeden Fall aber wissen Sie immer ganz genau, ob Ihr Vierbeiner über einen ausreichenden Impfschutz verfügt.

Wann sollte nicht geimpft werden?

Nun gibt es immer wieder Situationen, in denen Sie darüber nachdenken sollten, Ihren Hund impfen zu lassen oder besser nicht. Ihr Tierarzt wird Sie auf jeden Fall darüber informieren, wann eine Impfung nicht sinnvoll ist und ob diese entweder verschoben oder gar nicht durchgeführt werden sollte.

Um einem Hund eine Impfung zu verabreichen, muss er absolut gesund sein. Leidet Ihr Vierbeiner gerade unter einer akuten Erkrankung, darf er nicht geimpft werden. Sein Immunsystem hat bereits genügend Arbeit, um die Krankheit zu bekämpfen, und eine Impfung würde hier nur für eine zusätzliche Belastung sorgen. Die Wahrscheinlichkeit, dass die Impfung gar nicht zum Tragen kommt, ist groß. Wäre nun eigentlich eine Auffrischimpfung fällig, so kann diese ohne Probleme verschoben werden. Ihr Hund verfügt trotzdem über einen Impfschutz, auch wenn dieser vielleicht schwächer ausfällt. Mit der späteren Boosterung wird er aber sofort wiederhergestellt und es ist keine neue Grundimmunisierung notwendig.

Ebenso sollte auf eine Impfung verzichtet werden, wenn der Impfling unter Würmern leidet. Der Erfolg und somit der Aufbau von Antikörpern sind nicht gewährleistet. Es wird immer wieder beobachtet, dass zusätzlich zur Impfung eine Wurmkur verabreicht wird. Jedoch sollten am Tag der Impfung keine Würmer vorhanden sein, es muss somit vor der Impfung eine Kontrolle stattfinden, ob überhaupt Würmer vorhanden sind. Wenn nicht, ist die Wurmkur sinnlos und verursacht nur unnötige Kosten.

Liegen bei Ihrem Vierbeiner chronische Erkrankungen vor, sollte unter Umständen auf eine Impfung verzichtet werden. Zu den chronischen Krankheiten zählen zum Beispiel Diabetes mellitus, eine Niereninsuffizienz, das Cushing-Syndrom oder Tumorerkrankungen. Hier muss der Nutzen der Impfung gegen das Risiko von Nebenwirkungen sehr gut abgewogen werden. So sollte zum Beispiel die Impfung aufgeschoben werden, wenn bei einem vorhandenen Diabetes oder dem Cushing-Syndrom noch keine korrekte Einstellung auf die Medikamente erfolgt ist.

Bei einigen Therapien ist es notwendig, das Immunsystem des Hundes herunterzufahren. Dafür stehen sogenannte Immunsuppressiva zur Verfügung. Wird Ihr Vierbeiner mit einem solchen Medikament behandelt, sollte auf keinen Fall geimpft werden. Mit einer Impfung wird ihm der Erreger zugeführt, um Antikörper zu bilden. Das funktioniert aber nur mit einem intakten Immunsystem. Ist dieses geschwächt, kann eine Impfung die Krankheit auslösen. Bei einer vorübergehenden Behandlung ist es kein Problem, den Impfintervall hinauszuzögern.

Während der Läufigkeit einer Hündin ist es nicht empfehlenswert, eine Impfung durchzuführen. Dies gilt auch im Falle einer Trächtigkeit und während sie ihre Welpen aufzieht. Der Organismus der Mutterhündin ist in dieser Zeit ohnehin schon sehr stark belastet und sollte nicht noch zusätzlich mit einer Impfung zurechtkommen müssen. Es gibt allerdings eine Ausnahme: die Impfung gegen das Herpesvirus. Eine Erkrankung kann das infektiöse Welpensterben verursachen. Damit die Mutter den Impfschutz an ihren Nachwuchs weitergeben kann, sollte sie während der Trächtigkeit oder kurz davor geimpft werden.

Ebenso belastend für den Organismus eines Hundes ist der Zahnwechsel. Während dieser Zeit sollte auf eine Impfung verzichtet werden. Die Grundimmunisierung ist meist aber vor dem Wechsel auf das Erwachsenengebiss abgeschlossen.

Sollten Sie wissen, dass auf Ihren Hund eine stressige und anstrengende Zeit zukommt, so planen Sie anstehende Impfungen so, dass diese nicht in diesen Zeitraum fallen. Dies könnte zum Beispiel ein bevorstehender Umzug sein. Eine Impfung während einer Stresssituation kann unter Umständen nicht so gut vertragen werden, denn der Organismus Ihres Hundes ist damit beschäftigt, den Stress zu verarbeiten.

Hat Ihr Vierbeiner jemals irgendwelche Reaktionen auf eine Impfung gezeigt? Dies teilen Sie natürlich Ihrem Tierarzt mit. Dieser wird dann entscheiden, ob der Nutzen einer Impfung den möglichen Risiken einer Nebenwirkung überwiegt oder nicht. Bei besonders schweren aufgetretenen Nebenwirkungen sollte vielleicht besser auf eine erneute Impfung verzichtet werden, wenn keine Möglichkeit besteht, den Hersteller des Impfstoffes zu wechseln.

In all diesen Beispielfällen könnte der Titertest hilfreich sein, denn dieser gibt Aufschluss über den Impfstatus Ihres Hundes und zeigt somit an, ob genügend Antikörper vorhanden sind.

Wahlimpfungen

Bestimmte Impfungen werden nur bei Bedarf durchgeführt. Solche Möglichkeiten sind gegeben, wenn Sie zum Beispiel in einem Risikogebiet für diese Krankheiten leben oder Ihren Urlaub in einem solchen Risikogebiet verbringen wollen. Hier treten dann bestimmte Erreger besonders häufig auf, die nicht minder gefährlich sind wie die in den Pflichtimpfungen beschriebenen.

Zudem kann es bei einer geplanten Zucht notwendig werden, die Hündin gegen bestimmte Krankheiten zu immunisieren, damit auch die Welpen während der ersten Wochen einen Schutz aufbauen können.

Informieren Sie sich bei Ihrem Veterinär darüber, ob Sie eine solche Wahlimpfung bei Ihrem Hund durchführen lassen sollten.

Babesiose (Hunde-Malaria)

Eine Babesiose wird auch als „Hundemalaria" bezeichnet, weil die Symptome ähnlich einer Malaria beim Menschen sind. Bisher wurde diese Krankheit meist aus dem Urlaub mitgebracht, jedoch ist sie auch in Deutschland immer häufiger zu beobachten.

Die Erreger werden durch eine Zecke übertragen. Eine gute Prophylaxe bildet daher schon ein ausgeprägter Zeckenschutz. Die Babesien sind kleine Parasiten, die in den roten Blutkörperchen siedeln. Hier findet die Vermehrung statt und dadurch platzen die Erythrozyten irgendwann. Die darin befindlichen Babesien können nun weitere Blutkörperchen befallen und auch diese zum Platzen bringen. In der Folge entsteht beim erkrankten Hund eine Blutarmut.

Die ersten Symptome können sich bereits nach 24 Stunden bemerkbar machen. Der betroffene Hund leidet unter einer Appetitlosigkeit, einhergehend mit einem Gewichtsverlust. Es kann starkes Fieber auftreten, was wiederum zu einer Müdigkeit und Abgeschlagenheit führt. Es können Wasseransammlungen im Körper auftreten und der Vierbeiner verliert seine bis dahin gute Kondition. Die Schleimhäute könnten eine Gelbfärbung aufweisen und es kann zu Blutungen auf der Haut oder den Schleimhäuten kommen. Eine Atemnot und Blut im Urin sind nicht ausgeschlossen. Im weiteren Verlauf kann auch das zentrale Nervensystem Schaden nehmen und es kommt daher zu Lähmungen, Bewegungsstörungen und epileptischen Anfällen. Im fortgeschrittenen Stadium kann es zu einem akuten Nierenversagen kommen und nur allzu oft endet diese Krankheit mit dem Tod.

Um eine Diagnose stellen zu können, wird Ihr Tierarzt eine gründliche Anamnese durchführen und Sie vor allem nach einem Aufenthalt im Ausland oder nach einem Zeckenbefall befragen. Mittels einer Blutuntersuchung kann eine Infektion mit Babesien nachgewiesen werden.

Ist die Diagnose sichergestellt, werden in erster Linie die Babesien mit geeigneten Medikamenten bekämpft. In der Regel werden zusätzlich

Infusionen verabreicht, um den erkrankten Hund mit Flüssigkeit zu versorgen. Meist wird wegen der Anämie auch eine Bluttransfusion notwendig.

Die Therapie ist leider in vielen Fällen sehr schwierig und oft auch kaum erfolgreich, denn bei der Babesiose handelt es sich um eine sehr schwere Infektionskrankheit. Nur bei einer sehr schnellen und rechtzeitigen Diagnose bestehen gute Heilungschancen. Daher ist eine gute Prophylaxe gegen Zeckenstiche das A und O, um eine solche Krankheit zu vermeiden.

Gegen die Babesiose können Sie Ihren Vierbeiner impfen lassen. Eine Ansteckung wird damit zwar nicht unbedingt verhindert, aber der Verlauf der Krankheit wird deutlich gemildert und somit bestehen bessere Genesungschancen.

Zwingerhusten

Bei dem Zwingerhusten handelt es sich um eine grippeähnliche Erkrankung, er wird deshalb auch als „Hundegrippe" bezeichnet. Diese Krankheit ist äußerst ansteckend und kann aufgrund der Schwächung des Immunsystems weitere bakterielle Infektionen hervorrufen.

Die Symptome zeigen sich in Fieber, Durchfall, Erbrechen mit Würgereiz und Husten. Auslöser können unterschiedliche Viren und Bakterien sein. Der Husten ist ähnlich wie ein Keuchhusten, er klingt trocken und äußert sich in aggressiven Hustenanfällen. Bei einem leichten Verlauf dieser Krankheit kommt es nur zu einem Husten, in schweren Fällen kommen weitere Symptome dazu. Der Vierbeiner leidet unter einer Appetitlosigkeit und ist müde sowie abgeschlagen. Im weiteren Verlauf kann sich auch eine Lungenentzündung entwickeln. Ziehen Sie auf jeden Fall Ihren Tierarzt zurate.

Meist wird der Zwingerhusten durch Bakterien oder Viren hervorgerufen. Befindet sich ein erkrankter Hund in der Nähe, kann schnell eine Übertragung durch die sogenannte Tröpfcheninfektion stattfinden. Aber auch nicht angebrachte Lufttemperaturen, eine zu hohe Luftfeuchtigkeit, eine schlechte Hygiene, Stress, eine Mangelernährung, ein Befall mit Würmern und eine Schwächung des Immunsystems können Auslöser für einen Zwingerhusten sein. Ebenso können sich die Erreger an Gegenständen oder in öffentlichen Wassernäpfen befinden.

Besonders gefährdet sind Hunde, die häufig einen engen Kontakt zu Artgenossen haben. Dies kann zum Beispiel in Tierheimen oder Tierpensionen der Fall sein. Deshalb wird auch meist eine Impfung vorausgesetzt, um den Hund in einer Urlaubspension unterbringen zu können.

Die Diagnose wird durch eine gründliche Untersuchung und eine Anamnese gestellt. Der Tierarzt wird Sie danach befragen, ob Ihr Hund kürzlich einen sehr intensiven Kontakt zu Artgenossen hatte. Mit Hilfe eines Abstriches aus dem Rachenraum wird der Erreger ermittelt, damit die richtige Medikation zugeführt werden kann.

Liegt nur eine leichte Infektion vor, klingen die Beschwerden meist von allein ab. Unterstützend werden wahrscheinlich hustenlindernde oder fiebersenkende Medikamente verschrieben. Bei einem schweren Verlauf kann es zu weiteren Symptomen kommen, die durch die Gabe von Antibiotika behandelt werden müssen. Diese Erkrankung kann auch mit dem Tod des Hundes enden.

Durch eine Impfung kann ein schwerer Krankheitsverlauf vermieden werden. Sie wird in jährlichen Abständen aufgefrischt. Sinnvoll ist diese Impfung, wenn Ihr Vierbeiner oft mit anderen Hunden Kontakt hat. Dies kann zum Beispiel bei dem Besuch von Ausstellungen oder einer Hundeschule, von Hundeshows oder bei regelmäßigen Treffen in Spielgruppen der Fall sein.

Gegen den Zwingerhusten kann ein Welpe schon mit drei Wochen geimpft werden. Die Antikörper der Mutterhündin stören dabei nicht. Auch dann, wenn Sie kurzfristig Ihren Hund in einer Pension unterbringen müssen, ist eine Impfung noch möglich, um ihn zu schützen.

Borreliose

Durch den Stich einer Zecke kann die Borreliose übertragen werden. Meist geschieht dies durch den gemeinen Holzbock, der in Deutschland am häufigsten anzutreffen ist. Finden Sie im Fell Ihres Hundes eine Zecke, sollten Sie sie so rasch wie möglich entfernen. Bleibt sie für mindestens 16 Stunden auf ihrem Wirt und saugt das Blut, kann eine infizierte Zecke die Borrelien weitergeben.

Bei einer erfolgreichen Infizierung breitet sich der Erreger von der Stichstelle in der Haut des Hundes aus. Beim Menschen ist dies an der sogenannten „Wanderröte“ zu erkennen, die beim Hund aber ausbleibt.

Wenn überhaupt, sehen Sie vielleicht eine leichte Rötung. Die weitere Ausbreitung im Körper des Hundes schreitet sehr langsam voran, deshalb treten mögliche Symptome oft erst nach Wochen oder sogar Monaten auf.

Müdigkeit und Fieber sind die ersten Anzeichen einer Borreliose. Die Lymphknoten könnten anschwellen, ebenso die Gelenke. Infolgedessen kann es zu Lahmheiten und Entzündungen der Gelenke kommen, die mit der Zeit einen chronischen Verlauf nehmen. Als Spätfolge kann es unter Umständen zu einer Entzündung der Nieren kommen.

Eine Diagnose wird über eine gründliche Anamnese und eine Untersuchung der vorhandenen Symptome gestellt. Sollte Ihr Hund also jemals Kontakt mit Zecken haben, so notieren Sie sich diesen Vorfall, damit Sie diese wichtige Information an Ihren Tierarzt weitergeben können. Um sicherzugehen, kann der Veterinär einen Borreliose-Test durchführen, um den Erreger direkt nachzuweisen.

Die Therapie wird mit einem Antibiotikum durchgeführt. Damit der Erreger effektiv bekämpft werden kann, sollte die Behandlung so schnell wie möglich begonnen werden. Die Gabe von diesen Medikamenten sollte mindestens über einen Zeitraum von vier Wochen durchgeführt und auch keinesfalls unterbrochen werden. Die Begleiterscheinungen werden meist mit schmerzlindernden und entzündungshemmenden Medikamenten behandelt.

Um einer Ansteckung mit Borreliose zu entgehen, ist ein guter Zeckenschutz notwendig. Dafür stehen unterschiedliche Mittel zur Verfügung, über die Sie Ihr Tierarzt gerne aufklärt.

Für Ihren Hund steht ein Impfstoff zur Verfügung, der ihn vor einer Erkrankung an Borreliose schützt. Die Veterinärmedizin ist der Humanmedizin hier einen Schritt voraus, denn für den Menschen gibt es eine solche Impfung noch nicht.

Befindet sich nun Ihr Wohnsitz in einem Zeckenrisikogebiet oder Sie möchten Ihren Urlaub dort verbringen, wo das Risiko einer Borrelieninfektion erhöht ist, so sollten Sie Ihren Vierbeiner impfen lassen. Dies können Sie bereits veranlassen, wenn Ihr Liebling die 12. Lebenswoche erreicht hat. Nach drei bis fünf Wochen wird die Impfung noch einmal wiederholt und die Grundimmunisierung ist damit abgeschlossen.

Erfolgte diese Grundimmunisierung im Frühling, so lassen Sie Ihren Hund im Herbst noch einmal boostern. Die nächste Auffrischung sollte dann wieder im Frühling geschehen und dann immer jährlich, idealerweise auch im Frühjahr vor Beginn der Zeckensaison.

Leishmaniose

Diese Krankheit tritt in der Regel in südeuropäischen Ländern am Mittelmeer auf. Bei den Leishmanien handelt es sich um kleine Parasiten, die sich in den weißen Blutkörperchen ansiedeln. Die Übertragung findet durch den Stich einer Sandmücke statt.

Die Symptome können sehr unterschiedlich sein, manchmal sind nach einer Infektion auch gar keine Symptome zu erkennen. Meist sind Durchfall, geschwollene Lymphknoten, Organentzündungen und Veränderungen der Haut zu beobachten.

Eine Therapie ist möglich, dauert aber sehr lange. Jedoch lassen sich die Erreger damit fast, aber meist nicht vollständig eliminieren. Ohne jegliche Behandlung wird diese Krankheit mit dem Tod enden.

Um Ihren Vierbeiner davor zu schützen, können Sie ihn impfen lassen, bevor Sie Ihren Urlaub mit ihm antreten. Sorgen Sie dennoch dafür, dass er möglichst keinen Kontakt zu Mücken bekommt; lassen Sie ihn also während der Dämmerung nicht ins Freie. Diesen Schutz sollten Sie auch bei sich selbst anwenden, denn mit der Leishmaniose können Sie sich ebenso infizieren.

Zudem ist es empfehlenswert, in einigen deutschen Bundesländern gegen Leishmaniose impfen zu lassen, denn auch hierzulande sind schon infizierte Sandmücken gefunden worden.

Canines Herpes-Virus

Die von diesem Virus ausgelöste Krankheit wird auch das „infektiöse Welpensterben“ genannt. Deshalb werden Zuchthündinnen oder solche, mit denen eine Fortpflanzung geplant ist, gegen Herpes geimpft.

Für die Hündin selbst ist diese Krankheit nicht wirklich gefährlich, jedoch kann es zu Störungen in der Fruchtbarkeit kommen. Dies wiederum führt dazu, dass viele Welpen noch vor der Niederkunft versterben und es deshalb zu Totgeburten kommt. Zudem könnte der Nachwuchs auch die ersten Tage nach der Geburt nicht überleben.

Eine Impfung der Hündin schützt den Nachwuchs vor dem infektiösen Welpensterben, denn die Antikörper werden an die Welpen weitergegeben.

Tetanus

Eine Ansteckung mit Tetanus (Wundstarrkrampf) erfolgt bei Hunden äußerst selten. Trotzdem stellt sie eine große Gefahr dar, wenn eine Infizierung denn doch einmal passiert ist. Pferde und Menschen können gegen Tetanus geimpft werden, für Hunde wird diese Impfung nicht empfohlen, denn sie sind in diesem Punkt weitaus weniger empfindlich.

Die Bakterien befinden sich überall in der Umwelt. Eine kleine Verletzung der Haut genügt, um diesen Einlass in den Körper zu gewähren. Hier wandern sie über das Rückenmark bis ins Gehirn und befallen die Nervenzellen ihres Opfers.

In der Regel treten die ersten Symptome etwa neun Tage nach der Infizierung auf. Meist kommt es anfangs zu einer Geräuschempfindlichkeit und einer unerklärlichen Unruhe. Der betroffene Hund zeigt einen müden und verwirrten Eindruck. Möglicherweise kommt es zu einer Steifheit in den Hinterbeinen, wodurch das Gangbild unkoordiniert erscheint. Die gesamte Körperhaltung des Hundes wirkt verkrampft und es entsteht das typische „Tetanus-Gesicht". Im weiteren Verlauf kommt es zu Schluckbeschwerden. Die Nahrung wird wieder hochgewürgt und es besteht eine akute Erstickungsgefahr. Haben die Tetanus-Bakterien die Atemmuskulatur besiedelt, kann es zu einem Atemstillstand kommen, der oft mit dem Tod endet. Dies ist übrigens auch der Fall, wenn eine Infektion mit Tetanus nicht behandelt wird.

Um einer Erkrankung vorzubeugen, sollten Sie auch kleinere Blessuren und Wunden bei Ihrem Hund sofort hygienisch versorgen, damit die Bakterien keine Chance bekommen, sich auszubreiten. Bei dem geringsten Verdacht, dass es doch zu einer Infektion gekommen ist, stellen Sie Ihren Vierbeiner schnellstmöglich beim Tierarzt vor. Ist der Wundstarrkrampf erst einmal ausgebrochen, zählt jede Sekunde, damit die Schäden an der Muskulatur und dem Nervensystem minimiert bleiben.

Die Genesungschancen stehen bei einer frühzeitigen Diagnose recht gut. Dem betroffenen Hund wird in erster Linie äußerste Ruhe verordnet. Gleichzeitig sollte er keinen hellen Lichtquellen ausgesetzt werden, um Krämpfe möglichst zu verhindern. Weiterhin wird ein spezielles Antibiotikum verabreicht. Dieses sorgt dafür, dass sich die Bakterien nicht weiter ausbreiten können. Zeitgleich bekommt der Patient einen Impfstoff für eine passive Immunisierung injiziert. Weiterhin werden dem Vierbeiner Beruhigungsmittel und muskelentspannende Medikamente verschrieben.

Je nachdem, wie schwer sich das Krankheitsbild zeigt, kann die Therapie über viele Wochen andauern.

Bis zum Jahr 2017 konnten Sie Ihren Vierbeiner gegen Tetanus impfen lassen. Die Impfkommission hat dies aber ausdrücklich nicht empfohlen, denn ein spezielles Serum für Hunde gab es aufgrund der Geringfügigkeit einer Ansteckungsgefahr nicht. Wenn überhaupt, wurde ein Impfstoff für Pferde und wiederkäuende Nutztiere verwendet, wobei es dann aber zu erheblichen Nebenwirkungen kommen konnte.

Seit dem Jahr 2018 steht kein Impfstoff mehr zur Verfügung, der den Hund als Zieltierart zum Impfen gegen Tetanus enthält. Somit können Sie Ihren Vierbeiner nicht mehr gegen Tetanus impfen lassen.

Hautpilz

Die Erreger, die einen Hautpilz bei Ihrem Hund auslösen, können auch auf den Menschen übertragen werden. Daher kann diese Krankheit nicht nur für Ihren Vierbeiner sehr unangenehm sein, sondern auch für Sie selbst.

An den ausgefallenen Haaren eines infizierten Hundes haften die Sporen des Hautpilzes und gelangen so auf einen neuen Wirt. Jeder Hund kann daran erkranken, aber das Risiko steigt deutlich, wenn zum Beispiel ein schwaches Immunsystem vorhanden ist. Hündinnen können die Sporen auf ihren Nachwuchs übertragen und ebenso sorgen Parasiten für eine Ausbreitung. Besuchen Sie mit Ihrem Hund Veranstaltungen, steigt ebenfalls das Risiko einer Hautpilzerkrankung.

Hat sich Ihr Vierbeiner nun mit einem Hautpilz infiziert, sollte erst einmal abgeklärt werden, ob nicht eine andere Erkrankung das Immunsystem lahmgelegt und somit einen Hautpilz ausgelöst hat.

Die Anzeichen eines Pilzbefalls zeigen sich in einem Haarausfall. Dieser tritt meist anfangs im Gesicht des Hundes, an den Ohren und den Vorderbeinen auf. Es kann ein Juckreiz aufkommen, dies ist aber nicht die Regel. Manchmal kommt es zu Entzündungen der Haarbälge und es können sich kleine Bläschen bilden.

Die sichere Diagnose erfolgt durch die Untersuchung von Fell- und Hautproben. Eine Therapie findet durch die Gabe von Medikamenten per Injektion oder oral statt, um die Pilze von innen zu bekämpfen. Dazu werden die Hautveränderungen behandelt. Liegt ein starker Befall vor, muss unter Umständen das Fell geschoren werden.

Da auch die Gegenstände, mit denen der infizierte Hund in Berührung kam, Pilzsporen aufweisen können, müssen diese gereinigt und desinfiziert werden.

Es stehen drei Impfseren zur Verfügung, die aber keinesfalls vor einer Infektion oder einer Erkrankung an einem Hautpilz schützen. Allerdings muss ein geimpfter Hund einer sehr großen Menge an Pilzsporen ausgesetzt sein, um sich anzustecken. Bricht der Hautpilz trotzdem aus, so ist der Krankheitsverlauf deutlich milder.

Wann sollte eine Wahlimpfung nicht erfolgen?

In allen schon im Kapitel „Wann sollte nicht geimpft werden?" genannten Fällen sollte auch hier sorgfältig überlegt werden, ob eine Impfung sinnvoll ist. Die meisten Impfungen können problemlos verschoben werden und Wahlimpfungen sind ohnehin nur dann notwendig, wenn das Risiko einer Ansteckung vorhanden ist. Liegt kein Risiko vor, brauchen Sie Ihren Hund auch nicht mit einer Impfung belasten.

Wenn Sie jedoch in einem bestimmten Risikogebiet wohnen, sieht die Sachlage schon anders aus. Es muss immer abgewogen werden, welches Risiko höher ist: die Gefahr einer Ansteckung, die Gefahr, dass die Impfung keine Wirkung zeigt, oder die Gefahr von möglichen Nebenwirkungen, wenn trotzdem geimpft wird.

Ihr Tierarzt wird Sie in einem solchen Fall umfassend beraten. In vielen Fällen bestehen auch alternative Vorsorgemöglichkeiten.

Gegenseitiges Vertrauen und innige Bindung

Absolutes Vertrauen und eine enge Bindung sind die Schlüsselwörter für eine harmonische Hund-Mensch-Beziehung. Nur mit diesen Voraussetzungen können Sie Ihren Hund problemlos erziehen und ihm die menschlichen Regeln und Grenzen nahebringen.

Um dies zu erreichen, bedarf es allerdings viel Arbeit, denn Vertrauen, Zuneigung und Verständnis füreinander sind nicht automatisch vorhanden. Sind diese aber gegeben, so wird Ihr Vierbeiner viel besser und schneller lernen und ist mit noch mehr Begeisterung und Spaß bei der Sache.

Regeln und Routinen sorgen für das Gefühl der Sicherheit und Geborgenheit. Ihr Vierbeiner weiß, dass er sich auf Sie verlassen kann.

Viele gemeinsam verbrachte Stunden sorgen für eine innige Bindung zueinander. Bieten Sie Ihrem Hund Beschäftigungen an, die er liebt und die ihm viel Spaß bringen.

Geben Sie Ihrem Hund so viel Aufmerksamkeit wie möglich. Spielen Sie mit ihm und sorgen Sie für gemeinsame Kuschelmomente.

Lernen Sie seine (Körper-) Sprache. Nur wenn Sie Ihren Liebling verstehen, wissen Sie auch, ob er sich wirklich wohl fühlt.

Im Alltag haben Sie viele Gelegenheiten, die Bindung und das Vertrauen zu Ihrem Vierbeiner zu verbessern und zu stärken. Ihr Spaniel hat bestimmte Bedürfnisse, die Sie respektieren und nach Möglichkeit auch von ihm ausleben lassen sollten.

Um ein gutes Vertrauensverhältnis aufzubauen, beschützen Sie ihn in bestimmten Situationen. Sie können ihn zum Beispiel aus Gefahrensituationen herausnehmen oder sich vor ihn stellen. Sie als Rudelführer haben die Verantwortung für Ihren Vierbeiner. Auch ein Spenden von Trost gehört dazu, wenn er sich zum Beispiel einmal sehr erschrocken hat.

Sie selbst sollten in jeder Situation die Ruhe bewahren und niemals unsicher wirken. So geben Sie Ihrem Hund das Gefühl von Sicherheit und er bekommt großes Vertrauen zu Ihnen.

Sie haben immer viele Gelegenheiten, die Bindung und das Vertrauen zu Ihrem Vierbeiner aufzubauen und zu stärken. Nutzen Sie sie immer, denn jede Möglichkeit ist Gold wert.

Schlusswort

In diesem Ratgeber haben Sie viel Wissenswertes über den Cavalier King Charles Spaniel und den English Cocker Spaniel erfahren.

Die Herkunft und Geschichte beider Rassen wurde erklärt, ebenso wurden die Pflege und die Ernährungsmöglichkeiten erläutert.

Sollten Sie sich für eine der beiden wundervollen Rassen entschieden haben, wissen Sie nun, wie Sie einen seriösen Züchter ausfindig machen können und worauf Sie achten müssen, denn es sind viele „schwarze Schafe" auf dem Hundemarkt unterwegs.

Da beide Rassen über einen hohen Bewegungsdrang verfügen, sind Sie dank dieses Ratgebers darüber informiert, wie Sie den Cavalier oder den Cocker sinnvoll und artgerecht beschäftigen können.

Leider haben allerdings auch diese beiden Rassen mit typischen Erbkrankheiten zu kämpfen. Damit Sie wissen, auf was Sie sich einlassen, sind hier einige dieser Erkrankungen erklärt. Zudem können Sie sich auch über allgemeine Krankheiten eines Hundes informieren, indem Sie die Anzeichen und Behandlungsmöglichkeiten verstehen lernen.

Damit Ihnen auch eine gute Erziehung und Ausbildung Ihres neuen Familienmitgliedes gelingen, sind Ihnen zu diesem Thema viele Fakten offengelegt worden. Zu guter Letzt haben Sie erfahren, wie Sie eine starke Bindung und ein inniges Vertrauen zueinander aufbauen können.

Und nun sei Ihnen und Ihrem neuen Vierbeiner viel Spaß und ein langes und gesundes Hundeleben gegönnt.

Quellen

Ohne Autorenangabe (ohne Zeitangabe). Karl II. von England. In: Kinderzeitmaschine I Karl II. von England

Ohne Autorenangabe (2023). Steckbrief King Charles Spaniel. In: King Charles Spaniel Charakter, Wesen | welpen.de

Ohne Autorenangabe (2023). Cavalier King Charles Spaniel. In: Cavalier King Charles Spaniel Steckbrief | Charakter, Wesen & Haltung (mein-haustier.de)

Ohne Autorenangabe (2023). Cavalier King Charles Spaniel Charakter, Erziehung und Haltung. In: ▷ Cavalier King Charles Spaniel Wesen Bilder - Hunderassen C (welpen.de)

Ohne Autorenangabe (ohne Zeitangabe). English Cocker Spaniel Steckbrief. In: English Cocker Spaniel Steckbrief | Charakter, Wesen & Haltung (mein-haustier.de)

Ohne Autorenangabe (ohne Zeitangabe). Checkliste: Woran erkenne ich seriöse Hundezüchter? In: Checkliste: Woran erkenne ich seriöse Hundezüchter? (diehundezeitung.com)

Ohne Autorenangabe (ohne Zeitangabe). Die Haftung des Züchters für Erkrankungen. In: Die Haftung des Züchters für Erkrankungen - Die Züchterhaftung bei genetischen Erkrankungen (tierrecht-anwalt.de)

Ohne Autorenangabe (ohne Zeitangabe). VDH – was ist das? In: VDH-was ist das ? (hundezentrum.com)

Ohne Autorenangabe (ohne Zeitangabe). Der VDH. In: Der VDH - VDH - Tag des Hundes (tag-des-hundes.de)

Ohne Autorenangabe (ohne Zeitangabe). Rassennomenklatur der FCI. In: Rassennomenklatur der FCI

Ohne Autorenangabe (ohne Zeitangabe). Cavalier King Charles Spaniel. In: CAVALIER KING CHARLES SPANIEL (fci.be)

Ohne Autorenangabe (ohne Zeitangabe). English Cocker Spaniel. In: ENGLISH COCKER SPANIEL (fci.be)

Ohne Autorenangabe (ohne Zeitangabe). Ein Welpe zieht ein – Tipps für einen guten Start im neuen Zuhause. In: Ein Welpe zieht ein: Alles Wissenswerte | PURINA

Ohne Autorenangabe (2023). Sieben Tipps für die Hundepflege zu Hause. In: Hundepflege zuhause: 7 Tipps für die Pflege Ihres Hundes (elanco.com)

Ohne Autorenangabe (2021). Welche Pflege braucht mein Cavalier? In: Welche Pflege braucht mein Cavalier? (icc-cavaliere.de)

Ohne Autorenangabe (ohne Zeitangabe). Fellpflege. In: Manjuno's - Zuchtstätte Englischer Cocker Spaniels in Bezirk Mistelbach / Niederösterreich (manjunos.at)

Anna Pietschmann (2019). Der Cavalier King Charles Spaniel – geboren um zu leiden? In: Der Cavalier King Charles Spaniel — geboren um zu leiden? — Flausch & Wissenschaft: Fluffology, ein Hundeblog

Kathrin Lange (2021). Arnold Chiari-Malformation (CM) – Syringomyelie (SM). In: Arnold Chiari-Malformation (CM) - Syringomyelie (SM) (icc-cavaliere.de)

Monika Lauritsen (ohne Zeitangabe). Krankheitsbild Syringomyelie (SM) & Arnold Chiarie ähnliche Missbildung (CM). In: Krankheitsbild Syringomyelie (SM) & Arnold Chiarie ähnliche Missbildung (CM) - Cavalier King Charles Spaniel Club Deutschland e.V. (ccd-cavaliere.de)

Sandra Sanchis Mora & Ludovic Pelligand (2019). Chiari-ähnliche Malformation und Syringomyelie. In: Chiari-ähnliche Malformation und Syringomyelie | Royal Canin

Franziska Pantelic (2023). Flöhe beim Hund erkennen und behandeln. In: Flöhe beim Hund erkennen und behandeln: Was hilft? | zooplus Magazin

Ohne Autorenangabe (ohne Zeitangabe). Wurmbefall beim Hund. In: Wurmerkrankung beim Hund – Symptome und Behandlung (elanco.com)

Ohne Autorenangabe (ohne Zeitangabe). Zecken. In: Alles über Zecken beim Hund – Happy Dog

Ohne Autorenangabe (2023). Milben beim Hund. In: Milben beim Hund: Arten, Symptome & Behandlung | zooplus

Dr. Sam (2022). Hund hat Durchfall – Die 6 besten Tipps und was man dagegen tun kann. In: Hund hat Durchfall - Was tun? 6 bewährte Tipps | Dr. Sam (drsam.de)

Dr. Sam (2022). Was tun, wenn der Hund erbricht? In: Was tun, wenn der Hund erbricht? | Dr. Sam (drsam.de)

BTK Berlin (2012). Vergiftung beim Hund: Richtig helfen – aber wie? In: Bundestierärztekammer e.V. (bundestieraerztekammer.de)

Sarah Kolberg (2022). Ausgerottete Krankheiten. In: Durch Impfung ausgerottete Krankheiten | Fernarzt

Ohne Autorenangabe (2022). Welpen impfen: Ab wann, wogegen und wie oft? In: Welpen impfen: Kosten & Impfplan | FRESSNAPF

Ohne Autorenangabe (2022). Tollwut beim Hund – die wichtigsten Fakten. In: Tollwut beim Hund: Infos & Tipps | FRESSNAPF

Ohne Autorenangabe (2022). Leptospirose beim Hund. In: Leptospirose Hund: Mehr in unserem Blog erfahren ❤ (vetevo.de)

Ohne Autorenangabe (2023). Hepatitis contagiosa canis. In: Hepatitis contagiosa canis - MSD Tiergesundheit Deutschland (msd-tiergesundheit.de)

Ohne Autorenangabe (2022). Impfung des Hundes – warum und wann solltest Du impfen? In: Impfen Hund ❤ Schütze deinen Vierbeiner ab jetzt! (vetevo.de)

Anne Sasson (2020). 8 Situationen, in denen dein Hund nicht geimpft werden sollte. In: Blog: 8 Situationen, in denen dein Hund nicht geimpft werden sollte (berlin-tierhomoeopathie.de)

Ohne Autorenangabe (ohne Zeitangabe). Babesiose beim Hund. In: Babesiose beim Hund | ESCCAP DEUTSCHLAND

Franziska Obert (2014). Babesiose-Impfung bei Hunden. In: Wann eine Babesiose-Impfung Sinn macht - AGILA

Ohne Autorenangabe (2019). Zwingerhusten Hund: Symptome, Behandlung & Impfung. In: Zwingerhusten Hund: Symptome, Behandlung & Impfung (deutsche-familienversicherung.de)

Ohne Autorenangabe (ohne Zeitangabe). Borreliose beim Hund: Was Sie darüber wissen sollten. In: Borreliose beim Hund | ESCCAP DEUTSCHLAND

Ohne Autorenangabe (2022). Wie kann ich meinen Hund vor Zecken schützen? In: Zeckenschutz bei Tieren | Zecken.de

Miriam Fest (2017). Tetanus beim Hund – Selten und gefährlich. In: 🥇 Überlebenschance vom Hund bei Tetanus ▷ Therapie der Symptome (barf-alarm.de)

Ohne Autorenangabe (2018). Tetanusimpfung beim Hund nicht empfohlen. In: Start / Bundestierärztekammer e.V. (bundestieraerztekammer.de) zu finden: /btk/dtbl/archiv/2018/artikel/DTBl_05_2018_Pharmakovigilanz.pdf

Ohne Autorenangabe (ohne Zeitangabe). Hautpilz beim Hund. In: Hautpilz beim Hund | ESCCAP DEUTSCHLAND

Ohne Autorenangabe (ohne Zeitangabe). Hautpilze bei Hunden und Katzen. In: Hautpilze bei Hunden und Katzen | ESCCAP DEUTSCHLAND

Ohne Autorenangabe (2022). Welpen erziehen: So klappt es vom ersten Tag an. In: Welpen erziehenInfos & Tipps | FRESSNAPF

Ohne Autorenangabe (2020). Ihren Welpen an die Leine gewöhnen. In: Ihren Welpen an die Leine gewöhnen (medpets.de)

Ángela González (2022). Positive Verstärkung beim Hundetraining: Deswegen ist sie so wichtig! In: Positive Verstärkung beim Hundetraining: Deswegen ist sie so wichtig! (adaptil.com)

Ohne Autorenangabe (2016). Hundeschule: Für wen lohnt es sich? In: Hundeschule: Für wen lohnt es sich? | Uelzener

Ohne Autorenangabe (ohne Zeitangabe). Hunde richtig erziehen: Die Grundlagen der Hundeerziehung für Anfänger. In: Hunde richtig erziehen: Grundlagen der Hundeerziehung für Anfänger (hund-als-haustier.de)

Ohne Autorenangabe (ohne Zeitangabe). Den Hund erfolgreich sozialisieren und prägen. In: hund sozialisieren und prägen – so klappt es! - mera - The Petfood Family (mera-petfood.com)

Ohne Autorenangabe (2021). Soll man Hunde bestrafen? In: Soll man Hunde bestrafen? Nein! Positive Verstärkung ist der Weg. (mein-haustier.de)

Franziska Herre (2021). Marin Rütter Tipps: Hund im Hundetraining richtig korrigieren. In: Martin Rütter Tipps: Hund loben oder schimpfen? | herz-fuer-tiere.de

Melanie Lippisch (2023). Hund korrigieren – unerwünschtes Verhalten beim Hund richtig korrigieren. In: Hund korrigieren I Unerwünschtes Verhalten beim Hund richtig korrigieren (dogstv.de)

Melanie Lippisch (2023). Hund Anspringen abgewöhnen – 3 Methoden, die das Anspringen stoppen. In: Hund Anspringen abgewöhnen - 3 Methoden, die das Anspringen stoppen (dogstv.de)

Melanie Lippisch (2023). Trennungsangst behandeln – so lernt Dein Hund das Alleinebleiben. In: Trennungsangst behandeln I So lernt dein Hund das Alleinebleiben (dogstv.de)

Daylight917 (2023). Wie Sie ihrem Hund das Betteln abgewöhnen. In: Wie Sie ihrem Hund das Betteln abgewöhnen - Hunde-Kausnacks Magazin

Ohne Autorenangabe (2023). Hundetrockenfutter vs Nassfutter. In: Hunde-Trockenfutter vs Nassfutter: Was ist besser? | zooplus Magazin

Ohne Autorenangabe (ohne Zeitangabe). Hunde richtig ernähren. In: Hunde richtig ernähren (tierschutzbund.de)

Ohne Autorenangabe (ohne Zeitangabe). Barfen beim Hund für Anfänger: Fehler, Risiken und Tipps. In: Barfen beim Hund für Anfänger (bellfor.info)

Ohne Autorenangabe (2023). Ist es sinnvoll, meinen Hund getreidefrei zu ernähren? In: Wie sinnvoll ist getreidefreies Hundefutter? | Tierarzt24 Magazin

Ohne Autorenangabe (ohne Zeitangabe). Monoprotein Hundefutter. In: Monoprotein Hundefutter | Eine Proteinquelle für bessere Verträglichkeit (hundefutter-hypoallergen.de)

Cornelia Kolo (2023). Lebensmittel, die Hunde nicht essen dürfen. In: Lebensmittel die Hunde nicht essen dürfen | zooplus Hundemagazin

Ohne Autorenangabe (ohne Zeitangabe). Mitral(klappen)endokardiose. In: Mitral(klappen)endokardiose | Die häufigste Herzerkrankung beim Hund | AniCura Deutschland

Ohne Autorenangabe (ohne Zeitangabe). Vestibularsyndrom beim Hund: Ursachen, Diagnose und Behandlungsmöglichkeiten. In: Vestibularsyndrom beim Hund (petplan.de)

Anna Pietschmann (2018). Über die „Cockerwut". In: Über die "Cockerwut" — Flausch & Wissenschaft: Fluffology, ein Hundeblog

Ohne Autorenangabe (2018). Die Cockerwut – was ist das? In: Die Cockerwut - was ist das? | Spass-fuer-den-Hund.de

Ohne Autorenangabe (2020). Cavalier King Charles Spaniel im Rasseportrait. In: Cavalier King Charles Spaniel im Rasseportrait | ZooRoyal Magazin

Heike Kleinhans (2022). English Cocker Spaniel. In: English Cocker Spaniel - Martin Rütter DOGS (martinruetter.com)

Regina Geburtig (ohne Zeitangabe). Cavalier King Charles Spaniel. In: Cavalier King Charles Spaniel » Ausführliche Rassebeschreibung (cavaliere-vom-hardenberg.de)

Dorothea Winter (2017). Der Englische Cockerspaniel. In: Der Englische Cockerspaniel — artgerecht Tier (artgerecht-tier.de)

ÜBER DIESE REIHE: MEIN HUND FÜRS LEBEN

Dies ist der neuste Band einer Reihe von kompakten, lebensnahen Ratgebern zum Thema Hundeerziehung. Die einzelnen Rassen werden von Autoren vorgestellt, die sich durch langjährige Erfahrung und durch Liebe zum Hund auszeichnen. Wir wünschen Ihnen viele schöne und entspannte Jahre mit Ihrem Vierbeiner!

Über eine positive Bewertung würden wir uns freuen!

Mein Hund fürs Lebens Ratgeber präsentiert
SO TRAINIERST DU DEINEN HUND
EIN ZIEL NACH DEM ANDEREN
Gib deinem Hund Zeit sich zu fokussieren
KLAR KOMMU-NIZIEREN
Verwende klare Hinweise und Gesten
BELOHNE RICHTIG
Motiviere deinen Hund mit Snacks & Leckerlis
ÜBE REGELMÄSSIG
Wiederholung ist wichtig
MACH ES JEDEN TAG
Gib dem Hund Zeit für Ruhe

DAS WELPENPROJEKT
So kümmern Sie sich um Ihren neuen Hund
1
BEQUEMES HUNDEKÖRBCHEN BESORGEN
Ihr vierbeiniger Freund braucht ein weiches und bequemes Bett zum schlafen.
2
STELLEN SIE LECKERES HUNDEFUTTER BEREIT
Kaufen Sie qualitativ hochwertiges Hundefutter in Ihrem Tierladen vor Ort und lesen Sie die Anweisungen auf der Verpackung.
3
GEHEN SIE MIT IHREM HUND SPAZIEREN
Gehen Sie mit Ihrem Vierbeiner in den Park oder erkunden Sie gemeinsam Ihre Nachbarschaft.
4
GEBEN SIE IHREM HUND EIN PAAR LECKERCHEN
Ihr Hund hat sich ein Leckerchen verdient, insbesondere dann, wenn er gehorcht.
5
REGELMÄSSIGE TIERARZTBESUCHE
Stellen Sie sicher, dass Ihr Fellfreund stets gesund und munter ist.

TIPPS FÜR DIE HAUSTIERPFLEGE
So wirst du ein besserer Besitzer
Gib Futter und Wasser.
7:00 Uhr
Lass das Tier aus dem Haus, um sein Geschäft zu verrichten.
7:30 Uhr
Lass das Tier ein Nickerchen machen.
10:00 Uhr
Geh mit ihm spazieren.
16:00 Uhr
Gib ihm Abendessen.
18:00 Uhr
MEIN HUND FURS LEBEN RATGEBER

Der Adel und der Jäger: Alles Wissenswerte über Erziehung, Pflege und Gesundheit der Spaniels

Independently Published

ISBN: 9798385602025

M. Mittelstädt, Sherif Khimshiashvili Street N 47 A, Batumi 6010, Georgia

Printed in Poland
by Amazon Fulfillment
Poland Sp. z o.o., Wrocław

33027656R00114